JN025445

y-knot

これからの
メディア論

大久保遼 著

Musubu

有斐閣

デザイン　高野美緒子

はしがき

　日々更新されるメディアを面白がり，使いこなしながらも，しかし時折，それを醒めた目で見てしまう。あるいは，ふとした瞬間に，自分がメディアに囚われているように思える。そうした経験があるのなら，それがメディア論の出発点です。

　しばしば誤解されているように，メディア論は最新の情報機器をスマートに操作したり，ニュースを断定的に論評するためのものではありません。メディア論は，自然に思える私たちの行動やコミュニケーションが，何かに媒介されていることに気づくためのものです。いわばそれは，日常のメディア経験に対する感度を高め，解像度を上げるためのセンサーやレンズに当たります。

　普段利用しているスマートフォンやSNS，楽しんでいる映像や音楽，CMやミュージックビデオは，視点を変えて眺めてみると，思いもよらなかった技術や産業や文化のネットワークとつながっています。メディアとは，そうしたさまざまな領域の結び目に与えられている名前でもあります。本書をきっかけに，身近で日常的なメディアの背景にある広大な未知の領域の探索に足を踏み出してもらえると幸いです。できれば面白がりながら，そして時折，本当にそれでいいのか？　と問いかけながら。

　本書の構想と執筆は，2019年末に端を発する新型コロナウイルスの深刻なパンデミックのなかで進められました。いつ終わるともしれない行動制限，人影の消えた街並み，急速に進むオンライン化，

真偽の定かでない情報の拡散，対人距離とコミュニケーションの変質，日々刻々と変わる感染状況，医療データの収集と視覚化。それはこれまでの研究が，目の前の現実に次々と挑戦されていくような経験でした。切迫した状況に駆り立てられるように，講義のプログラムを一から見直しました。緊急事態宣言で閉じ込められた部屋で，学生の姿が消えたキャンパスで，慣れない Zoom での打ち合わせや，講義動画を撮影し YouTube にアップロードする時間の合間に，少しずつ構想をまとめ，執筆を進めました。この経験がなければ，本書はまったく別のものになったでしょう。

　最後になりましたが，本書の記述は，毎回の講義に対する参加者からのコメントや質問，ゼミでの報告やディスカッションに触発されて，日々更新されてきました。新たな視点や発想のきっかけとなった受講生の皆さんに，この場を借りて感謝します。また編集では，松井智恵子さんと猪石有希さんにお世話になりました。細やかなファクトチェックを担当された編集部の皆さんにも感謝します。

　ささやかながら本書が，読者の皆さんに新鮮な発見をもたらし，これまでの歩みを振り返るとともに，これからのメディアと社会の行方を展望するための一助となることを願っています。

　　　2022 年 10 月

　　　　　　　　　　　　　　　　　　　大 久 保 遼

著者紹介

大久保 遼 (おおくぼ りょう)

明治学院大学社会学部准教授。1983 年生まれ。2013 年東京大学大学院学際情報学府博士課程単位取得満期退学。博士（学際情報学）。早稲田大学坪内博士記念演劇博物館演劇映像学連携研究拠点，東京藝術大学社会連携センター・COI プログラム（Arts & Science LAB），愛知大学文学部人文社会学科を経て，2019 年より現職。
著書に『映像のアルケオロジー──視覚理論・光学メディア・映像文化』（2015 年，青弓社，日本社会学会奨励賞），共編著に『スクリーン・スタディーズ──デジタル時代の映像／メディア経験』（2019 年，東京大学出版会），『幻燈スライドの博物誌──プロジェクション・メディアの考古学』（2015 年，青弓社）がある。

///// 読者へのメッセージ ///

　学生時代は舞台演出に関心をもちながら，通信社やテレビ局，民間の研究所でアルバイトをしていました。また研究と並行して，展示や上映の企画，映像の脚本や構成にも携わっています。メディア論は机上の学問ではなく，伝統的に実践や創造とのつながりが強い学問領域です。本書とウェブサポートでは，メディア論の基礎を解説するとともに，実践的な関心にも役立つような，さまざまな知識，アイデア，技術を提供するように努めました。本書を通じて得た関心や発見を，ぜひ今後の構想や企画，制作に結びつけて，皆さんの「これから」の設計につなげていただければ幸いです。

///

Information

〰〰 **本書の構成** 〰〰　　本書は 12 章構成です。各章は 2〜3 節からなり，冒頭では章全体の内容や論点について概観します。

〰〰 **各章のツール** 〰〰　　各章には以下のツールが収録されています。

（章頭）**Quiz クイズ**……学びへつなぐクイズ。各章で学ぶ内容の具体的なイメージを提供します。

　　　　Chapter structure 本章の構成……章構成を一覧し，大まかな流れとキーワードを確認します。

（章末）*Exercise* **演習問題**……講義のリアクションペーパーやグループディスカッションの論点に使える問題です。

　　　　Report assignment **レポート課題**……レポートを作成する際の論点に使える課題です。

（本文中）**コラム**……各章に関連するトピックの囲み記事です。

〰〰 **巻末のツール** 〰〰　　「読書案内」「参考文献」「索引」を収録しました。より効果的な学習に役立ててください。

　　読書案内……さらに学びを深めたい人のための読書案内です。

　　参考文献……本文中で参考にした文献情報一覧です。

　　索　　引……重要用語を精選しました。

〰〰 **ウェブサポートページ** 〰〰　　映画や音楽，動画やウェブサイトの紹介など，本文中に★を付したトピックを中心に，学習をサポートする資料を提供しています。ぜひ QR コードを読み込み，参照しながら学習を進めてください。また，本資料は，講義の補助教材としてもご活用いただけます。

https://www.yuhikaku.co.jp/yuhikaku_pr/y-knot/list/20000p/

目　次

メディア論とは何か

第 **1** 章

Chapter

Quiz クイズ

Q1.1 アメリカでテレビの世帯普及率が 9 割を超えたのはいつか。
a. 1950 年代 **b.** 1960 年代 **c.** 1970 年代 **d.** 1980 年代

Q1.2 マーシャル・マクルーハンが『メディア論（Understanding Media)』を出版したのはいつか。
a. 1951 年 **b.** 1964 年 **c.** 1973 年 **d.** 1986 年

Q1.3 宇宙船アポロ 11 号の月面着陸が衛星放送で生中継されたのはいつか。
a. 1957 年 **b.** 1961 年 **c.** 1969 年 **d.** 1975 年

★本章の学習をサポートするウェブ資料は，右の QR コードよりご覧いただけます。

Answer クイズの答え

Q1.1 b.   Q1.2 b.   Q1.3 c.

Chapter structure 本章の構成

メディアとは何か

　メディアは英語では media（複数形）/medium（単数形），日本語では媒体であり，いずれも「何かと何かをつなぐもの」「中間にあるもの」という含意をもつ言葉です。より一般的にメディアという場合は，情報伝達のための媒介となるもの，あるいは誰かと時間や空間を超えてコミュニケーションするためのもの，という意味で使われることが多いといえるでしょう。たとえば電話は，遠く離れた場所にいる誰かとの会話を可能にするメディアです。SNS もまた，場所や時間を共有しない相手に，メッセージを伝えることを可能にするメディアだといえるでしょう。

　メディア研究はコミュニケーションを媒介するメディアに注目する人文・社会科学の研究領域です。20 世紀は主に新聞，雑誌，ラジオ，映画，テレビなど不特定多数の人々に向けて情報を発信する

マスメディアを対象とする研究が中心でした。しかし20世紀末になると，パーソナルコンピュータ（パソコン）やインターネット，あるいはマンガ，アニメ，ゲームなどのメディア文化，都市空間のようなメディアが埋め込まれた空間の分析にもその対象が拡大していきます。

また2000年代以降，デジタル化の進展，スマートフォンやSNSの普及，巨大なプラットフォーム企業の拡大，そしてそれらが国境を越えて複合的かつ緊密に結びつくなかで，メディア研究は新しく再編されつつあります。まず本章では，1960年代に「メディアとは何か」という問いを起動したマーシャル・マクルーハンのメディア論の形成過程に立ち戻り，その継承と批判の試みを振り返ったうえで，更新と再設計の可能性を探ります。

1 メディア論の出発点

▷ メディアを理解する

マクルーハンは1911年にカナダで生まれました。大学では工学を専攻し技術者を目指しますが，途中で英文学に専攻を変更し，イギリスのケンブリッジ大学に留学します。大学院ではシェイクスピアと同時代の劇作家トーマス・ナッシュを対象とした研究で博士号を取得しています。

しかしアメリカのウィスコンシン大学ではじめて教壇に立ったマクルーハンは，学生が親しんでいたアメリカの新しい大衆文化を理解する必要性を感じ，そのときの関心が，1951年の初の著書『機械の花嫁——産業社会のフォークロア』（マクルーハン 1991）の刊行につながったといわれています。この本でマクルーハンは，新聞，

『Understanding Media』表紙

雑誌, ラジオ, 映画, 広告に取り囲まれた産業社会を対象に, 文学研究や芸術分析の手法を大胆に応用して, スタジオや広告代理店で作られる物語やイメージの分析を試みました。さらにトロント大学に拠点を移してから刊行した 62 年の『グーテンベルクの銀河系——活字人間の形成』(マクルーハン 1986), そして 64 年の『メディア論——人間の拡張の諸相』(マクルーハン 1987; 図版は原著)において文明論的なスケールのメディア論を展開, 63 年には学内に文化技術センター*を開設しています。

マクルーハンが『メディア論』, 原著のタイトル (Understanding Media) に即していえば, 「メディアを理解する」ことを主張した 1960 年代の北米では, テレビが急速に普及し, 新聞や雑誌, 広告とともに影響力を拡大, 62 年には世帯普及率 9 割に達しています (**図 1-1**)。90 年代のインターネットや携帯電話, 2000 年代のスマートフォンや SNS の拡大と同様, テレビは瞬く間に人々の生活に定着していきます。当時最新のメディアだったテレビの急速な日常生活への浸透が, 個々の番組の分析や評価を超えて, メディアとしてのテレビの特徴や, それが人々の行動や思考のパターンに与える影響を分析する必要性を実感させたのです。

▷ メディアはメッセージである

マクルーハンのメディア論の核心は「メディアはメッセージであ

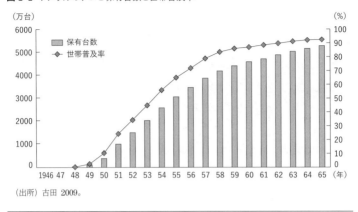

図 1-1 アメリカのテレビ保有台数と世帯普及率

（出所）古田 2009。

る」ないしは「メディアこそがメッセージである」という言葉に集約されます。この謎めいた言葉にはさまざまな解釈がありますが，たとえばマクルーハン自身は以下のように説明しています。

　　社会をいつもかたちづくってきたのは，コミュニケーションの内容にもまして，コミュニケーションの手段としてのメディアの性質だった。……メディアの働きを知ることなしに，社会と文化の変化を理解するのは不可能である（マクルーハン＆フィオーレ 2015: 10）。

　普段，私たちは「何を伝えるか」すなわちメッセージの内容こそがコミュニケーションにおいて重要だと考えます。これに対しマクルーハンは，メッセージの内容ではなく，あるいはそれ以上に，コミュニケーションの手段であるメディアの性質こそが重要である，と指摘したのです。

私たちは同じメッセージの内容，たとえば「会いたい」という言葉を，直接会って伝えるか，電話で伝えるか，あるいは SNS で伝えるかによって相手への伝わり方が異なることを，直感的に知っています。だからこそ，「直接会って伝えよう」「この用件は LINE で伝えよう」「インスタグラムの DM で伝えよう」というように，どのメディアでメッセージを伝えるかを，選択的に使い分けているのではないでしょうか。つまり，どのメディアで伝えるかという選択自体が相手に対し 1 つのメッセージとして機能するのであり，メッセージの内容もまたメディアの性質によって影響を受ける側面があるのです。

　メディアは，単にメッセージを効率的に伝えるための無色透明な媒体ではありません。私たちはメディアを，メッセージを相手に届ける「乗り物」のような存在として捉えがちです。しかしよく考えてみれば，日常生活でも，メディアの介在によってしばしば誤解やすれ違いが生じることがあります。直接会って伝えれば問題なかったことが，SNS に投稿したことで思わぬ対立や詮索の原因となることもあります。だからこそ，「何を伝えるか」だけでなく，メディアの性質を理解することがきわめて重要になります。コミュニケーションを媒介するメディアの性質，普段は見えにくくなっているメディアの振る舞いに注目せよ，これがマクルーハンのメディア論の基本的な出発点です。

▷ メディアは身体感覚の拡張である

　『メディア論』は激しい賛否を巻き起こしながらも北米でベストセラーとなります。これに対しマクルーハンは 1967 年に，グラフィックデザイナーのクエンティン・フィオーレと編集者のジェローム・エイジェルとともに，自分の主張をパロディにした『メディア

はマッサージである』（マクルーハン＆フィオーレ 2015）というビジュアル本を出版します。さらに音楽プロデューサーのジョン・サイモンとともにレコード版を発売，NBC で書籍の内容に基づく実験的番組を放送するなど，メディアミックス展開[*]（第 9 章）により，みずからの主張を視覚的・聴覚的に展開しました（図版）。

レコード版『The Medium is the Massage』ジャケット

　たしかにメディアはメッセージとして機能しますが，メディアの役割はそれだけではありません。マクルーハンによれば，メディアはマッサージでもあり，人間の身体や感覚に直接働きかける側面をもっています。メディアは人間の身体や感覚的な能力の拡張と捉えることができるのです（マクルーハン＆フィオーレ 2015）。たとえば，電話によって私たちは遠く離れた人の声を聴き，会話することができます。その意味で電話は耳の拡張といえます。同様に望遠鏡は目の拡張であり，車輪や自動車は足の拡張であり，電気による通信はコミュニケーションを地球規模に拡大することで人間の知覚機能を拡張するのです。

　またメディアは身体感覚を拡張すると同時に，私たちの思考や行動のパターンを徐々に変容させます（マクルーハン＆フィオーレ 2015）。つまり，人間が生み出したメディアのほうが，次第に人間を変えていくというわけです。私たちはメディアを使っているうちに，いつの間にか新しい感覚や身体技法を身につけていきます。スマートフォンを使いながらタッチパネルの操作に習熟し，3D ゲー

ムを利用する間にバーチャルな空間感覚を身につけ，インスタグラムに投稿するためにスマートフォンのカメラによる撮影の技法や加工の技術を洗練させます。

メディアに適応した行動や感覚はしばしば複雑で特殊なものになるため，そのメディアを利用していない人々には容易に理解しがたいものになります。このためマクルーハンは，新しいテクノロジーの普及期にはそれに適応した世代と古い慣習に埋め込まれた世代の間にジェネレーション・ギャップが生じると論じました。マクルーハンは，普及の初期段階で新しいメディアに習熟した若者と芸術家に，古い技術に基づいた体制を変革する可能性を見出しています。

▷ メディアは技術的環境である

メディアはメッセージであり，身体感覚の拡張であり，その変化は私たちのコミュニケーションや行動に影響を与えます。またマクルーハンは，生活のすみずみまでメディアが浸透すると，それが人間にとって新たな環境として機能し始めると指摘しました。環境となったメディアは，そのなかで生きる人々に影響を与え，さらに技術や文化を変容させていきます（マクルーハン 1986）。

15世紀にヨハネス・グーテンベルクらによって活版印刷が発明され，書籍というメディアが普及することで，印刷された文字を基盤とする新しい技術的環境（「グーテンベルクの銀河系」）が作り出されると，その環境のなかで人々の思考や文化のパターンが形成されていきます。そして19世紀から20世紀に電気的なメディア技術が発明され，ラジオやテレビが浸透すると，技術的環境もまた再編され，新しい文化のパターンが生まれるのです。たとえばマクルーハンは，旧来の楽器と電子楽器を比較し，シンフォニーオーケストラとエレクトロニクスによる音楽の違いを論じています（マクルー

ハン 1987；第 5 章)。

　マニュエル・カステルは 2001 年にこうしたマクルーハンによる問題提起を受け，インターネットの浸透によってグーテンベルクの印刷術に匹敵するような技術的環境である「インターネットの銀河系」が形成されると論じました (カステル 2009)。また第 2 章で詳しく見るように，同じ 01 年にレフ・マノヴィッチは，コンピュータの浸透による文化のソフトウェア化が新しいメディア環境の特徴であると論じています (マノヴィッチ 2013)。

▷ 技術的環境としての都市

　マクルーハンにとって都市空間もまた，こうした技術的環境に他なりません。たとえば鉄道という交通と輸送のテクノロジーは，都市中心部から離れた郊外の開発を進めるとともに，駅周辺の徒歩圏内に住宅や商店を集中させます。これに対して自動車は，徒歩圏内の住宅や商店の集中を解体し，職場と家庭を切り離し，都市生活の設備をロードサイドに分散します。また田園風景を一掃して，緑豊かな大地をセメントで覆われた空間に変えていくのです。

　鉄道や自動車によって生み出された新しい空間は，次第に居住者の生活様式に影響を与えていきます (マクルーハン 1987)。ヴォルフガング・シヴェルブシュが詳細に論じたように，19 世紀以来，鉄道は単なる移動や輸送の手段ではなく，空間や時間を大規模に再編成する媒介としての役割を果たしてきました (シヴェルブシュ 2011)。またフリードリヒ・キットラーは都市を，鉄道や高速道路だけでなく，郵便や電話，ラジオやテレビ，電気，水道などさまざまなネットワークから構成され，情報を伝達し蓄積し処理するメディアとして捉え直しています (キットラー 1998b)。

　マクルーハンは 1960 年代にすでに，鉄道や自動車に代わってこ

アポロ 8 号の乗組員が撮影した「地球の
出」(1968 年)
(出所) Wikimedia Commons.

れからは情報の輸送が重要になり，都市は情報メガロポリスになる，あるいは電子メディアが瞬時に世界中の情報を伝えるために，世界は収縮して 1 つの「グローバル・ヴィレッジ」(地球村)*になると指摘しました（マクルーハン＆フィオーレ 2015）。また今後コンピュータ技術が環境全体をプログラムするようになり，そのとき「コンピュータの真の利用法」は，マーケティングの促進や技術的な問題解決のためではなく，「地球の環境とエネルギーを調和させるため」になると予見的なことを述べています（McLuhan 1969）。

　リサ・パークスはこうしたマクルーハンの「全地球的」ビジョンが，1957 年のスプートニク 1 号の打ち上げや 60 年代の衛星放送の発達，68 年にアポロ 8 号が撮影した「地球の出」の写真（図版）と同時代であることを指摘しています（Parks 2005）。翌 69 年にはアポロ 11 号の月面着陸が衛星放送で世界中に生中継され，R・バックミンスター・フラー『宇宙船地球号　操縦マニュアル』（フラー 2000）が刊行されています。

　メディアの探究は，日常ではしばしば不可視化されているメディアの性質やその振る舞いに注目することから始まります。メディア論とは，ミクロなコミュニケーションのなかで働くメディアの性質の分析であると同時に，それが私たちの身体感覚や行動に与える影響の分析でもあります。さらにはメディアが生活に浸透することで

形成される文化やマクロな技術的環境
の分析であり，その長期的な変動や移
行を扱う歴史的分析でもあるのです。

『Explorations』4 号表紙

学問の交錯地点

「メディアはメッセージである」と
いう言葉とともに，メディアを理解す
ることの重要性を訴えたマクルーハン
のメディア論は，今日から見てもメデ
ィア研究の出発点の１つといってよ
いでしょう。ただし現在では，その議
論は同時代のさまざまな学問との交流
のなかで形成されたことが指摘されています。

マクルーハンはケンブリッジ大学でアイバー・A・リチャーズに
文学理論を学び，トロント大学では人類学者のエドマンド・カーペ
ンターや古典学者のエリック・ハブロック，経済史家のハロルド・
イニスと同僚で，とくにイニスから大きな影響を受けています。ま
た修辞学者のウォルター・オング，人類学者のエドワード・ホール，
経営学者のピーター・ドラッカー，建築家のフラー，ピアニストの
グレン・グールドと親交があり，歴史学者のルイス・マンフォード
や建築史家のジークフリート・ギーディオンの見解を参照していま
す。

『機械の花嫁』を出版した翌々年の 1953 年，マクルーハンは同
僚のカーペンターをはじめとするさまざまな分野の学者と共同研究
を開始し，その成果として『Explorations』（探究）という雑誌（図
版）を刊行しました。この雑誌の目的は次のように語られています。

私たちは人文学と社会科学を連続体として捉え，横断して展開する一連の雑誌を思い描いています。私たちは，人類学とコミュニケーション研究はデータの集合ではなくアプローチであり，人文学，物理科学，生命科学，社会科学の4つの風がそれぞれの内部で混ざり合い，人間の科学を形成すると信じています（『Explorations』1）。

　『Explorations』は1959年まで刊行され，翌年には共同研究の成果が『コミュニケーションの探究』という論集にまとめられました。マクルーハンはこの雑誌に「芸術形式としてのメディア」「政治的形式としてのニューメディア」などの論文を寄稿し，その後，『グーテンベルクの銀河系』『メディア論』といった著作を次々と刊行していったことからも，この共同研究と雑誌の編集がいかに大きな出来事だったかを窺い知ることができます。

　メディア論の形成過程には，人文学と社会科学を横断し，物理学や生物学を含む自然科学とも交錯するような，きわめて学際的で豊かな共同研究があったことは強調されてしかるべきでしょう。メディア論とは，同時代の多様な学問の潮流の合流地点で形成された，新しい学の模索だったのです。

2　メディア論を読み直す

▷　メディア論の継承

　1960年代に提唱されたマクルーハンのメディア論は，新しいメディアの可能性や役割を擁護する側面をもっていました。そのため，テレビや広告などメディア業界の人々や，現代美術家のナム・ジュ

ン・パイク，現代音楽家のジョン・ケージなど新しい表現者やビートルズなど新しい音楽の登場，若い世代の文化運動と結びつきながら受容されていきます。[★]

初期のサイバーカルチャーやハッカー文化の紹介者として知られるスチュアート・ブランドは，マクルーハンやフラーに影響を受けて 1968 年に雑誌『Whole Earth Catalog』（図版）を刊行し，その後も『Whole Earth Software Catalog』を刊行するなど，シリコンバレー周辺で大きな影響力をもちました。また創設期のマサチューセッツ工科大学（MIT）メディアラボを取材し，「コンピュータはメディアである」（ネグロポンテ 1984）と言った初代所長ニコラス・ネグロポンテをマクルーハンになぞらえています（ブランド 1988）。

またパーソナルコンピュータ（パソコン）の考案者として知られるアラン・ケイは，『グーテンベルクの銀河系』から「コミュニケーション・メディアとしてのコンピュータ」の着想を得たと回想しています。教会が独占していた聖書が活版印刷と小型化によって個人に普及したように，大企業の業務用コンピュータに対し，ケイは個人用の「ダイナブック」を構想します。パ

『Whole Earth Catalog』
1969 Spring 号表紙
　　（出所）Brand 1969.

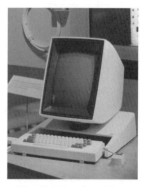

ゼロックス社の「アルト」
　　（出所）Wikimedia Commons.

ソコンの構想は，分散型ネットワークシステムの開発と結びつき，1973年にゼロックス社のパロアルト研究所で試作機「アルト★」（図版）が開発されました（ケイ 1992; 喜多 2005）。79年に研究所を訪問し，アルトに衝撃を受けたスティーブ・ジョブズは，そのアイデアを取り入れて「Lisa」や「マッキントッシュ★」といった Apple 社のパソコンを開発することになります。

マクルーハンは1980年にこの世を去りますが，彼が60年代から70年代に提示したアイデアは，実際にコンピュータ開発に導入されていきます。またインターネットやパソコンの普及，デジタル文化の浸透によって新しいメディアが出現するたびに，『メディア論』は読み直されてきました。その後，文学や美学，歴史学や社会学，カルチュラル・スタディーズ，人類学，情報学などにおいて改めて検討の対象となり，学際的な領域としてのメディア研究が形成されていきます。

▷ **技術決定論への批判**

『メディア論』刊行後のマクルーハンに対する批判のなかで最も大きな影響力をもったのは，その議論が「技術決定論」的であるという批判です。マクルーハンはテレビや新しいメディアのもつ可能性を強調するあまり，技術の役割を過大評価し，人間の日々の実践による変化や社会の側が技術に与える影響を過小評価している，という批判がなされました。たしかにマクルーハンは，新しいメディアの登場によって「これまで当然視してきた思想，行動，制度を事実上すべて，考えなおし再評価するよう強いられている」といったように，あたかも私たちのすべてが一挙に変わってしまうかのように語る場合があります（マクルーハン&フィオーレ 2015: 10）。

これに対し，レイモンド・ウィリアムズは1973年の『テレビジ

ョン』において、「テレビが私たちの住む世界を変えた」という単純な見方を批判しました（ウィリアムズ 2020）。技術はけっして社会から切り離されているわけではなく、ある技術が一方的かつ全面的に私たちを変容させてしまうといういい方は事態を単純化しすぎています。テレビはさまざまな技術の複合体であり、既存の技術や産業、社会的なニーズとの関係、あるいは研究や開発、普及の長期的な過程のなかで形成されていきます。技術決定論は、しばしばこうした現実の歴史的、社会的な過程を一面的に抽象化してしまいます。テレビは突如発明された単独の技術ではなく、電気、電信、映画、ラジオといったさまざまな技術開発や産業が絡み合ってはじめて可能になるのです。

　またウィリアムズは、1950 年代以降のアメリカのコミュニケーション・システムが、軍事技術の開発と密接に結びついて発達したことを指摘しています。その顕著な例がテレビの衛星放送です。娯楽やスポーツの中継を可能にする通信衛星は、国家的な軍事技術の開発と投資から切り離すことはできません（ウィリアムズ 2020）。マクルーハンが提唱した「グローバル・ヴィレッジ」は、アメリカとソ連の激しい宇宙開発競争と隣り合わせだったのです。新しいメディアがすべてを変えると喧伝する技術決定論は、こうした複雑な相互作用の過程や実際の歴史を単純化するおそれがあるのです。

▷ メディア社会論の視点

　クロード・フィッシャーは1980 年代後半の技術史研究のなかで、技術と社会の関係を、技術決定論でも社会反映論でもなく、技術の社会的構築のプロセスに注目して分析する立場が登場したことを指摘しています（フィッシャー 2000）。ある技術が開発され普及していく過程は、実際には開発者、投資家、利用者、マスメディアなどさ

コラム1　マクルーハン以前のメディアの研究　マクルーハン以前にもメディアに関する学問は存在しました。たとえば，ガブリエル・タルド『世論と群衆』(1901 年)，ウォルター・リップマン『世論』(1922 年) は新聞が世論形成に与える役割を論じています。またマックス・ヴェーバーは「新聞の社会学」(1910 年) を提唱し，ドイツでは新聞学が形成されます (佐藤 2018)。ラジオや映画が産業として拡大すると，その影響や効果の研究が進みました。

　さらにマスメディアの効果研究は，次第にマーケティングとプロパガンダという 2 つの領域と結びつきます。マーケティングの手法を創始したとされるエドワード・バーネイズは，第一次世界大戦の際に世論をアメリカの参戦に誘導するためのプロパガンダの立案に携わっています。バーネイズは戦時宣伝を意味したプロパガンダを，戦後は PR (パブリック・リレーションズ) と言い換えることを提案しました。つまり大衆を操作し誘導する戦時技術としてのプロパガンダが，戦後は PR としてマーケティングという消費者への訴求技術に転用されたのです (石田 2016)。

　第二次世界大戦でも多くの宣伝技術の研究者が，戦時プロパガンダと世論操作を担っています。そして戦後のアメリカで国家規模のマーケティングの舞台となったのが，アポロ計画と月面着陸の衛星中継でした (スコット＆ジュレッグ 2014)。世論形成やメディアの効果測定の視点は，マスコミュニケーション研究やジャーナリズム論，社会心理学的なマスメディアの効果研究に引き継がれていきます。メディアの知の形成については，吉見 (1994; 2012)，伊藤編著 (2015)，水越 (2014)，佐藤 (2018) などが参考になります。

まざまな主体が関わる社会的なものであり，さらにそれが使用される日常的な場面においても，技術は社会の構成員の選択によって再構成されていきます。こうした立場はメディア社会論 (技術の社会構成主義) と呼ばれ，技術決定論を批判し，メディアとさまざまなアクターとの相互的な構成過程を対象とする社会史的，ないし社会

学的な研究の重要性が強調されることになります。

　たとえばフィッシャーは電話というメディアがアメリカの日常生活のなかに浸透していく過程を社会史的に描き出し（フィッシャー2000)，キャロリン・マーヴィンは19世紀末の電気メディア，とりわけ白熱電球と電話が普及し産業化していく過程に焦点を当て，女性技術者の存在，アマチュアや大衆雑誌が果たした役割など，既存の研究で捨象されてきたその詳細を豊かに記述しました（マーヴィン 2003)。

　エジソンが白熱電球を発明したのは1879年ですが，その20年後のアメリカの一般家庭では電球の普及率はわずか3%にすぎませんでした。新しい技術や発明は，その組織化や既存の制度の変化が伴ってはじめて普及し，長い過程を経て産業化します（レビンソン 2019)。こうした視点は，たとえばYouTubeやネットフリックスが，既存の産業や制度，地域ごとの文化，慣習，規制，利用者との関係のなかでローカライズされていく過程を分析する際にも応用することができるでしょう。

　現在でも新しいテクノロジーが登場するたびに，たとえば人工知能（AI）が，量子コンピュータが，メタバースが，一挙に私たちの生活を変化させ，新しい社会を作り出すかのように論じる技術決定論が繰り返されています。しかし，AIにせよメタバースにせよ，それは既存のさまざまな技術が結びついた複合体であり，社会から遊離した技術が単独で動いているわけではありません。技術者や開発者が存在し，研究施設や開発組織が設立され，投資家やベンチャーキャピタルが資金を投じ，産業化し，既存の制度やサービスに導入されることで浸透していきます。その過程で特定の分野への応用が規制され，法律で禁止されることで，開発の軌道が変更されることもあります。

また多くの場合，ある特定の技術が即座に社会を変えることを強調する議論は，技術開発者や政策立案者，広告代理店やコンサルタント，シンクタンクなど，その技術の導入を推進し，利益を上げる立場のアクターによって主張されます。その意味で技術決定論的な主張もまた，技術の普及過程の一部を構成しています。メディア研究はこうした複雑な過程を分析の対象とする必要があるのです。

▷　オーディエンス研究の視点

　メディア社会論の視点が導入されていく時期に，これと連動しながらメディア研究に大きな影響を与えたのがカルチュラル・スタディーズの潮流です。カルチュラル・スタディーズは労働者の生活や大衆文化の分析から出発し，テレビやラジオ，映画といった日常的なメディアの分析に関心を向けるようになります。その過程で焦点となったのが，テレビの視聴者をはじめとするオーディエンスの研究であったといえるでしょう。

　スチュアート・ホールは1973年の論文「エンコーディングとデコーディング」(Hall 1973) において，テレビの視聴者は単に受動的に番組の内容を受容しているのではなく，能動的に番組の解釈を行い，場合によっては制作者の意図とは異なった対抗的な解釈を行っていることを指摘しました。つまりテレビの影響は，番組の内容や，メディアの形式だけでなく，それを受容するオーディエンスの分析なしには明確に語りえないということになります。ホールの議論は，オーディエンスの能動性や解釈の多様性を強調し，その重要性に注目することを促しました。

　1980年代にはデイヴィッド・モーレーやイエン・アンが，実際に視聴者がいかにテレビや特定の番組を受容し，どのように解釈しているかをインタビュー調査により明らかにしていきます（Morley

1980; Ang 1985）。また，リン・スピーゲルは家庭にテレビが普及する過程や視聴経験の変化に焦点を当て（スピーゲル 2000），アンナ・マッカーシーは商店や待合室，駅や空港など公共空間における視聴経験を分析しました（McCarthy 2001）。こうした視点は，デジタルメディアの受容経験の調査にも引き継がれているといえるでしょう。

1990 年代以降，シェリー・タークルによるネット・コミュニティの調査や（タークル 1998; 2018），ダナ・ボイドによる若者のソーシャルメディアの利用調査（ボイド 2014）など，新しいメディア経験を詳細なインタビューやエスノグラフィーにより明らかにする研究が進められています。オーディエンスはけっして均質ではなく，同じメディアを受容していたとしてもその経験や解釈は多様であり，また階層や世代，職種や居住地域，社会的な属性などによって構造化されています。

サラ・シャーマは，オーディエンス研究にとどまらず，支配的なテクノロジーとジェンダーの関係の視点からマクルーハンのメディア論を読み直し，更新すべきだと指摘しています[★]（Shama 2022）。またジェームズ・カランと朴 明 珍，エルキ・フータモは，メディアという概念やメディア理論という枠組み自体が，西欧的な発想であり，非西欧圏の文化的背景やより長期的な影響関係の歴史を踏まえ，再設計されるべきであると指摘しています（カラン&朴 2003; フータモ 2015）。その意味で，たとえば日本という非西欧圏のメディア経験やその歴史を分析することは，新たなメディア研究の視座を切り拓く可能性があるのです（Steinberg & Zahlten 2017）。

▷ メディア技術論の視点

最後に，より技術的な観点からの問題提起を挙げておきましょう。

キットラーは，マクルーハンのメディア論が人間のコミュニケーションや身体感覚に与える影響を重視するあまり，メディア技術そのものの特徴を見過ごす傾向があると指摘しました（Kittler 2009）。19 世紀の蓄音器や映画の発明以来，メディアは人間には理解できない情報やノイズまでを記録するようになっており，またその開発には物理学や工学，高度な数学やプログラミングが使用されています（キットラー 2006）。さらにコンピュータはあらゆるデータを数に変換し，処理することで，その仕組みは多くの利用者にとって容易には理解しがたいブラックボックスになっているのです。そしてしばしばメディア研究者もまた，メディアの機構をブラックボックス化したまま，人間への影響や効果を測定し，コミュニケーションやコンテンツを分析しています。つまりそのとき，メディア研究においてメディアの不在が起きているのです。

　キットラーは高度に複雑化したメディア技術というブラックボックスの蓋を開け，その内部の仕組みに目を向けるよう促します。このことが重要なのは，たとえば Microsoft のような IT 企業やウィンドウズのようなオペレーション・システム（OS）が，私たちの操作やアクセス可能な範囲をコントロールしている場合があるからです（キットラー 1998a）。私たちはスマートフォンやアプリケーションを日常的に使用しているにもかかわらず，それが実際にどのように作動しているか，その過程で何が制限され，何が禁止されているのか，多くの場合，その技術的な仕組みをほとんど知りません。

　メディアの性質に注目せよ，というマクルーハンの指摘を現在のメディアにも適用するならば，メディア研究は，ますます複雑化しブラックボックス化していく技術の内部により注意を向け，詳細に分析する必要があるのです。こうした視点を，ここでは技術決定論と区別して，メディア技術論と呼んでおきます。そのときメディア

研究は，オーディエンスや消費者の分析だけでなく，開発者や技術者，システムの運営や開発組織，製品やサービス，ソフトウェアの構造や設計に目を向けることになります。

▷ メディア論という移行期の経験

　再びマクルーハンに戻りましょう。1960 年代に提唱されたマクルーハンのメディア論は 70 年代以降，実証的な歴史研究やメディア社会論，カルチュラル・スタディーズ，メディア技術論の視点から修正され，更新されていきます。それと同時に，さまざまな方法によって「メディア」を問題化し，その性質に注目することの必要性を訴えたマクルーハンの議論は，現在のメディア研究においても重要な発想源の 1 つとなり続けています。マクルーハンのメディア論は，テレビという新しいメディアが普及し，活字と印刷を基盤とする価値観や制度が揺らぎ，インターネットやパソコンの原型となる技術が開発された時期，まさに複数のメディアが交錯する移行期に提唱されました（図版）。そのため，特定の時代状況を超えて，メディアの変動と移行の只中でその経験を捉えようとする人々にとって，貴重なアイデアの源泉となり続けてきました。

　工学への関心から文学研究に転じ，さまざまなメディアが浸透したアメリカの大衆文化に向き合い，さらには人文学と社会科学を横断し，自然科学とも交錯する共同研究を経て展開されたマクルーハンのメディア論は，複数の視点をいわばルービックキューブのように切り替えながら，その都度「メディアとは何か」を考えるように促します。私たちは日々メディアを使い，その利便性を享受し，しばしばそれに翻弄されていますが，しかし本当にメディアを理解しているといえるでしょうか。後続の研究者たちは，残された問いや予見的なアイデアを，歴史学や社会学，人類学，カルチュラル・ス

"You see, Dad, Professor McLuhan says the environment that man creates becomes his medium for defining his role in it. The invention of type created linear, or sequential, thought, separating thought from action. Now, with TV and folk singing, thought and action are closer and social involvement is greater. We again live in a village. Get it?"

書斎で本を読む父親に，エレキギターとテレビ世代の息子がマクルーハンのメディア論を説明する

（出所）マクルーハン＆フィオーレ 2015.

タディーズ，情報学，文学，哲学，メディアアートや実践的研究に至るまで，それぞれの領域において検討し，修正を加え，学際的な学問領域としてのメディア研究を確立しようとしているのです。

⚟ *Exercise*　演習問題 ⚟

1.1　普段，伝えたい内容に合わせてメディアを使い分けることはありますか。また，具体的にはどのようなときにメディアの使い分けを行っているでしょうか。

1.2　私たちが「メディアを使っている」のではなく，私たちの行動やコミュニケーションが「メディアによって規定されている」といえるような状況や事例はありますか。

⚟ *Report assignment*　レポート課題 ⚟

12 時間スマートフォンに触れずに生活してみましょう。どのようなときにスマートフォンを使いたくなるでしょうか。12 時間のスマートフォンがない生活を観察して，自分にとってスマートフォンがどのようなメディアであるか分析してください。

新しいメディア研究の潮流

Quiz　クイズ

Q2.1　Google が設立されたのはいつか。
　　　a. 1981 年　**b.** 1998 年　**c.** 2005 年　**d.** 2012 年

Q2.2　2019 年に排出された世界の電子廃棄物の総重量は次のどれか。
　　　a. 5.3 万トン　**b.** 53 万トン　**c.** 530 万トン　**d.** 5300 万トン

Q2.3　iPhone 12 Pro に使用されている鉱物・資源を次のなかからすべて選択すること。
　　　a. プラスチック　**b.** タングステン　**c.** スズ
　　　d. レアアース（希土類元素）

★本章の学習をサポートするウェブ資料は，右の QR コードよりご覧いただけます。

Answer クイズの答え

Q2.1 b.   Q2.2 d.   Q2.3 a. b. c. d.

Chapter structure 本章の構成

新たなメディアの登場
メディア研究の再設計

ソフトウェアの作動
ソフトウェアへの注目
アルゴリズム
個人情報の保護と規制

インフラと物質性
メディアの物質性
メディア・インフラ
脆弱性と不均衡の問題

メディアネイチャー
メディアと地球環境
電子廃棄物の循環
持続可能性

新しいメディア研究
メディア概念の再考

▷ **メディア研究の再設計**

　第1章で述べたように，マーシャル・マクルーハンは北米でテレビの普及率が上昇した時期に，メディア論を構想しました。1970年代以降，マクルーハンの議論はメディア社会論やカルチュラル・スタディーズ，実証的なメディア史研究などの視点から批判的に検討され，その基本的な枠組に修正が加えられるとともに，学術的な領域としてのメディア研究が発展することになります。20世紀にメディアは，日本では「主要4媒体」と呼ばれたテレビ，ラジオ，新聞，雑誌などマスメディアに限定して理解される傾向がありました。しかしデジタル化の進展，インターネットの普及，モバイルメディアの発達，そして近年スマートフォンやSNS，クラウドコンピューティングが結びつき，巨大なプラットフォーム企業が拡大したことは，メディア研究やメディアについての理解の再編

成を促しています。

マクルーハンの時代のメディア論において中心的な役割を果たしたのは，とくに書物とテレビ，そして黎明期のコンピュータでしたが，その視点だけでは捉えきれない対象が日常生活に浸透しているのです。とりわけ 2000 年代から 10 年代にかけてメディア研究は大きな展開期を迎えており，メディア研究における「メディア」の定義は揺らぎ，そして再設計されようとしています（Parks 2020）。本章では，こうした新しいメディア研究の潮流として，ソフトウェアやアルゴリズムへの注目，インフラストラクチャー（インフラ）やメディアの物質性への関心，そして地球環境や持続可能性の視点，この 3 つに焦点を当て，その方向性と今後の課題を概説します。

1 ソフトウェアスタディーズ

▷ ニューメディアとソフトウェア

1990 年代後半から本格的にインターネットとパソコンが普及し，ドットコム企業と呼ばれたネット関連のベンチャー企業の設立が相次ぎます。95 年には Amazon.com がサービスを開始，98 年には Google 社が設立されています。こうした状況のなかで，メディア研究者であり，プログラマ，メディアアーティストでもあるレフ・マノヴィッチは，2001 年の『ニューメディアの言語』において，「文化がことごとく，コンピュータを媒介してなされる制作，配布，コミュニケーションの形態へと転換しつつある」時代に応じた，新しいメディアの理論が必要だと論じました（マノヴィッチ 2013: 59）。

マノヴィッチによれば，マクルーハン以降の新しいメディア理論の段階は，人文科学や社会理論，コンピュータサイエンスが融合し

た「ソフトウェアスタディーズ」へと移行します（Manovich 2013）。私たちの世界は20世紀的な重工業の機械ではなく，ますます流動的に変化するソフトウェアによって定義されるようになっています。現在のコンピュータ化された文化はソフトウェアによって形作られており，その特徴を理解するためにはソフトウェアの分析が必要なのです。

　マクルーハンがコミュニケーションを規定する要素として，それを伝達するメディアの性質に注目したように，マノヴィッチは現在のコミュニケーションや文化を規定する要素としてソフトウェアが作動していることを見出しました。実際，現代の文化の制作，保存，流通，操作のあらゆる局面で，かつて物理的な技術や装置が果たしていた役割が，しばしばソフトウェアに置き換えられています。私たちはテレビを見る代わりにYouTubeやネットフリックスにアクセスし，カメラで撮影する代わりにインスタグラムのアプリを開きます。したがって，ソフトウェアが私たちの文化をどのように形成し，同時にソフトウェアがどのように私たちの文化によって形成されているかを理論化することが必要となるのです（Manovich 2013）。

▷ ソフトウェア時代のメディア

　それでは，ソフトウェアの時代に「メディア」はどのように再定義されるでしょうか。マノヴィッチによれば，コンピュータは既存のメディアをソフトウェアによってシミュレートするだけでなく，異なるメディア技術を組み合わせることで，以前は存在しなかった複合的なメディアを生み出すという特徴があります。マノヴィッチはソフトウェアが生み出す新しい存在をメディア・ハイブリッドと呼び，その例として，地図と地理情報システム，衛星写真，3次元コンピュータグラフィックス（CG），アニメーション，写真，検索

システムなどの技術や要素が組み合わされた Google Earth のアプリを挙げています（Manovich 2013）。

　実際に Google Earth を起動すると，宇宙空間に浮かぶ地球のグラフィックスが表示され，任意の方向に回転させることができます。拡大すると，最初は衛星写真のように見えていた陸地に国境線や国名が表示され，続いて主要な都市や地形，幹線道路，公共施設などの地図情報が付加されていきます。またストリートビューに切り替えると，俯瞰していた視点は急速に地表へと下降しながら街並みの3D モデルに切り替わり，さらに Google 社によって撮影された街路の画像に移行します（図版）。実際にストリートビューを操作して街中を移動すると，この画像が複数の地点を移動しながら撮影された写真を合成したもので，異なる時期に撮影された写真が随所でつなぎ合わせられていることが確認できます。また Google 社が撮影した画像以外に，ユーザーが投稿した写真や他のウェブサービスのデータも付加されており，日々更新され拡張し続けていることが確認できるでしょう。このように Google Earth は，単に紙の上の地図や物体としての地球儀のソフトウェア化やシミュレーションではなく，さまざまな技術が混淆した新しいメディアなのです。

　マノヴィッチは Google Earth のように，ソフトウェアによって可能になった「以前は別々だったメディア技術を組み合わせる能力」こそが，メディアの歴史において根本的に新しい現象であると論じています。またソフトウェアは機械や装置とは異なり，物理的な境界を定めることができず，常に変動し続ける性質をもっています。したがって，Google Earth のユーザーは，アクセスするたびに毎回異なった「地球」を体験することになるのです（Manovich 2013）。

　こうした指摘を踏まえるならば，メディア研究は新しい文化を生

メディア・ハイブリッドとしての Google Earth（2020 年）

み出すソフトウェアの性質に目を向ける必要があるでしょう。マノ
ヴィッチは実際にインスタグラムを分析し，写真の撮影，編集，公
開，検索，共有等の一連の過程がソフトウェア化されることで，写
真やその表現，慣習がいかに変化したか論じています（マノヴィッ
チほか 2018）。この視点から Photoshop や After Effects のような
映像編集のソフトウェア★が現代の表現にいかなる影響を与えている

か，インスタグラムや TikTok の機能が現在のメディア文化の特徴をいかに規定しているか分析することができるでしょう。

▷ 検索とリコメンデーション機能

しかしながら，今日ではソフトウェアの作動は，メディア文化の表現や操作の特徴を規定しているだけでなく，私たちのコミュニケーションや行動に影響を与え，また他のサービスや制度と結びつくことで巨大な産業を形成しています。わかりやすいのは検索やランキング，リコメンデーション機能（おすすめ）かもしれません（第6章）。たとえば Google で検索した際に，どのウェブページが上位に表示されるかは Google が設定したソフトウェアのアルゴリズム（プログラム化された計算手順）によって決まっています。同じ言葉で検索したとしても，誰が検索したか（検索履歴），どこで検索したか（位置情報）などに基づいて別の結果が表示されます[*]。

また Amazon や TikTok のおすすめ，インスタグラムの人気投稿，Twitter のトレンド，ニュースサイトに掲載される話題の記事のランキングは，一見すると中立的なようでいて実はそうではありません。SNS のおすすめやトレンドに掲載される投稿はますます多くの注目を集め，アクセスが集中した記事はますます多くの人に読まれることになります。その一方でトレンドに掲載されない投稿は，その内容や質にかかわらず，アクセスを集めることなく日々無数の情報のなかに埋もれていきます。

ソフトウェアの作動はけっしてニュートラルではありません。日常的にはその作動が隠されており，一見中立的に振る舞っていたとしても，自動化されたランクづけやリコメンデーションは，私たちの行動を誘導したり制限しています。TikTok[*] の 2020 年の CM のキャッチコピーは「meet your X きみが次に好きなもの。」でした。

CM では，今までに見たことのない動画を TikTok が次々と表示する様子が描写されます。つまり，「きみが次に好きなもの」は TikTok（のアルゴリズム）が教えてくれる，というわけです。

ネタ・アレクサンダーはこうした推奨機能が，数学的にユーザーの好みを予測し，未来の選択肢をあらかじめ限定した形で示していることを批判しています（Alexander 2016）。実際，私たちはしばしば意識的に情報にアクセスするよりも，次々と表示されるおすすめやランキング，自動的に表示される投稿をたどりながらアプリを操作しています。これまで主に新聞やテレビなどマスメディアが担ってきたニュースの重要度の判定や議題設定の機能の一部も，自動化されたアルゴリズムや AI による推奨機能に代替されつつあります。

アルゴリズムによる制御と不均衡

またジョン・チェニー゠リッポルドは，Google のアルゴリズムがネットワーク上におけるユーザーのアイデンティティを自動的に構築していることに注意を促しています（チェニー゠リッポルド 2018）。もしあなたが Google のアカウントをもっていれば，使い始めてから今までの Web の閲覧履歴やクリックした広告の情報が収集され，その結果から性別や年齢などのアイデンティティが解析され，それが次に開くサイトの広告や検索結果に反映されます。たとえば 2021 年の段階で iOS 版の Google アプリは広告表示のために，ユーザーの位置情報，連絡先情報，検索履歴，閲覧履歴，ID，製品の操作や広告の使用状況データを収集しています（Apple 2021）。

ここで重要なのは，実際の年齢や性別と，Google が分類するネットワーク上の年齢や性別は異なっている場合があることです（チェニー゠リッポルド 2018）。精度は高まっているとはいえ，アルゴリ

ズムはあくまで過去のデータに従って，それと類似したデータやネット上の行動履歴のパターンから，たとえば「20代」「男性」「独身」あるいは「大学生」「女性」「関心は音楽」などとカテゴライズしているにすぎないため，その判定にはもちろん誤差が生じます。ターゲット広告であればさほど気にはならないかもしれませんが，こうしたカテゴライズや判定が大きな問題につながるケースもあります。

　たとえばヴァージニア・ユーバンクスは，ネット上の行動履歴に基づいて判定される資格審査や格付けのシステム，リスク予期のモデルが自動的に個人を特定し，信用度やリスクの判定をすることで，保険の適用や医療，金融，不動産，公共サービス等の利用，犯罪捜査などにおいて不平等を作り出す場合があることを指摘しました（ユーバンクス 2021）。こうしたアルゴリズムは普段は見えなくなっており，サービスが制限されたり資格の対象から外れたりした際にはじめて，自分が「要注意」人物と判定されていたことがわかります。アルゴリズムによる判定は個人にリスクや負担を負わせ，不平等を生み出す可能性があるにもかかわらず，どのような仕組み・理由で判定されたかを本人であっても容易には知ることができません。そしてしばしばこうした判定基準の設計には，あらかじめ人種や性別，職業や所得等でバイアスがかけられていることが問題になっています（Noble 2018; Benjamin 2019）。

　アメリカでは 2016 年の大統領選挙の際に，ドナルド・トランプ候補と提携した選挙コンサルティング会社ケンブリッジ・アナリティカが，アプリを通じて数千万人もの Facebook ユーザーの個人情報を不正取得し，選挙キャンペーンに利用していたことが大きな問題となりました。同コンサルティング会社はイギリスの欧州連合離脱を決定する国民投票のキャンペーンにも関わっていたことが問題

視されています（スミス＆ブラウン 2020；第 11 章）。また 20 年に起きた白人警察官による黒人暴行死事件では，警察による顔認証を用いた監視技術への批判が強まりました。顔認証は中立的で客観的な技術に見えて，黒人や有色人種など肌の色によって認証にバイアスがかかる可能性が指摘されたのです（第 3 章**コラム 4**）。

個人情報の保護とアルゴリズムの規制

これに対し，EU は 2018 年に個人情報の保護のための「一般データ保護規則（GDPR）」を世界に先駆けて施行し（第 11 章），21 年には国家による AI を用いた個人の格付けを禁止する規制案を発表しました。また 22 年には，プラットフォーム企業のなかでもとくにユーザー数や売上高などにおいて確固たる地位をもち，ユーザーと顧客をつなぐ玄関口として機能する「ゲートキーパー」を対象に，個人データ利用規制などを含む包括規制を行うデジタル市場法案の施行に合意しました。アメリカでもネット企業を保護する通信品位法 230 条にアルゴリズムを規制するための例外を追加することが議論されています。

日本では 2019 年にリクルートの子会社リクルートキャリアが就活情報サイト「リクナビ」の閲覧履歴をもとに内定辞退率（過去の内定辞退者の行動を分析し，行動パターンの類似度から辞退率を判定したもの）を学生の同意なしに算出し，企業に販売したことが問題となり，翌年には個人情報保護法が改正されました。個人を特定しない形でデータを提供したとしても，提供先の企業で個人情報と紐づけて利用可能であった点が問題となったのです。

私たちがアプリを使用し，メディア文化を享受するうちに，ネットワーク上ではさまざまなデータが収集され解析されています[*]。閲覧や消費，移動等の履歴は収集され，居住地，年齢，性別，場合に

よっては趣味嗜好や人間関係，信用度が判定されることになります。しかもその仕組みはますます複雑化し，利用者からは隠蔽され見えなくなっています。フランク・パスカールはこの状況を「ブラックボックス社会」と呼び，批判しました（Pasquale 2015）。

　こうした批判を受け，近年では法規制が進み，企業側でも開発したシステムの仕組みや取得するデータ，利用範囲を公開する動きが進みつつあります。メディアは利便性を高めるだけでなく，私たちが認識できる範囲や，操作可能な範囲をあらかじめ限定しています。また初期設定の段階でジェンダーや人種，エスニシティなど社会的なカテゴリーに対するバイアスが入りこんでいる場合があります。日常的に利用しているメディアの裏側で働いている技術に対する知識や理解を深めることは，開発者や企業に設計を委ねてしまうのではなく，その適切な運用についての議論に参加するためにも重要性を増しているのです。

2　デジタルメディアの物質性

▷　メディアとインフラの物質性

　新しいメディア研究の潮流として，ソフトウェアやアルゴリズムへの注目とともに重要性を増しているのが，デジタルメディアの物質性に焦点を当てる一群の研究です。こうした立場は，メディア物質主義（あるいはデジタル物質主義，新しい物質主義）と呼ばれ，抽象的で非物質的なデータやネットワークが強調されがちなデジタルメディアがもつ物質的な側面に注目する点に，その特徴があります。ラモン・ライヒェルトとアニカ・リヒトリヒによれば，近年モノのインターネット（Internet of Things; IoT）やクラウドコンピューテ

図 2-1　海底ケーブルのネットワーク

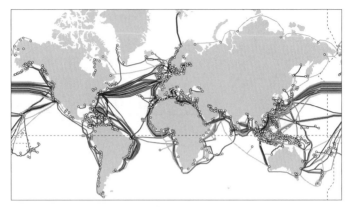

（出所）Submarine Cable Map より作成（2022 年）。

ィングなど，個々の利用者にとって知覚不可能な仕組みや不可視な
サービスが増えています[*]。デジタル技術が日常生活に浸透していく
のと並行して，コンピュータのハードウェアが消えつつあり，メデ
ィアの物質性が見えにくくなっているといえるでしょう。こうした
状況に対し，新しい物質主義的なアプローチは，デジタルメディア
の物質性を今までとは異なった形で考えるように促します。私たち
が気づかない，認識できないところで，デジタル技術とその構成要
素は，私たちの行動や産業構造に大きな影響を与えているのです
（Reichert & Richterich 2015）。

　たとえばメディア文化の研究は，これまで個々のコンテンツに注
目しがちでしたが，近年そうしたコンテンツを流通させる物理的な
インフラに注目する研究の重要性が増しつつあります。リサ・パー
クスとニコール・スタロシェルスキーが指摘するように，デバイス
が小型化し，クラウドコンピューティングが普及することで，物質

的なメディアは消えて
いくように見える一方
で，大量のデータが世
界中で流通するために
は，インターネットを
機能させるためのコン
ピュータや通信機器が
集積する大規模なデー
タセンター（DC）が

Google のデータセンター
（出所）Google Datacenters Photo gallery.

建設され，アンテナや電波塔，基地局，衛星や海底ケーブル★（**図2-1**）など物理的なインフラが必要になります（Parks & Starosielski 2015）。

クラウドとデータセンター

　たとえば大規模な DC★ は依然として大量の電力を消費しており，それが機能しなくなると世界中で情報処理や通信はストップします（第12章）。鉄道や高速道路と同じように，メディア・インフラは私たちのコミュニケーションや文化の流通に影響を与え，都市の構造を変えつつあるのです。Google は DC（図版）を，次のように説明しています。

　　あなたが今読んでいる言葉，ストリーミングする音楽，……
　　そのすべてがどこから来るのか疑問に思ったことはありません
　　か？　それらは，単に宙に浮かんでいるわけではありません。
　　インターネットはどこかに存在しなければなりませんよね？
　　そのとおり。オンラインでクリックするたび，情報を取得する
　　ために遠く離れた場所──世界で最も安全な建物にある強力な

コンピュータのラック——に到達します。そして，あなたが探しているものが瞬時に表示されます。機械を動かす人々にとってさえ，それは魔法に他なりません。その建物は，データセンターと呼ばれます（Fischer 2020）。

　ここで説明されているように，クラウドやネットワークは宙に浮かんでいるわけではなく，きわめて物理的な基盤によって支えられています。たとえば Microsoft 社はワシントン州クインシーに DC が集積する広大なキャンパスを 2 つ所有しており，床面積は総計約 20 万 m^2 に及び，膨大な電力を消費しています（スミス&ブラウン 2020）。また Amazon などの DC が集中するバージニア州アッシュバーンは，「データセンター・アレー」とも呼ばれています。

　現在ではメディア・インフラの建設自体が大規模なビジネスになっており，クラウドコンピューティングが拡大するにつれて，DC の市場規模は拡大を続けています（第 11，12 章）。デバイスが小型化し，さまざまなサービスがオンライン上で利用できるような生活は，遠く離れた場所に存在する大規模な DC によって可能になっているのです。同様に，家にいながらにしてスマートフォンで世界中の商品を購入できる生活は，Amazon の巨大な物流センター[*]とローカルな拠点や家庭をつなぐ運送業者に支えられています。

▷ インフラの脆弱性と不均衡

　2019 年末に始まった新型コロナウイルスの感染拡大は，社会的距離の保持による感染の防止のために，オンライン授業やテレワークの実施を余儀なくさせ，オンライン化の諸技術の急速な導入を促しました（第 12 章）。そこで多くの人々が実感したように，Wi-Fi への接続やパソコンの性能，スマートフォンの通信契約，回線の種

類と通信速度，ルーターの位置，同時接続する端末の数などの物理的な条件によって，ネットへの接続やデータ通信は大きな影響を受けます。「インターネットは世界中と瞬時につながり大規模なデータを送受信できる」とはいえ，その接続は明らかに不均衡です。しかも装置や通信設備，そのリテラシーはしばしばさまざまな格差と結びついています。

　たとえば，2020年は第5世代移動通信（5G）元年といわれましたが，実際にはサービス開始当初の通信エリアは非常に限定されていました。5Gは周波数が高く，障害物に弱いため1つの基地局で広範囲をカバーすることが難しく，また帯域が重なっている衛星通信との干渉が問題になるため，基地局の設置場所の調整に時間がかかり，通信エリアの拡大が遅れる要因となったといわれています。またいち早く通信可能になった場所は，都心部の既存のインフラが整備されている区域に偏っていました。

　このようにネットワークやデータの流通はけっして均質ではありません。どこに優先して基地局や通信インフラが配備されるかは，政治経済的要因や物理的・地理的要因，都市計画や既存のインフラとの関係等によって決まっています（第11章）。また2011年の東日本大震災がきわめて致命的な形で明らかにしたように，大規模な自然災害や地殻変動は電力を停止し，ネットワークを遮断し，普段見えにくくなっているインフラの所在を顕在化します。情報空間は，依然として，物理的な空間に埋め込まれているのです。

メディアの物質性と地球環境

　メディアの物質性への注目はインフラの問題を浮上させただけではありません。ユッシ・パリッカは，メディアの物質性への注目を，メディアや技術を構成する鉱物資源にまで拡張することを提案して

コラム2 労働としてのプログラミング　ソフトウェア文化や その生産のプロセスは，重工業的な機械文化や工場労働に比べて， 非物質的な知識の生産や認知的で創造的な労働の側面が強調されて きました。もちろんそれは間違いとはいえませんが，ソフトウェア 化された文化の制作のプロセスは必ずしも非物質的ではありません （Parikka 2014）。デスクワークであっても認知能力の酷使は身体 の疲弊をもたらします。また実際には工場労働と同様，長時間の管 理労働やマニュアル化された単純な反復作業も多く，創造的でスマ ートな作業は限定的です。

　クリエイティブ産業の振興や，データサイエンティストの養成が 盛んに喧伝される一方で，実際のソフトウェアの開発に携わるエン ジニアや，アニメーションや映像制作の現場で働く人々の労働環境 の問題がたびたび指摘されています。

　メディア物質主義の議論は，一見すると非物質的と捉えられがち なソフトウェア化された文化の制作過程の物質性や身体性に焦点を 当てる際にも，有効な視点を提供してくれるでしょう。

います（Parikka 2015）。そうすると何がわかるでしょうか。先進的 な技術が詰め込まれたスマートフォンをはじめとするデジタルメデ ィアは，製造や流通の過程で希少な鉱物資源の採掘やエネルギー資 源に依存しており，地球環境と緊密に連繋した存在として捉え直さ れます。さらにそれらは廃棄されることで，危険な化学物質による 土壌汚染やそれを取り扱う労働者の健康被害の原因ともなっている のです。つまり，非物質的な情報やネットワークと結びつけて理解 されがちなデジタルメディアは，その製造や流通の過程でいまだ多 くの物質に依存しており，しかもそれが地球環境と連動しているこ とになります。

　第1章で確認したように，マクルーハンはすでにメディアを技

術的環境として捉える視点を打ち出していました。近年では日常生活におけるモバイルメディアの遍在やクラウドコンピューティングの普及，都市空間におけるカメラとセンサーの遍在（第3章）など，メディアはより私たちの生活に浸透し，相互作用の度合いを強めることで，新しい生態系や自然環境のように機能しています。しかしそうしたメディアの環境化の側面だけでなく，より直接的な地球環境とメディアとの連繋が問われているのです。

　パリッカはこうしたメディアと自然環境との緊密な結びつきを強調するために，メディアネイチャー（medianatures）という概念を提唱しています（Parikka 2012）。高度なテクノロジーを利用したメディアであっても，自然から作られ，自然に還るという循環のなかにあります。私たちの最新のデジタル機器は，地球太古の物質をそのなかに隠しているのです。またこうした循環はグローバル化した産業構造やサプライチェーン，その不均衡のなかに埋め込まれています。たとえばデジタルメディアを構成するレアメタルの採掘は中国やロシア，アフリカなどの特定の地域に偏っており，資源の産出と消費の間に大きな不均衡があるため，その価格や供給量の変動は，経済的なリスクになると同時に政治的な問題となります。

　またジェニファー・ガブリスが指摘するように，メディアは廃棄された後で，電子廃棄物（e-waste）の循環という別のプロセスに参入します（Gabrys 2011）。国連が2020年に発表した報告書は，世界の電子廃棄物の総量が過去5年間で21%増加し，19年には5360万トンに達したことを指摘し，30年には7400万トンにまで増大すると予測しました。また19年に1人当たりの電子廃棄物の排出量が最も多かったのはヨーロッパで16.2 kg，以下順にオセアニアの16.1 kg，南北アメリカの13.3 kgであり，アジアは5.6 kg，最も少ないアフリカは2.5 kgと，地域によって大きな偏りがある

> **コラム3 複数のメディウム**　　メディア論と聞くと，まずテレビ
> や SNS やさまざまなメディア文化について語ることを思い浮かべ
> るかもしれません。しかし本章で見てきたように，現在のメディア
> 研究はそこから出発して，より広大な研究領域を切り拓きつつあり
> ます。意外かもしれませんが，実はそれは本来「メディア」という
> 語に潜在していた可能性の展開でもあるのです。メディアの単数形
> である medium には情報を伝達するための媒体や経路という意味
> だけでなく，物理学における媒質，すなわち音波や光，電磁波を伝
> える空気や水，ガラスといった物質，さらには生物学における培地，
> すなわち微生物や生体組織のための育成環境という複数の意味が備
> わっていました。マクルーハンが身体を拡張する人工物，フリード
> リヒ・キットラーがコンピュータを規定するハードウェア，マノヴ
> ィッチがデジタル文化を駆動するソフトウェアへとメディア研究の
> 対象を拡張したのに対し，いわば近年の研究者は，medium という
> 語にもともと含まれていた複数性へとメディア理解を拡張し，環境
> や生態系との連繋を問い直しています（Mitchell 2010; Peters
> 2015）。

ことも指摘されています（Forti et al. 2020）。にもかかわらず，多く
の場合，こうした廃棄物は逆にアジアやアフリカの途上国に行き着
くことになります。たとえばナイジェリアは，処理することができ
ない有毒な電子廃棄物の最終目的地の1つです（Parikka 2012）。

メディアと持続可能性

　気候変動やエネルギー・鉱物資源，電子廃棄物の問題に対する批
判が高まるなかで，高度なデジタル技術にその基盤を置くプラット
フォーム企業も早急な対応を迫られています。たとえば2020年に
Apple 社は，30年までにサプライチェーンの100% カーボンニュ

ートラル達成を目指
すことを発表し，プ
ロダクトごとの環境
報告書を自社のウェ
ブサイトで公開して
います。報告書によ
ると 20 年に発売さ
れた iPhone 12 Pro
は，再生されたタン

iPhone 12 の内部構造
（出所）iFixit.

グステンとレアアース（希土類元素），スズを全面的に取り入れ，化
学燃料系のプラスチックに代わり 14 の部品で 35% 以上の再生プ
ラスチックを使用しています。また製品の製造，利用，リサイクル
に関わる人々の安全を確保するため，数百種類の有害物質の使用を
制限し，iPhone 12 と 12 Pro の梱包物を減らすことで 60 万トン以
上の銅，亜鉛，スズ鉱石の採掘が削減できる見込みであることが報
告されています（Apple 2020）。スタロシェルスキーも指摘するよ
うに，メディアを構成要素へ分解し（図版），その生産や流通の過
程を追跡することは，今までとは異なる方法でメディアと生態系と
の連繋を問い直すことにつながります（Starosielski 2019）。

　マノヴィッチが指摘したように，ソフトウェア化したメディアの
特徴の 1 つは絶えず変化し続けることにあります。ジョナサン・
クレーリーもまた，現代の特徴が「変化し続ける状態が計画的に維
持されていること」にあり，加速的な変化を繰り返す技術が，「グ
ローバルなテクノロジーのゴミの山」を生み出していることを批判
しています（クレーリー 2015）。新しい技術がもたらす加速的な変
化や絶え間ない生成といった特徴は，一方では創造的な表現を生み
出し，硬直した既存の産業構造を解体する側面が肯定的に論じられ

てきました。しかしながら他方で，近年ではメディアと自然環境，社会的な構造やその不均衡との緊密な連繋が指摘されるなかで，むしろ持続可能性や長期持続の観点からメディア研究を再検討する必要が論じられています。メディア社会論が技術決定論を批判し，メディアと社会の相互的な構成過程に注目したとすれば，エコロジーの視点を取り入れたメディア研究は，メディアと社会，そして自然環境との緊密な連繋と長期的で持続的な循環に目を向けることを促しているといえるでしょう。

▷ 新しいメディア研究の課題

これまでのメディア研究では，コンテンツやコミュニケーション，アイデンティティの問題が強調されてきました。今後もこうした問題が重要であることに変わりありません。しかしながらその一方で，メディアに依存した私たちの日常生活や産業構造が，多くのエネルギーや鉱物資源に依存し，環境への負荷をかけて成り立っていることへの関心が十分ではなかったといえるかもしれません。デジタルメディアの物質性への注目は，メディアと持続可能性について考えるためのきっかけの1つとなるでしょう。

また私たちのメディア環境がハイテクノロジーであると同時に，物理的に脆弱であることに敏感になる必要があります。震災による物理的な破壊は電力を止め，ネットワークを切断します。オンライン化された私たちの日常はメディアのインフラを支える労働に依存しており，Amazon の配送，危険な電子廃棄物の処理，有害なコンテンツを判定するコンテンツ・モデレーション（第12章），通信インフラの維持管理など，その多くは不安定雇用でリスクにさらされています。したがって，高度なメディア文化への依存は，見えない環境問題と労働問題[★]にもつながっているのです。技術革新や目新

しさではなく，持続可能性の観点からメディアを考えるならば，こうした問題が解決すべき重要な課題として浮上します。

　マクルーハンが提唱したメディア論は，デジタル技術やコンピュータ，インターネットが浸透し，それらが一体となって変化していくなかで新しい段階を迎えつつあります。本章では，①ソフトウェアとアルゴリズムへの注目，②メディアとインフラの物質性，③地球環境と持続可能性の視点，以上3つの潮流について概説しました。今後は伝統的なメディア論と新しい視点を組み合わせながら，メディア研究を再設計していく段階にあります。マクロなプラットフォームやインフラの分析と，日常的なメディア文化への注目，ソフトウェアや物質的な構成要素の分析をいかに組み合わせていくかが課題となっており，その過程でメディアと社会，自然環境との連動と循環に目を向けていくことが求められているのです。

　マクルーハンがテレビの急速な普及のなかで「メディアとは何か」を問い，メディアに対する新しい理解の道筋を切り拓いたように，新しいメディア研究は，ソフトウェアやアルゴリズム，データとインフラ，そして地球環境や気候変動との関係において「メディアとは何か」を新たに問い直し，メディア研究の再設計を進めているといえるでしょう。デバイスが小型化し，環境に埋め込まれ，クラウド化していくなかで，メディアはその存在を隠し，消えていくように見えます。しかしながら同時に，依然として私たちのコミュニケーションや知覚は，物質的・非物質的にさまざまな形で媒介されており，情報空間はインフラや物理空間と切り離すことはできず，地球環境と連動しています。その意味で私たちはすでに「地球規模のメディアラボ」（ブランド 1988），「惑星規模のコンピューティング」（Bratton 2015）のなかで暮らしているといえるかもしれません。新しいメディア研究はこのような状況のなかで，不可視化されつつ

あるメディアと媒介性の問題を再浮上させ，新たな光を当てようとしているのです。

/// *Exercise* 演習問題 ///

2.1 ネット上の検索や閲覧，買い物などの履歴に応じて，表示や広告が変わっていると実感することはありますか。それは具体的にはどのようなメディア（サービス，アプリなど）を使用している場合でしょうか。また実際に「おすすめ」されているコンテンツや商品，広告はあなたの好みや属性に合致しているといえるでしょうか。

2.2 私たちのコミュニケーションが，通信のインフラやメディアの物質性に影響を受けていることが顕著になるのはどのような場合でしょうか。

/// *Report assignment* レポート課題 ///

Apple 社の環境への取り組み[★]（https://www.apple.com/jp/environment/）と，人種的公正と正義のためのイニシアティブ[★]（https://www.apple.com/racial-equity-justice-initiative/）を閲覧し，その可能性と今後の課題を論じてください。

写真と撮影の
メディア史

第 3 章

Chapter

Quiz クイズ

Q3.1 19 世紀に考案された写真術の名前をすべて選択すること。
 a. ヘリオグラフィー　**b.** ダゲレオタイプ
 c. フォトジェニックドローイング　**d.** カロタイプ

Q3.2 デジタルカメラの販売台数がフィルムカメラの販売台数を上回ったのはいつか。
 a. 1980 年代　**b.** 1990 年代　**c.** 2000 年代　**d.** 2010 年代

Q3.3 Deep Mind 社の囲碁 AI「AlphaGO」が囲碁の世界チャンピオンに勝利したのはいつか。
 a. 1995 年　**b.** 2007 年　**c.** 2016 年　**d.** 2021 年

★本章の学習をサポートするウェブ資料は，右の QR コードよりご覧いただけます。

Answer クイズの答え

Q3.1　a. b. c. d.　　Q3.2　c.　　Q3.3　c.

Chapter structure 本章の構成

写真はどこにあるか？
写真の拡張と拡散

アナログ写真
物質としての写真
複製技術としての写真
可視化の技術
写真撮影の大衆化

デジタル画像
衛星と画像と演算
デジタル化
ソフトウェア
モバイル
メディアとSNS

マシンビジョン
AIと画像認識
カメラとセンサーの統合
機械の視覚
プログラムアース

写真と撮影の再編
惑星規模のネットワーク

▷　写真はどこにあるのか

　現在，私たちの身の回りには多くの写真が溢れています。写真は
スマートフォンで撮影され，SNSで共有され，ときにはインスタ
グラムで検索されて外出先や商品を選ぶときの参考に使われていま
す。スマートフォンには大量の写真や動画が，撮影日時や位置情報
とともに記録され，蓄積されています。私たちが日々撮影し，デバ
イスやクラウドやSNS上に蓄積されていく膨大な画像データは，
いつの間にか位置情報や行動データと関連づけたマーケティングや，
AIによる顔認証の精度を高めるためのデータとして利用されてい
ます。またスマートフォンのカメラはさまざまなセンサーと一体化
し，写真だけでなく，アプリを利用するたびに私たちの行動や消費
のパターンを記録し続けています。はたしてそれは，かつてカメラ

や写真，撮影と呼ばれていたものと同じといえるでしょうか。

　眼前の景色を永久に記憶にとどめたいという夢や，水面や鏡面に反射したイメージを固定したいという願望は古くから存在してきました。また画家や版画家の図像制作において，不正確で間違いやすい人間の手作業による複写ではなく，正確で機械的な複製技術の探究が進められてきました。光学や化学の実験，絵画や版画の制作が交錯する領域で，19世紀に写真が発明されます。光の痕跡を金属やガラス，紙に定着するその技術は，「太陽の記述」や「自然の鉛筆」と称されました。しかしその頃の「写真」と「撮影」もまた，現在写真と呼ばれているイメージや，スマートフォンと一体化したカメラによる撮影とは，どこか異なっているように見えます。

1 太陽の記述，自然の鉛筆

▷ カメラオブスキュラと写真の夢

　古くから，暗い部屋の一点に小さな穴を開けると，外界の像が転倒して内壁に映し出されるという物理現象が知られていました。16世紀にはその現象を絵画の制作に応用し，内壁に投影された像をなぞることで正確な絵を描く「カメラオブスキュラ」という装置がルネサンス期の画家や版画家に使用されるようになります。

　17世紀から18世紀までにはレンズや鏡の利用，光学の発展に伴い，より明瞭な像が得られるようになり，携帯型の装置も開発されます（図版）。一方，18世紀には光に反応する化学物質の研究が進み，それを応用した製版技術が進展することで，カメラオブスキュラの像を固定するさまざまな試みが始まりました。後に最初期の写真の1つを発明するW・H・フォックス・タルボットはその着想が

携帯型カメラオブスキュラ（1868 年）
（出所）Wikimedia Commons.

浮かんだときのことを以下のように回想しています。

　　以前と同様に，紙の上に映った眺めの輪郭を鉛筆でなぞろうと努めた。そしてこの作業は，カメラ〔オブスキュラ〕のレンズの焦点にある紙に投影される，自然の像の比類ない美しさについて考えさせてくれた。それは一瞬のうちに生まれ，たちまち消え去ることを運命づけられた，妖精のような絵だった。
　その着想が浮かんだのはこのときだった——この自然のイメージを永続的に刻印させ，紙上に定着させたままにしておくことができたらどんなにすばらしいことだろう！（バッチェン 2010a: 58,〔〕は筆者追記）

　19 世紀には塩化銀や硝酸銀といった感光物質を用いて，実際に像の固定に成功する者が複数現れます。その 1 人であるフランスのニセフォール・ニエプスは石版印刷（リトグラフ）の研究を出発点に，手による描写ではなく，自然の光によって直接製版する方法を考案します。太陽光にさらされると硬化する瀝青（れきせい）という物質に注目したニエプスは，表面を瀝青で覆った金属板をカメラオブスキュラに設置し，8 時間ほど露光することで像を定着することに成功しました。ニエプスはこの手法を「ヘリオグラフィー」（太陽の記述）と名づけ，1827 年頃に現存する最古の写真の 1 つ「ル・グラの窓からの眺め」を撮影しています。写真というメディアは，製版技術

の探究と化学，光学の実験，絵
画や版画の制作が融合した学際
的な研究領域から生まれたので
す。

装飾されたダゲレオタイプ（1850-60
年頃，アメリカ）

▷ ダゲレオタイプと物質としての写真

もう1つの最初期の写真術
が，ルイ・J・M・ダゲールに
よって開発された「ダゲレオタ
イプ[★]」です。ダゲールはもとも
とパノラマ画家に学び，劇場の舞台装飾家として背景画や舞台装置
の制作，照明効果や特殊効果を設計しており，その技術を用いてジ
オラマの興行で成功します。ジオラマは巨大な平面の絵画に立体の
装飾と模型，光の効果を加えることで見る者に没入的なリアリティ
を与える，バーチャル・リアリティ（VR）の祖先ともいえる装置で
した。カメラオブスキュラによりジオラマ用の絵画を制作していた
ダゲールは，ニエプスと写真の共同研究を始め，1833年に彼が死
去した後も単独で研究を進めました。ダゲールは塩化銀が光により
黒変する性質を利用し，表面を銀で覆った銅板を光にさらして像を
定着する方法を考案し，ダゲレオタイプ（図版）と名づけます。39
年にはフランス政府が特許を買い取り，その技法を公開したことで
広く流通しました（Pinson 2012）。

ダゲレオタイプは，複製技術としての写真とは異なり，1回の撮
影で得られるイメージは金属板に固定された1点のみでした。ま
た露光時間は数分から数十分を要し，その間被写体が動かないよう
固定しなければなりませんでした。このため，ダゲレオタイプは1

枚1枚がかけがえのない貴重品となります。その像は不安定で傷つきやすく，しばしばシルクやヴェルヴェットで装飾された革のケースに，貴重な宝石のように収められました（Batchen 2004; バッチェン 2010b）。ダゲレオタイプは，金属の表面に化学的に固定されたイメージであると同時に，手触りと重みがあり，傷つき消えてしまう物質でもあるという二面性を備えていました。

▷ カロタイプと複製技術としての写真

イギリスで数学や光学，植物学，語源学，考古学の研究に取り組んでいたタルボットは，1834年頃に塩化銀を塗布した紙に植物の標本を置き，光にさらして像を定着する「フォトジェニックドローイング」を考案します。タルボットにとって写真は，自らの研究を記録し，資料を保存・複製するための媒体でもあったのです（Brusius et al. 2013）。

タルボットは撮影用のカメラと感光剤を改良し，露光時間を短縮するとともに，何枚も複製することが可能な「カロタイプ*」を発明します。一点ものだったダゲレオタイプに対し，カロタイプによって写真は複製技術になります。1843年にタルボットは写真工房を創設（図版），写真プリントの量産を始め，翌年には写真集『自然の鉛筆』を出版しました（タルボット 2016）。また同時期には，植物学者で最初の女性写真家の1人でもあるアナ・アトキンスが，「サイアノタイプ*」という技法を使った植物標本の写真集を制作しています。

1851年にはスコット・アーチャーがガラス板を使った湿板コロディオン法（湿板写真）を発明しました。湿板写真は，短い露光時間で精緻な像を撮影し，複製することが可能だったため，広く普及します。この頃にはアメリカとヨーロッパでは，肖像写真や家族の

記念写真を撮影する写真館が流行し，肖像画，風景画，記念画を描いていた画家の仕事を代替し始めます。19世紀にはさまざまな感光物質を利用した異なる性質をもつ複数の写真術が共存し，その支持体も金属板，紙，布，ガラス，陶磁器などさ

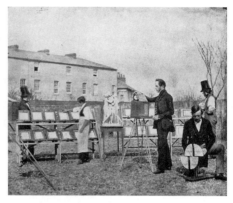

タルボットの写真工房（1846年頃，イギリス）
（出所）Wikimedia Commons.

まざまな素材が存在していたのです。

可視化の技術としての写真

　写真は絵画や版画の制作技術の延長に位置づけられる一方で，人間が描いた絵画とまったく異なる，単なる類似を超えた「光の痕跡を写し取る」複製技術（バザン 2015）であり，「機械的客観性」を保証する科学的なメディアと見なされるようになります（ダストン＆ギャリソン 2021）。このため写真は（多くの場合，撮影やその前後の過程で人間の手作業が加えられていたものの），他の観察や計測の装置とともに科学的実践や医療，教育に導入され，人間による曖昧で不正確な描写や判断に代わる確実な媒体として，報道写真や証拠写真，犯罪捜査，証明や記録写真などに利用されていきます。

　科学的探究のなかで，写真は人間が知覚できない瞬間を記録し，見えないものを可視化する装置としても機能するようになります。たとえばエドワード・マイブリッジは，1870年代に疾走中の馬の脚が地面から離れる瞬間があることを連続写真により証明し（第4

章），87 年に物理学者のエルンスト・マッハは超音速の弾丸の写真を撮影することに成功します（ガニング 2021; ダストン＆ギャリソン 2021）。

またタルボットの研究仲間であり，「photography」という言葉の提唱者の 1 人でもある天文学者・光化学者のジョン・ハーシェルは，プリズムを使って感光紙に赤外線や紫外線を検出する実験を行い，熱をもつ赤外線を定着した像を「サーモグラフ」と名づけました（ブットマン 2009; Ring 2016）。これは X 線写真や放射線写真，現在のサーモグラフィに連なる，センシングの装置としての写真といえるでしょう（第 12 章）。19 世紀の時点から写真は，光学的なカメラと化学的なセンサーの複合的な装置だったのです。

コダックと写真撮影の大衆化

19 世紀には写真撮影にさまざまな薬品と高価な機材，複雑で専門的な手続きが必要でした。そのため，アマチュア写真撮影はブルジョア男性の限られた趣味にとどまります。これに対し，アメリカのイーストマン・コダック社（当時はイーストマン乾板会社）は 1884 年にロールフィルム式のカメラを開発します。これは壊れやすいガラス板に替えて，感光物質を塗布した紙フィルムを使用する方式で，写真撮影を手軽にしました。

またカメラの所有に関心がなかった人々に向けて 1888 年に 100 枚撮り 25 ドルの安価な新型カメラ「コダック」を販売し，熱狂的に受け入れられます。さらに 89 年からセルロイド製のロールフィルムの製造を進め，1900 年に小型の「ブローニーカメラ」を破格の 1 ドルで発売し，安価で手軽なカメラを実現しました。「あなたはボタンを押すだけ」という広告とともに，カメラにあらかじめフィルムが装塡された状態で発売し，撮影後にコダック社が回収，現

像し，新しいフィルムを充填して返却するシステムを採用します。

　コダック社は技術開発だけでなく，新たな技術を流通させるための販路の拡大，システムの構築，特許の取得，プロモーションを積極的に行い，カメラと写真撮影を再定義することで，新しい市場を開拓しました。またフィルム写真に関連するすべての特許を取得する戦略を採用し，このことがカメラ市場での圧倒的な地位につながります（Jenkins 1976）。

▷　**アマチュア写真文化の形成**

　加えてコダック社は，広告とプロモーションにより新たな写真文化を生み出します。「コダックのない休暇は無駄な休暇」という宣伝とポスターにより，カメラを休暇や旅先に携帯するよう呼びかけ，高速道路沿いに「Picture Ahead」と書かれた 3000 枚の看板を設置し，記念撮影を促しました。また新しい消費と文化の担い手として「コダックガール*」と呼ばれる若い女性を広告に登場させ（図版），中年男性の趣味としての写真というイメージを一新します。さらに単なる流行の機器ではなく，家族の貴重な瞬間を記録する家庭生活に不可欠な装置であることを強調しました。プロモーション戦略により新技術を既存の実践に位置づけるとともに，新たな意味づけを与えたのです（Munir & Philips 2005）。

　ジョン・アーリとヨーナス・ラースンが論じたように，コダックは写真を観光や家族に不可欠なものにし（アーリ&ラースン 2014），ピエール・ブルデューが詳細に分析したように，写真撮影はあらゆる階層に広く浸透した実践となります（ブルデュー 1990）。いわばコダック社は写真を，携帯可能な小型カメラというハード，ロールフィルムというソフト，現像とプリントのサービスを統合したプラットフォームビジネスに変え，無数のアマチュアが撮影するユーザ

「コダックガール」のポスター
（1914 年）
（出所）Wikimedia Commons.

一生成型コンテンツとしての写真を生み出します（Chesher 2016）。カメラという装置をモバイルメディアに変えることで、コダック社は 20 世紀の写真文化の基礎を形成しました。それはイメージ生産の大規模な商品化であるとともに、装置の仕組みをユーザーから見えなくすることで、企業による携帯機器のブラックボックス化の先駆にもなったのです（Hall 2020）。

2　デジタル画像とソフトウェアの視覚

スプートニクとデジタル写真

　1957 年にソ連は世界初の人工衛星スプートニク 1 号の打ち上げを成功させ、翌 58 年にはアメリカが人工衛星エクスプローラー 1 号を打ち上げます。これを機に、天文学と地球物理学、コンピュータや観測技術、センサーの開発、そして冷戦期の軍事開発を背景とした宇宙開発競争が激化しました（第 1 章）。スプートニクの打ち上げと同じ 57 年、アメリカ国立標準局（NBS）のラッセル・キルシュは、真空管型コンピュータ SEAC を使って、デジタル画像スキャナを開発します。キルシュはスキャナで写真の濃淡を読み取り、信号をピクセルに変換し、画面に表示することに成功しました。これが世界初のコンピュータ化されたデジタル写真（デジタル変換された写真）だといわれています（Batchen 2021）。

ルナ・オービター 1 号が撮影した地球の写真（1966 年）
（出所）Wikimedia Commons.

　世界初の人工衛星の打ち上げとデジタル写真の開発が同じ年であるのは偶然ではありません。人工衛星に搭載したカメラは上空から地球環境や大気の観測，そして敵国の偵察を可能にします。この際にネガの回収が必要なフィルムカメラを利用する方式に代わり，画像データを衛星から地上に直接送信する技術の開発が喫緊の課題となったのです。宇宙空間からの画像の送信は，その後，1966 年のアメリカ航空宇宙局（NASA）のルナ・オービター 1 号[*]などで実現されています（図版）。

▷　画像と演算の歴史

　写真とコンピュータの関係や画像データの送信技術には，実は第二次世界大戦の前から続く長い歴史があります。レフ・マノヴィッチとバッチェンは，19 世紀の写真の発明が，初期のコンピュータの構想と並行して進んでいたことに注意を促しています（マノヴィッチ 2013; Batchen 2001; 2005）。1833 年，タルボットやハーシェルの研究仲間でもあったチャールズ・バベッジが機械式計算機「階差機関」（difference engine）[*]のプロトタイプを製作し，さらに現代のコンピュータとほぼ同じ論理構造をもつ「解析機関」（analytical engine）の設計を開始します。図像と計算の機械化は同時期に始まったのです。

またバッチェンは，写真の黎明期がデータの変換と送信の技術の開発とも同時期だったことを指摘しています。1832年に電信を発明して電気による通信の基礎を築いたサミュエル・モールスは，20年代から電信の開発と並行して写真の実験にも取り組んでいました。19世紀半ばには電信により視覚情報を伝達するさまざまな実験が行われ，67年には写真を白と黒のコントラストに分解し，電信で送信する技術が提案されています（Batchen 2021）。写真のデータへの変換と送信の技術には長い歴史がありますが，従来の写真表現や画像の複製を中心とした写真史においては見えにくくなっているのです。

▷ デジタルカメラの開発

カメラの歴史と写真のデジタル化の歴史が本格的に結びつくのは，1969年にベル研究所で光を電気信号に変換するCCDイメージセンサーが開発されてからです。これによりフィルムに替えてCCDを使ったカメラの開発が進みます。世界初のデジタルカメラの1つはイーストマン・コダック社のスティーブ・サッソンによって75年に開発されています（図版）。しかしすでにフィルムカメラで大きな成功を手にしていたコダック社の幹部は，デジタルカメラの開発に消極的でした（Estrin 2015）。このことが後に明暗を分けることになります。

1980年代を通じてデジタルカメラの開発が進み，80年代末から90年代はじめには，富士フイルムやキヤノンなどから次々と一般向けのデジタルカメラが発売されます。皮肉なことに，コダック社が世界に先駆けて開発したデジタルカメラは，90年代から2000年

代にかけて，フィルムカメラが果たしてきた機能を代替し，拡張していきます。フィルムカメラ，ロールフィルム，現像とプリントのサービスなど，コダック社が作り出したシステムは急速に衰退し，ついに03 年にはデジタルカメラはフィルムカメラの販売台数を逆転しました（Chesher 2016）。

サッソンによるデジタルカメラ試作機
（写真提供）共同通信社。

▷ ソフトウェアの視覚

　マノヴィッチが指摘するように，デジタル写真は外観においてフィルム写真と区別できなくとも「素材のレベルではデジタルであり，論理においてはコンピュータに基づく（つまり，ソフトウェアに駆動されている）」（マノヴィッチ 2013: 261）といえます。またウィリアム・J・ミッチェルによれば，ソフトウェアによる画像処理は，画家による絵筆や顔料と同じように写真を変形し，合成することを可能にします。写真の誕生が絵画の地位を根底から変えたように，デジタル画像の普及は写真とそれに基づく視覚文化を変えてしまうのです（ミッチェル 1994）。実際デジタル写真は，携帯電話やスマートフォンとともに，新たな慣習や実践を生み出していきます。

　しかし他方でデジタル写真は，かつての写真の慣習や実践にも埋め込まれています。記念写真や家族写真，カメラの携帯や旅先での撮影といった慣習の多くを引き継いだからこそ，デジタル写真は急速にフィルム写真に置き換わったのです。SNS ではしばしばセピア色やヴィンテージ加工の写真フィルターが使用されますが，これ

は経年により退色するフィルム写真の特徴を，古びないデジタル写真に持ち込むことで，時間の経過や記憶の遠さの感覚を付与する行為といえます。また貴重な瞬間を記録にとどめることは，デジタルかアナログかといった技術的な違いを超えて写真が引き継いでいる役割だといえるでしょう。

▭▷ **携帯電話と写真コミュニケーション**

写真のソフトウェア化に対し，ハード面での大きな変化がカメラとモバイルメディアの融合です。1990 年代後半から複数の企業がカメラ付き携帯電話の開発を進めますが，大きな話題にはなりませんでした。当時，写真が携帯電話の通信量やコミュニケーションを大きく変えるとは予想されていなかったのです。しかしカメラ付き携帯電話は，結果的に映像業界と通信業界を融合させ，予想外の変化をもたらします。

ワイヤレス通信技術の開発者フィリップ・カーンは 1997 年に，モトローラの携帯電話とカシオのデジタルカメラ，東芝のノートパソコンを独自にハッキングして，生まれたばかりの自分の娘の写真を世界中の 2000 人と共有し注目を集めます。しかしコダック社をはじめアメリカのカメラ業界は，低画質のモバイルカメラの開発に興味をもたず，カーンとの技術開発には消極的でした。

これに対しカーンは 2000 年に日本のシャープと共同でカメラ付き携帯電話 J-SH04 を開発します（Perry 2017; Yoshida 2019; 図版; 第 11 章）。J-SH04 で撮影可能な写真の解像度は 0.1 メガピクセルにすぎず，当時のデジタルカメラに比べ明らかに低画質でした。しかし開発を担当した高尾慶二によれば，日本では 1995 年から「プリント倶楽部（プリクラ★）」が流行し，写真の共有が中高生を中心に定着しており，また多くの女子学生や OL が携帯電話や音楽プレイ

ヤーとともにプリクラ帳や使い捨てカメラを持ち歩いていたことが，カメラ付き携帯電話の開発を後押ししました（平田 2002; 高尾ほか 2003）。

シャープのカメラ付き携帯電話（J-SH04）
（出所）Wikimedia Commons.

J-Phone は 2001 年に携帯電話による写真の撮影，保存，共有のサービスを「写メール」と名づけ，これが予想外にヒットし，数年で携帯電話にはカメラが標準装備されるようになります（第 11章）。重要なのは画質やカメラ機能よりも，写真によるコミュニケーションの促進だったのです。富田英典は「カメラ付き携帯電話は，従来の『過去』を記録するメディアから『現在』を共有するメディアへ写真の性格を変えた」と指摘しています（富田 2009: 228）。04年には Facebook，Flickr，06 年に Twitter が登場し，07 年にはiPhone が発売され，写真はモバイルメディアを中心としたコミュニケーションに組み込まれていきます（Yoshida 2019; Chesher2016）。

コダックとインスタグラム

デジタルカメラ市場は，2010 年前後をピークに急落し，写真撮影の主要な舞台は急速にスマートフォンおよび SNS に移行します。10 年に公開されたインスタグラムは急激に利用者を増やし，11 年に App Store の年間ベストアプリに選ばれます。そして 12 年，さらに大きな転換がもたらされます。写真と映画のフィルムの生産を

担い，4万人の従業員を抱える世界最大の写真メーカーに成長した
イーストマン・コダック社が，フィルム市場の急激な衰退に伴い，
この年の1月に破産法の適用を申請し上場を停止したのです[*]（第10
章）。その3カ月後，創業2年目，わずか13人で開発されたインス
タグラムをFacebookが10億ドルで買収します。12年末には，コ
ダック社が占有していたデジタル画像関連の特許約1100件は売却
され，Google，Apple，Microsoft，Amazon，Facebook，Adobe，
富士フイルム，サムスン電子，ファーウェイ，HTCなどからなる
企業連合にそのライセンスが供与されることになりました。

　フィルム写真と市場の開拓により一時代を築いたコダック社は，
いち早くデジタルカメラを開発していたものの，デジタル技術とセ
ンサーに基づく新しい写真の時代に対応した市場を築くことができ
ませんでした。これに対しインスタグラムは，かつての「カメラ，
写真用紙，暗室，ギャラリーのような展覧会場，雑誌のような出版
の場」を片手で持てるデバイスに統合し，19世紀から20世紀に存
在した写真文化のさまざまな要素を，単一のプラットフォームに統
合することで成功したといえるでしょう（マノヴィッチほか
2018: 18）。

▷　インスタグラムの機能の変化

　2013年には「Selfie」がオックスフォード英語辞典の「今年の言
葉」に選ばれ，日本では17年にユーキャン流行語大賞に「インス
タ映え」が選出されました。iPhone Xが発売されたこの年，日本
ではとくに20代のインスタグラム利用率が52.8％と半数を超え
（総務省 2020），SNSでの写真の共有を前提とした観光や消費行動
の変化，写真映え・SNS映えする観光地や飲食店のメニューの登
場，音楽フェスやイベントの構造の変容などが報告されるようにな

ります。たとえば，JTB総研の調査では，13年から15年にスマートフォン経由の電話やメールの利用が減少する一方，インスタグラムやYouTubeなど画像・動画サイトの利用が増加し，17年から19年にはSNSの投稿をきっかけに購買や観光行動を行った経験が顕著に増加したことが報告されています（JTB総研 2015-2019）。

インスタグラムは開発当初，写真の共有に特化したアプリで，それ以外の機能は限定されていました。しかし2012年にFacebook社による買収以降，13年には動画機能，16年には24時間限定の短尺動画「ストーリーズ」の投稿とライブ配信の機能が追加されます。また13年に始まった広告の運用は17年にはストーリーズへ拡大し，同年には投稿に商品情報のタグをつけ，EC（電子商取引）サイトへ誘導するショッピング機能が追加されます。この過程でインスタグラムは，写真共有だけでなく，写真と動画，消費行動のデータを統合的に活用する広告・マーケティングとECの総合プラットフォームへと変容しました（フライヤー 2021）。

3 機械の認識とセンサーの知覚

▷ DeepFaceの精度

コダック社が倒産し，Facebookがインスタグラムを買収した2012年，もう1つの転換点となる出来事が起きます。この年，Google社はAIを用いた機械学習により，猫の画像を自動で認識することに成功したと発表しました（Dean & Ng 2012; Le et al. 2012）。また同年には深層学習を用いた精度の高い画像解析技術（CNN）が登場します。これがAIの応用技術の要となり，大量の画像データを用いた顔認識や医療画像の解析などが急速に進展しまし

た。14 年には大量の画像データから新たな画像を生成する技術（GAN）が開発され，実在しないフェイク画像の生成だけでなく，過去の画像データから新しい画像を生成し，次の変化を予測すること（Next Frame Prediction）が可能になります（ルカン 2021; CRDS 2020）。

画像認識と解析の技術は SNS に導入され，その性質を変えていきます。たとえば Facebook に写真を投稿すると，AI のシステムに情報が提供され，写真の人物を識別し，登録者の情報と照合されるようになります。2014 年に開発された Facebook の「Deep-Face」のアルゴリズムは写真から顔の 3 次元データを抽出し，97% 以上の精度で個人を識別することが可能です（Paglen 2016）。プラットフォーム上の写真は，保存され，解析され，深層学習の反復的な訓練に使われるデータとして機能するようになります。センサーとカメラが組み込まれたスマートフォンはこれを支援する装置となっているのです。

▷ **カメラとセンサーの統合**

2007 年に iPhone が発売された当初，注目を集めたのはタッチパネル式のスクリーンで，カメラ機能ではありませんでした（第11章）。実際，画質は当時の携帯カメラの標準以下で，フォーカスは固定され，ズームもできませんでした。しかし次第に iPhone のカメラ機能は飛躍的に向上し，カメラアプリの開発とともに写真を無数のセンサーと連動した高度な情報処理へ統合します[*]。現在，スマートフォンには内蔵 GPS，気圧計，ジャイロスコープ，環境光，触覚，加速度，近接センサーなどが搭載され，「カメラ」と呼ばれる機能はこれらのセンサーの処理を統合したものになっています（Chesher 2016; Yoshida 2019; 図版）。1 回の「撮影」ごとに複数の

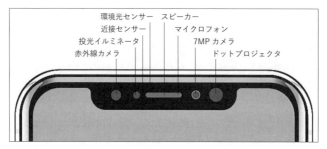

環境光センサー　スピーカー
近接センサー　マイクロフォン
投光イルミネータ　7MP カメラ
赤外線カメラ　ドットプロジェクタ

iPhone X のカメラとセンサー
（出所）Apple ホームページをもとに作成。

ショットが自動的に合成され，機械学習によって人間の目に「映える」ように調整された画像が生成されています（Hall 2020）。

　たとえば多くのスマートフォンが標準装備する手ブレ防止機能は，イメージセンサーの信号をジャイロスコープの情報と統合することで揺れを補正した画像を生成します。また iPhone の顔認証システム Face ID は，カメラ横のドットプロジェクターから無数の赤外線を顔に照射し，それを赤外線カメラ（センサー）で撮影し 3D モデル化することで，登録された顔の 3 次元情報と照合しています。

　iPhone 12 からは LiDAR（光による検知と距離測定）が搭載され，レーザー光の反射により対象までの距離の計測が可能になりました。AR（拡張現実）アプリの多くは LiDAR を利用し，カメラと GPS，ジャイロスコープ等の機能を統合してユーザの 3 次元の位置情報を特定しています。私たちの日常的な写真撮影やアプリの操作は，複数のセンサーや AI との精緻な協働作業によって可能になっており，私たちの目や感覚の機能はその都度拡張されています。しかし普段そのことを意識することはほとんどありません。

コラム4　画像認識と不平等の自動化　　トレヴァー・パグレンは
マシンビジョンとAIによって自動化した画像認識のシステムが,
日常生活への影響力を増す一方で,あたかも客観的で正確なものと
して提示されることの問題を指摘しています。パグレンによれば,
業界標準のImageNetというトレーニングセットで訓練したAIの
画像認識にマネの絵画「オランピア」を読み込ませると,メキシコ
やアメリカ南西部で好まれるブリトーという料理の画像を見ている
と認識します。ブリトーという分類カテゴリーは,サンフランシス
コベイエリアの若者に特有のもので,つまりトレーニングセットの
作成者のバイアスが反映されているのです。またより深刻なことに,
Googleは主に白人の顔で画像認識の訓練を行った結果,アフリカ
系アメリカ人が動物に分類されるようになったことを受けて,分類
やデータセットの見直しを迫られることになりました（Paglen
2016)。

　自動化された画像認識は,既存の差別や偏見を助長し,不公平な
社会の構築と「不平等の自動化」（ユーバンクス　2021）を拡大す
る危険性があるのです*。したがって私たちは一見中立的な画像認識
の技術に入り込んでいる社会的な不均衡や,スマートフォンや街中
のカメラと連動した画像認識の仕組みと応用範囲を理解し,その作
動に注意深くなる必要があるのです。

▷　DeepMindの画像処理

　2016年には毎日8億枚の画像がSnapchatに,3億5000万枚が
Facebookに,8000万枚がインスタグラムにアップロードされた
といわれています。こうしたソーシャルメディア上の画像は,ゲー
ム機や人工衛星,医療用のスキャナーに蓄積された画像などと組み
合わされ,AIシステムの一部となり,思わぬところに応用されて
います。

　エイドリアン・マッケンジーとアンナ・ミュンスターは2015年

に Google 社に買収されたロンドンの深層学習スタートアップ企業 DeepMind の例を挙げています（MacKenzie & Munster 2019）。もともと DeepMind はゲームを操作する AI を開発しており，1970 年代のアタリ社の初期のコンピュータゲーム『ポン』や『スペースインベーダー』（第 9 章）を操作する AI の研究で Google 社に注目されました。

　一躍 DeepMind の存在を世に知らしめたのが，2016 年に囲碁の世界チャンピオンのイ・セドルに勝利した AI「AlphaGo」の開発[*]でした。AlphaGo は碁を打つ人間の脳の働きをシミュレーションしているのではなく，碁石の配置を 19×19 ピクセルの画像として扱うことで，顔や物体の視覚的認識のために開発された深層学習のシステムを応用しています。DeepMind による画像ベースの AI は，ゲームだけでなく，OCT（光干渉断層計）によって撮影された眼球内部の画像データによる眼病の解析や Google 社のデータセンターの電力削減にも応用されています。

　また 2014 年に設立された香港のセンスタイム社は，日本でも流行したカメラアプリ SNOW や SODA の顔認識技術を開発したことで知られています。このセンスタイム社の深層学習を利用した画像認識技術は，顔を美しく見せるためのフィルターだけでなく，ビルの入退室管理や監視カメラの映像分析，医療画像による疾患の特定，自動運転における車線や信号機の検出にも応用されているのです[*]。

▷　**マシンビジョンと視覚の自動化**

　こうした画像認識の広範な応用の事例からもわかるように，現在生産され流通している圧倒的多数の画像は，機械が読み取るために機械によって作られる情報処理の一部になっています。その過程で生成されるのは，人間が見ることを想定していない「マシンビジョ

ン」であり，スクリーン上の画像は，センサーの信号が複雑に組み合わされた非視覚的なデータの流れを，一時的に人間の目に見える形に変換しているにすぎません。いわばプラットフォームはこうしたセンサーの信号を統合し，人間の目とは異なる方法で認識しているのです（MacKenzie & Munster 2019; Paglen 2016）。

　今までデジタル写真の議論の多くは，フィルターによる加工とフェイク画像の問題，SNSによる写真コミュニケーションやアイデンティティの変容を主題としてきました。パグレンによれば，そうした議論は依然として重要であるものの，それだけでは人間の知覚を超える巨大な規模の画像データの流通やAIによる視覚の自動化，それらが私たちの日常生活に与える影響を捉え損なうおそれがあるのです（Paglen 2016）。インスタグラムはもちろん今でもコミュニケーションや自己呈示の場ですが，同時に個人データや位置情報，消費や行動データと結びつけられた画像データの収集と解析の場であり，社交や承認の欲求はそのための資源にもなっています。

▷ 都市空間とセンサーの遍在

　現在ではカメラと一体化したセンサーは，スマートフォンにより日常に遍在するだけでなく，都市空間に遍在しています。高速道路や信号に設置されたナンバープレートの自動認識，地下鉄や駅構内の空調管理とモニタリングのシステム，水道やガス管の亀裂の検出や流量の測定，オフィスビルの空調や温度管理，入退室記録に至るまで，複雑なカメラとセンサーのネットワークが構築されています。私たちは普段 Wi-Fi スポットをネット接続のインフラと見なしていますが，それは同時に位置情報を捕捉し，人流を測定するセンサーでもあるのです。紫外線や赤外線など人間が知覚できない光や電磁波は，カメラや写真文化の周縁に置かれてきましたが，センサーと

センシングの文脈では重要性を増しています（Parikka 2021）。

　近年では自動車の自律走行[*]とその支援に、リアルタイムでの周辺環境の認識を可能にするさまざまなカメラやセンサーが利用されています。たとえば現在の自動運転技術には、カメラによる画像認識と距離計測、3D-LiDAR、超音波センサー、GPS、加速度・ジャイロセンサーなどが融合した制御システムが用いられています。カメラは深層学習を使った物体認識や追跡、予測、信号や標識の認識、走行可能エリアの識別などに使用されており、これと複数の周波数帯のセンサーを組み合わせることで、夜間や悪天候の際でも位置情報や周辺環境、車間距離などの情報を検出することが可能になっています。自律走行車は人間のように「見る」「撮影する」わけではありませんが、カメラやセンサーを統合して周辺環境を認識し、予測し、人間の運転をサポートするのです。

▷ プログラムアース

　カメラやセンサーのネットワークは現在、都市空間をはるかに超えて、惑星規模に広がっています。ジェニファー・ガブリスが指摘するように、センサーは今や都市空間やインフラだけでなく、海洋や海底、森林の木々、地中に設置され、災害や汚染の感知、気候変動や生態系のモニタリングに使用されています（Gabrys 2016）。

　地球のフルカラー写真を撮影した ATS-3 衛星や著名な「地球の出」の写真を撮影したアポロ 8 号（第 1 章）に対し、スプートニク 1 号は写真を撮影しませんでした。しかしスプートニク 1 号は 96 分ごとに地球の上空を周回しながら磁場、放射線帯、電離層などを観測し記録しました。そして今も人工衛星は人間の目とは異なる形で地球を知覚し、記録し続けています。

　1957 年のスプートニク 1 号から 60 年あまりの間に打ち上げられ

> **コラム5　LiDAR スキャンとアンコールワットの考古学**　1990
> 年代以降，カンボジアの主要な寺院群を取り囲む森の地下にこれま
> で知られてこなかった広大な都市遺構が存在する可能性が指摘され
> てきました。2012 年にクメール考古学 LiDAR コンソーシアム
> （KALC）はヘリコプターからの航空レーザースキャンによる撮影
> 技術を使い，密集した熱帯雨林の地下を上空から「透視」し，住宅
> 地，耕地のシステム，インフラ，集落など，過去の社会の痕跡を発
> 見しました。15 年にはカンボジア考古学 LiDAR イニシアティブ
> （CALI）によるより広範囲な調査が行われ，アンコール時代以前に
> 遡る洗練された治水システムや，離れた集落と中心部をつなぐ道路
> 網，巨大な採石場などの詳細が明らかになります。その結果，文明
> の興亡についての従来の説が見直され，アンコールワットの崩壊は
> 近隣諸国からの侵略による他の地域への移住ではなく，治水システ
> ムの崩壊とそれに伴う食糧確保の欠如による緩やかな人口減少によ
> って起きたことが裏づけられます（Evans 2016; Zylinska 2017）。
> LiDAR と写真，地理情報や 3 次元モデリングにより，耐久性の高
> い石の構造物や碑文の発掘だけでなく，木造の居住区や土塁防など
> 人間と環境の長期的な相互作用や生活の痕跡を掘り起こすことが可
> 能になったのです。*

た衛星は 9000 機近く，2019 年 9 月には 2200 機超の衛星が運用さ
れています。これらの衛星が提供する機能のうち，全地球測位シス
テム（GPS）をはじめとする測位・航法・時刻参照（PNT）を利用
する機器は 17 年に全世界で 58 億，うち 54 億がスマートフォンに
組み込まれています（福島 2020）。また地球上空を周回する国際宇
宙ステーション（ISS）のカメラから見た映像が YouTube でライブ
ストリームされており，スマートフォンから 24 時間アクセスする
ことが可能です。*

　いつの間にか私たちはかつての「写真」から遠く離れたように見

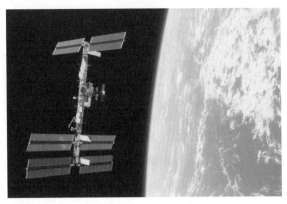

地球上空を周回する国際宇宙ステーション（ISS）
（出所）NASA Image and Video Library.

えます。しかし歴史を振り返れば，写真はその当初からカメラとセンサーの複合であり，自然と科学の融合であり，機械と人間の協働であり，物質とイメージの狭間で絶えず姿を変えるハイブリッドな存在でした。そして，現在では私たちの手元の装置に埋め込まれたカメラとセンサーは，写真の撮影と共有をサポートするだけでなく，上空の衛星から海底までをつなぐ惑星規模のセンサーのネットワークによって「プログラムされた地球」（Gabrys 2016）の入り口になっています。今や写真はセンサーのネットワークや AI による画像認識と結びつき，私たちの知覚をはるかに超えたデータの流れとなって惑星規模で循環しているのです。

/// *Exercise* 演習問題 ///

3.1 フィルム写真とスマートフォンで撮影した写真を比較した場合，共通点と違いはどこにあるでしょうか。また，スマートフォンでの撮影が定着した 2010 年代から 20 年代にかけてフィルム写真が再流行したのはなぜだ

と考えますか。

3.2 私たちの目や感覚の機能が，センサーや AI によって拡張されている
といえるのは，どのような場合でしょうか。

✐✐✐ Report assignment レポート課題 *✐✐✐*

　インスタグラムがサービスを開始した 2010 年から現在までの機能の変化
を調査し，アプリの変化が写真の撮影や表現，写真によるコミュニケーシ
ョンの変化とどのように関係しているか分析してください。

Quiz クイズ

Q4.1 以下に挙げる 19 世紀に発明された動く映像を見せる装置の
うち，リュミエール社によって開発された装置はどれか。
a. フォノスコープ　**b.** キネトスコープ　**c.** プラクシノスコープ
d. シネマトグラフ　**e.** ゾートロープ

Q4.2 アメリカで初の常設映画館が開設されたのはいつか。
a. 1890 年　**b.** 1905 年　**c.** 1920 年　**d.** 1935 年

Q4.3 ハリウッドが映画産業全体を指す言葉として使われるようにな
ったのはいつ頃か。
a. 1920 年代　**b.** 1940 年代　**c.** 1960 年代　**d.** 1980 年代

★本章の学習をサポートするウェブ資料は，右の QR コードよりご覧い
ただけます。

Answer クイズの答え

Q4.1 d.   Q4.2 b.   Q4.3 a.

Chapter structure 本章の構成

映画とは何だったか？
映画の拡張と拡散

映画以前の投影
マジックランタン
ファンタスマゴリア
視覚の科学
連続写真と運動の記録

多様な初期映画
リュミエール社とエジソン社
フラーとメリエス
映画産業と映画館の拡大
サイレント期の映画

映画史の現在
映画とスマートフォン
アーカイブとYouTube
初期映画の再上映

映画史の回帰と再上映
横断的な映像文化

▷ スクリーンの社会

　現在，私たちの日常生活には YouTube やインスタグラム，ネットフリックスや TikTok によって多種多様な映像文化が浸透し，都市空間にはビルの壁面やターミナル駅，商業施設に設置された映像広告，また他方ではスマートフォンやパソコン，携帯型のゲーム機によって，さまざまな形態のスクリーンが遍在しています。さらに手元のスクリーンはインターネットと接続されることで，静止画，動画，文章などあらゆる情報に対する主要なアクセス手段になっており，私たちはスクリーンを使ってニュースを読み，映画を見て，家族や友人，同僚と意見交換し，ときには授業を受け，そして仕事をしています。こうした現在の状況をレフ・マノヴィッチは「スクリーンの社会」と呼びました（マノヴィッチ 2013）。

かつて The Screen といえば映画のことを指しましたが，現在では映画はスクリーンで流通する多種多様な映像コンテンツの 1 つとなり，また映画館や家庭だけでなく，移動や待機中のさまざまな時間，空間で視聴されています。多様なスクリーンとプラットフォームを横断して映画が流通し，拡散していくなかで，そもそも「映画」とは何か（何だったのか），デジタル化した映像文化のなかで輪郭が曖昧になっていく映画をいかに捉えるか，その問い直しが進められています。本章では映画の歴史を巻き戻し，さらに投影とスクリーンの長い歴史に遡ってこの問題を考えます。

1　映画の歴史を巻き戻す

▷　スクリーンと投影の歴史

　オックスフォード英語辞典によれば，「スクリーン」は 14 世紀から 15 世紀に登場した言葉であり，当初は炎の熱や風を遮るために家庭で使われる道具のことを意味していました。これは具体的には革や布，紙のような薄い素材を木製の枠に張った家具のことで，風や熱だけでなく，外光や視線を遮り，プライバシーや安全を確保するために使用されました。現在のパーティションや衝立は，この意味でのスクリーンに当たるといえるでしょう。

　エルキ・フータモによれば，家庭に置かれたスクリーンは外光や視線を遮ると同時に，その表面はしばしば絵画で装飾され，透かしが入れられることで，イメージを提示する装置としても機能しました（Huhtamo 2017）。また暖炉の炎や蠟燭の灯を遮るために置かれたスクリーンに，光の揺らぎや影が映ることで，影絵やランタンによる原初的な映像の投影面になっていたと考えられます。

西欧では 15 世紀以前からランタンの光によってイメージを投影する装置が考案されていましたが，レンズとスライドの機能が追加され，「マジックランタン」と呼ばれる投影装置 (スライド・プロジェクター) が開発されたのは 17 世紀だといわれます（Mannoni 2001）。マジックランタンは顕微鏡や望遠鏡，同時期のカメラオブスキュラ（第 3 章）と同じように，光学の探究やレンズの開発が可能にした科学的な装置でした。

　この装置は暗闇に映像を投影し，現実には存在しない亡霊のイメージを浮かび上がらせるという特徴から，魔術的な魅力をもちます。マジックランタンによる投影は，バーバラ・M・スタフォードの言葉を借りるならば，科学と魔術，教育と娯楽の間で人々を魅了する「アートフル・サイエンス」だったのです（スタフォード 1997）。映画の発明に先立つ 18 世紀半ばには，この装置による映像の投影面が「スクリーン」と呼ばれるようになります（Huhtamo 2017）。

▷　ファンタスマゴリアの興行

　マジックランタンによる映像の投影と音響効果，舞台演出を組み合わせたのが，18 世紀末から 19 世紀にフランスで活躍したエティエンヌ・G・ロベルトソンです。ロベルトソンは 1790 年代に「ファンタスマゴリア」(図版) と呼ばれる興行を行い，暗闇に設置した紗幕の背後から亡霊の映像を投影し，観客を驚かせました。また室内に煙幕を焚き，観客の頭上に亡霊を投影して，レンズによる拡大や，光源の明滅による出現と消滅，スライドの切り替えによる変化など特殊効果を導入します。また恐怖を煽るナレーションやガラスハーモニカの不吉な音響を演出に導入しました。ホーンテッドマンション（お化け屋敷）の原型ともいえるこの興行は，フランス革命後のパリで大流行します。

会場は荒廃した実際の
修道院に設置され，観客
はまず墓地の脇を通って
「物理学の部屋」に案内
されます。この部屋では，
見えない電流が発する火
花や，死んだ蛙の脚を電
流により動かす実演など，
驚異的な科学の成果が披
露されました。また室内

ロベルトソンのファンタスマゴリア（1831-33 年，
フランス）
（出所）Wikimedia Commons.

各所には光学装置や音響機器が隠され，観客の感覚を混乱させ，現
実感を不確かにする設計が施されていました。その後，観客は講堂
でファンタスマゴリアを体験します。つまりこの奇妙な見世物は，
亡霊や怪奇現象が最新の科学により説明可能であり，技術によって
作り出せることを示す啓蒙的な実演でもあったのです。

19 世紀にファンタスマゴリアは模倣や追随を生み，類似の興行
やマジックランタンを使った舞台演出がヨーロッパ全土で広まるこ
とになります。19 世紀半ばにはマジックランタンの投影とガラス
の反射を利用した舞台装置「ペッパーズ・ゴースト*」が考案され，
劇場で幽霊を出現させる演出に使用されていきます（ブルネッタ
2010; Gunning 2007; 2009）。

視覚と錯覚の科学

ファンタスマゴリアが流行した 19 世紀には，他方で視覚の科学
的探究が進展します。この時期には物理学的な光とレンズの研究の
みならず，生理学的な視覚の実験が行われ，見るというプロセスが
網膜や眼球運動，視神経といった人間の身体組織に依存しているこ

フェナキスティスコープ（1830 年頃）
（出所）Wikimedia Commons.

とが明らかになりました。その結果，「幽霊現象」とされてきた残像や錯覚が，網膜による正常な視覚の機能として科学の対象となります。こうした目と視覚の機能の生理学的な研究の進展が，映画装置の発明につながる前提となっていたのです（クレーリー 2005）。

たとえば，ベルギーの科学者ジョゼフ・A・F・プラトーは，残像実験をもとに，1832 年に「フェナキスティスコープ」（図版）を開発しています。これは円周上に連続する絵が描かれた円盤状の装置で，円盤を回転させスリットから絵を眺めると，パラパラ漫画のように絵が動いて見えます。またイギリスの数学者ウィリアム・G・ホーナーは 34 年に同様の効果を用いて，円筒状の「ゾートロープ」を開発しています。

19 世紀には残像現象（視覚の持続）や錯覚を利用して，静止画像から動く映像を作り出す装置が多数開発され，科学者の実験装置として，大衆的な娯楽玩具として，また科学の原理を体験する教育器具として流行します。これらの装置に，同時期に発明された写真（第 3 章）を導入するという発想が生まれることになります。

瞬間と連続

1830 年代の最初期の写真術は，数十分から数時間の露光時間を必要としました（第 3 章）。しかし 60 年代から 70 年代には感光剤や撮影装置の改良により，瞬間的な撮影が可能になり，生物や物体

マイブリッジの連続写真をもとにしたイラストレーション（1878 年）
（出所）Wikimedia Commons.

の運動を連続的に撮影し，動きを計測・記録する研究が進展します。

　たとえばアメリカのエドワード・マイブリッジ*は複数のカメラを一列に並べ，等間隔でシャッターを自動的に押す撮影装置を開発し，動物の運動を連続写真に記録することに成功します（図版）。一方，フランスの生理学者であるエティエンヌ＝ジュール・マレー*は「クロノフォトグラフィ」と呼ばれる連続写真を考案し，多重露光によって1枚の写真に複数の瞬間を記録しました。

　連続写真により運動を瞬間へ分解する研究とともに，分解した瞬間を再び運動へ総合する装置の開発が行われます。マイブリッジは連続写真をフェナキスティスコープに応用し，さらにマジックランタンによって投影する「ズープラキシスコープ」という装置を開発しました。またマレーもロール式の紙フィルムにより連続写真を投影する装置を開発しています。

　視覚の科学，運動の計測，連続写真と投影装置の開発が進展した19世紀末には，後に「映画」と呼ばれる装置以外にも，動く映像を作り出すさまざまな装置が考案されていました。トム・ガニングによれば，「不連続な瞬間から連続した動きを生産する」時間の操

作が，実写映画とアニメーションが共有する土台となったのです（ガニング 2021a: 273）。

スクリーン・プラクティスの歴史

　チャールズ・マッサーは，映画以前から続く広範な「スクリーン・プラクティス」の歴史のなかに映画を位置づけ直すことを提案しています（Musser 1990）。ここまで見てきたように，映画は突然誕生したのではなく，影絵やマジックランタン，ファンタスマゴリアのようなスクリーンへの映像の投影と語り，音楽，音響効果などが一体となった文化的な実践の歴史に位置づけることができます。またガニングは，レンズを使った光学的な文化やペッパーズゴーストなど，ステージマジックの伝統のなかで映画を捉え直すことを提案しています（Gunning 2004; 2012）。

　ジョルジュ・サドゥールによれば，19世紀末にはプラクシノスコープ，フォノスコープ，ムーヴマントグラフ，ビオスコープなど，動く映像を実現し投影するための装置が競って開発されていました（サドゥール 1992）。写真の発明当初に複数の写真術があったのと同様（第3章），この時期にはさまざまな「映画」が発展する可能性があったのです。

　こうした装置群のなかで後に映画史にその名をとどめることになるのが，エジソン社の「キネトスコープ」とリュミエール社の「シネマトグラフ」です。しかし，当のリュミエール兄弟は映画を「未来のない発明」だと考えていたともいわれています（ガニング 2021b）。実際，19世紀末に映画は，無数の新規な発明品の1つであり，それがどのように発展し，どのように使用されるか，あるいは（シネマトグラフと同時期の他の投影装置のように）普及することなく忘れ去られてしまうのか，その未来は定まっていませんでした。

▷　エジソン社のキネトスコープ

　トマス・エジソンと研究所のスタッフは 1870 年代までに電信の改良や白熱電球，フォノグラフ（蓄音機）の発明に成功し，87 年に新たな研究所をニュージャージー州のウエストオレンジに開設します。翌年この研究所を訪れたマイブリッジは自身の投影装置とフォノグラフの連結を提案し，エジソン社はフォノグラフを応用して映像を記録する装置の開発を進めました。その後，写真家のウィリアム・ディクスンの協力のもと，紙フィルムを使ったマレーの投影装置なども参考に，撮影装置「キネトグラフ」と映写機「キネトスコープ」を開発します。[*] 89 年にはイーストマン社が自社の写真用に製造を開始した耐久性の強いセルロイド製のフィルム（第 3 章）を撮影に利用することで，装置の原型ができあがります。

　したがって，エジソンは映画の発明者というよりも，それを可能にする技術とアイデアを統合し，適切な技術者と資金を集め，研究所とスタジオを組織した企業家であり，研究所の開発チームによる共同研究の成果がキネトスコープだったといえるでしょう（マッサー 2015a; Spehr 2008）。キネトスコープは覗き込み型の装置で（図版），木製の筐体内部でロールフィルムを回転させ，観客は上部に設置されたレンズから映像を見ます。1893 年 5 月に開催されたブルックリン芸術科学協会の最初の公式上映会では，400 人以上の列ができたといわれています。翌 94 年にはブロードウェイに 10 台の装置を揃えたキネトスコープ・パーラーを開設し，華々しい成功を収めました。

キネトスコープ（1889 年）
（出所）Wikimedia Commons.

しかし早くも 1895 年には人気に翳り（かげ）が生じ，売上は伸び悩みます。これに代わり注目を集めたのがリュミエール社のシネマトグラフでした。キネトスコープ型の装置は映画館ではなく，後にコイン式のゲーム機やスロットマシンとともにゲームセンターの原型ともいえる「ペニーアーケード」に設置されることになります。

リュミエール社のシネマトグラフ

フランスのリヨンで写真感光板と感光紙の工場を経営していたリュミエール家の兄弟ルイとオーギュストは，写真の知識と技術を生かし，キネトスコープなど既存の装置とアイデアを発展させ，自社の技師とともに「シネマトグラフ」という投影装置を開発します。専門家や業界団体向けの試写が何度か行われた後，シネマトグラフは 1895 年 12 月 28 日にパリのグランカフェで一般公開されました。[★]

上映会ではまず静止した状態の映像を投影した後でその映像を動かし，工場の出口から歩き出す人々，駅に到着する列車などを上映して観客を驚かせました。今なお伝説的に語られるこの上映会は，年末の催事のなかで注目度は低く，新聞記者や博物館，劇場関係の招待客以外に，初日に入場料を払った一般客は 35 人ほどにすぎませんでした。しかし翌日以降，次第に注目が集まり，長蛇の列ができます（サドゥール 1992; 1993）。

カメラは固定で目の前の光景をそのまま記録したフィルムが中心でしたが、当時は見慣れた光景がスクリーンに投影され、映像が動くこと自体が驚きであり、魅力だったのです。ただしいくつかのフィルムではコメディ

リュミエール社のシネマトグラフのポスター（1896年）
（出所）Wikimedia Commons.

調の演出や簡単な演技も行われています。投影装置は手回し式で、1つのフィルムの長さは数十秒ほど、速度は操作者に依存しました。

　サドゥールは、数多くの類似の発明品のなかでシネマトグラフが成功した理由として、撮影・映写・フィルムの焼き付けが1台で可能な「旅行鞄のように携帯可能な機械」であったことを挙げています（サドゥール 1992: 289）。実際、リュミエール社のカメラマンは、同時期のアマチュア写真家のように（第3章）、装置とフィルムを持って世界中で上映会（図版）を行うとともに、現地の風景や生活を撮影しフランスに持ち帰りました。1896年にはエジソン社も投影式のキネトスコープとヴァイタスコープを開発し、1900年頃までにリュミエール社とエジソン社は世界各地に進出します。

▷ ロイ・フラーと映画以前の映画

　ガニングによれば、最初期に撮影された映画は大きく2つのグループに分けられます。1つはリュミエール社に代表されるように、19世紀のアマチュア写真を引き継ぎ、列車の到着や人々の往来、

ダンスを踊るフラー（1897 年）
（出所）Wikimedia Commons.

食事や海水浴など，身の回りの生活や娯楽，旅先の風景を記録したフィルムです。もう1つは，エジソン社に代表されるように，スタジオで撮影されたパフォーマンスを見せるもの，たとえばボクサーの身体，曲芸師の軽業，芝居の一場面やダンスを記録したフィルムです。後者の例として，当時流行したロイ・フラーの

ダンス（図版）を記録した映画があります（Gunning 2003）。

　映画の発明期にパリで活躍したフラーは，1892 年に考案した「サーペンタイン・ダンス」で一躍有名になります。これは白い絹の衣装をスクリーンのように広げて動かし，そこに花や蝶の画像をマジックランタンによって投影し，さまざまな色彩に変化するスポットライトの視覚効果を加えたダンスで，いわば変化する光と映像を動く身体に投影する複合的なメディア・パフォーマンスでした。ガニングは，「運動と光を融合させたという点で，フラーは技術としての映画以前に映画を発明していた」と指摘しています（ガニング 2021a: 184）。

　フラーは自ら衣装と照明，舞台装置を設計して特許を取得し，ダンスを踊るだけでなく，ときには 12 人もの照明技師と映写技師を組織し演出を行いました。このダンスは多くの追随と模倣を生み，後に繰り返し初期映画の主題となります。*

　エジソン社とリュミエール社はともにこのダンスの映画を製作し，照明による色彩の変化を伝えるために，白黒フィルムに手作業で着

色を行い，実写と手彩色のアニメーションが融合した最初期のカラー映画が誕生します。フラーのダンスは，動きの魅力を伝える初期映画にとって重要な対象だっただけでなく，電気と照明，投影装置を用い，衣装と身体をスクリーンにすることで動くイメージを作り出す，映画と同時代的な探求だったといえるでしょう（Karpenko 2019; Gunning 2003）。

▷ ジョルジュ・メリエスと『月世界旅行』

　最初期に数十秒ほどの短編が中心だった映画は，初の女性監督といわれるアリス・ギイ[*]など何人かのパイオニアによって，徐々に複雑な表現が加えられていきます。パリのロベール・ウーダン劇場でマジシャンとして活躍したジョルジュ・メリエス[*]もその1人です。メリエスはもともとマジックランタンによる彩色写真の投影を舞台に導入するなど，演技，演出，脚本，特殊効果，装置の製作までこなす多彩な人物でした。

　1888年に劇場の支配人となったメリエスは，リュミエール兄弟の父アントワーヌと知り合い，94年に彼が輸入したキネトスコープの上映に立ち会います。さらに翌年シネマトグラフの上映会に招待され衝撃を受けたメリエスは，イギリスで開発されたテアトログラフという投影装置を買い付け，自ら改良しキネトグラフと名づけました（サドゥール 1994）。

　1896年の最初の撮影以降，メリエスは短編を中心に500以上の作品を生み出します。リュミエール社が日常や旅先の光景を記録したのに対し，メリエスはステージマジックで培った舞台演出と演技，特殊効果を映画に持ち込みました。97年には映画スタジオを開設し，1902年にはジュール・ベルヌのSF小説に着想を受け，主演，監督，脚本から編集，効果，舞台美術まで手がけた『月世界旅行』[*]

ジョルジュ・メリエスの『月世界旅行』(1902 年)
(出所) Wikimedia Commons.

を製作します（図版）。魔術的な特殊効果を多用し，観客を驚かす仕掛けに満ちた『月世界旅行』は，ステージマジックの伝統と映画装置が作り出す新しい視覚世界が融合した傑作です。

1903 年にはメリエスのスターフィルム社はニューヨークに進出し，またメリエスに影響を受けたエジソン社のエドウィン・S・ポーターが，同年に劇映画『大列車強盗』を製作し大ヒットさせています（マルテット＝メリエス 1994; Kessler 2010）。

───> **映画館と映画産業の拡大**

映画はしばらく専用の上映空間をもちませんでした。新奇な発明品だったシネマトグラフは，サーカスや見世物小屋，遊園地の片隅，演劇の余興やボードビル劇場の演目の 1 つだったのです。当時の劇場は音楽，マジック，影絵，曲芸，パントマイムなどが上演される複合的な空間であり，映画もこうした演目の 1 つでした（Gaudreault 2011）。また観客は劇場だけでなく，同時代のパノラマやジオラマ，機械化された遊園地のアトラクション，コミックや流行歌とともに映画を楽しんでいたのです。ガニングは，1906 年頃までに製作された初期映画は見世物や劇場文化とのつながりが深く，物語を観客に伝える手段であるよりは，観客の注意を惹きつけ，視

覚的な好奇心を刺激する「アトラクションの映画」だったと論じています（ガニング 2003）。

20世紀初頭には，投影装置の改良，作品の多様化，安価な映画館の登場により，映画は独自の産業として発展を始めます。アメリカでは1905年に初の常設映画館が誕生し，「ニッケルオデオン」と呼ばれる安価な映画館が各地で開設すると，多くの女性や子ども，移民労働者を含む観客の気軽な楽しみとして流行します。

トロントのニッケルオデオン，コミック座（1910年頃）
（出所）Wikimedia Commons.

ニッケルオデオン（図版）は，入場料がニッケル硬貨1枚（5セント）で客席は100から200席ほどあり，短編を組み合わせたプログラムを上映しました。1907年に全米で約5000館，10年までに約1万館と急激に増加します（Jenkins 1976）。ニッケルオデオンにはペニーアーケードが併設される場合もあり，フータモが指摘するように，映画館とゲームセンターは並行して発展しました（フータモ 2015；第9章）。

エジソン社のフィルム部門の収益は，1903〜04年度から06〜07年度に約4倍に成長し，映写機の販売額も約6倍に急拡大します（マッサー 2015b）。新興の映画会社が次々と創業し，映画館での興行，配給，装置の製造と作品の製作で分業が進みました。一方フィルムの製造はイーストマン・コダック社が10年に世界市場の9割を独占するなど映画業界にも多大な影響力をもちます（Jenkins

1976)。

　また，この時期には本格的な劇映画の増加と長編化が進み，製作方式はプロデューサー主導の垂直的な分業体制へ組織化されます（ガニング 2003；マッサー 2015b）。メリエスの映画や製作方式は急速に過去のものとなり，リュミエール社も映画製作から撤退します（Lamotte 2010; Kessler 2010）。

▷　ハリウッド，夢の工場

　1914 年から 18 年までの第一次世界大戦は，ヨーロッパの映画製作に壊滅的な打撃を与え，戦後アメリカが一躍映画産業の中心地となります。1900 年代まで主要な映画会社は東海岸のニューヨークやニュージャージー州のエジソン社の研究所周辺に立地していましたが，10 年代から西海岸の南カリフォルニア，とくにハリウッド周辺に独立系の映画会社が集積します。長編映画の製作には大規模な資金と分業が必要であり，ハリウッドに集積した映画会社は，次第にグループ企業による垂直統合，すなわち製作，配給，興行が一体化したスタジオシステムに再編されます（第 9 章）。またこの時期には観客数の増加に伴い，1000 席を超える大規模映画館や，豪華絢爛な内装と客席を備えた「ムービーパレス（映画宮殿）」（図版）と呼ばれる映画館も登場しました。

　「ジャズ・エイジ」と呼ばれた好況に沸く 1920 年代のアメリカで，映画はそれまでとは別の段階に入ります。映画観客の増加は産業規模の拡大を促し，「夢の工場」としてのハリウッド映画産業が確立します。5 大スタジオ（20 世紀フォックス，MGM，パラマウント，RKO，ワーナーブラザーズ）による製作，配給，興行の垂直統合が進み，さらに製作の段階でも主要な業務は，俳優や監督，撮影，脚本，編集，音響，照明に至るまで，高度な専門職による分業と垂直統合

が行われました。19年までに世界の映画の約8割はカリフォルニアで製作されるようになり，20年代半ばには「ハリウッド」が映画産業全体を指す言葉として使われるようになります。またこの「映画の都」を目指して多くの才能が世界各地から集まりました（Scott 2005）。

一方，かつて隆盛を誇ったエジソン社は映画の長編化と第一次世界大戦による海外市場の打撃，反トラスト法訴訟での敗北などにより低迷し，1918年にスタジオを売却し，映画事業から撤退します（マッサー 2015a）。

シカゴのパラダイス・シアター
（出所）Texas 2 step, Creative Commons.

サイレント映画とパフォーマンス

スタジオシステムによる組織化された映画製作は，しばしばフォード社が確立した管理された工場労働による自動車の大量生産と比較され，映画を画一化し，商品化したとして批判されてきました（ホルクハイマー＆アドルノ 2007）。これに対しマッサーは，たしかに映写機やフィルムの製造部門は自動車産業と比較可能だとしても，「映画館での上映」という最終工程はまったく異なっていたと指摘しています。20世紀初頭には，映画は大量生産でもマスメディアでもありませんでした。なぜなら，最終的な上映の段階において，各興行者はフィルムを組み合わせて独自のプログラムを提供しており，映写技師は編集を加え，ときにはスライドで字幕を投影してい

たからです（マッサー 2015b）。

　またミリアム・ハンセンが指摘するように，サイレント映画[*]は，実際の上映の場で演奏や音響，音声が付け加えられてはじめて完成し，映画館の性質や立地，観客の構成，伴奏などによってさまざまな形態をとるライブイベントでした（ハンセン 2000）。映画館は無音ではなく，歌や音楽に満ちた場所だったのです。映画の合間にはしばしば舞台上演や，歌詞のスライド投影に合わせた観客による合唱なども行われ，また無声映画の伴奏は，大規模な映画館ではオーケストラ，小規模の映画館ではオルガン 1 台での伴奏まで多様な形態が存在しました。

　地域差や文化差も存在し，アフリカ系アメリカ人向けのシカゴの映画館では，演奏にジャズやブルースが取り入れられます。またイギリスでは，新たに生まれた映画伴奏の仕事は急速に拡大する映画産業に女性が進出する契機となり，当時約 2 万人の伴奏者の大半が女性によって担われました（Porter 2019）。西欧では伴奏と字幕による上映が定着したのに対し，日本では映画の解説と俳優の声を演じる「活動写真弁士[*]」が広く活躍し，ときには映画俳優以上の人気を集めました。発声映画の普及以降，その多くは廃業しますが，世界映画史のなかでも独特の存在であり，日本の伝統的な声の芸能としても改めて注目されています。

サイレント映画の終焉

　エジソン社はすでに 1890 年代から映像と同期した音の録音に成功していましたが，ラジオの開発や映画館へのラジオ設備の導入と並行して進んだアンプの改良（第 5 章）により，1920 年代後半には大規模な映画館でも明瞭な音が出力可能になります。27 年には長編発声映画（talking picture）『ジャズ・シンガー』が製作されまし

た。当初はレコードに録音した音を映画に同期していましたが，徐々に映画フィルムに音声を同時に記録する方式に切り換わり，30年には北米とヨーロッパの映画はほぼ発声映画に移行します。

1920年代の音声の同期（およびその後のカラー映画の定着）によって，映画は現在につながる基本的な形式的特徴を備えることになります。映画がサイレントではなくなることで，映画館からオーケストラ，楽士，説明者（弁士）の場所が消え，次第に合唱や上演的なプログラムも廃止されていきます。映画館はもはや基本的には一回的なライブパフォーマンスの場ではなくなります。これにより，映画は30年かけてようやく映像と音を総合した複製技術になったといえるでしょう。それは一方で，映画が「映画」になり映画館が「映画館」になったことを意味しているといえるかもしれません。しかしそれは同時に，無声映画という1つの文化的形態の終焉も意味していたのです。

3 映画史の再上映

スマホのなかのハリウッド

本章の冒頭で述べたように，現在では映画はYouTubeやネットフリックス，TikTokといったさまざまな映像文化の1つとなり，また映画館を離れて多様な形態のスクリーンと環境で視聴されています。第9章と第10章で詳細に論じるように，かつてスクリーンの代名詞だった映画は，技術的な形態や制度が比較的安定していた時期が過ぎ去った後で，1980年代以降の技術的な変動を受けて今も絶え間ない変化にさらされ続けています（クレーリー 2015）。

2007年には携帯電話とインターネット，音楽再生装置の機能が

一体となった「電話の再発明」として，高性能のタッチスクリーンを備えた iPhone が発売され，YouTube やストリーミングによってスマートフォンで映画を見ることも珍しいことではなくなりました（第10章）。21年に発売された iPhone 13 Pro のキャッチコピーは「Hollywood in Your Pocket*」でした。iPhone の強化されたカメラは撮影の専門家チームのように機能し，映画を見るだけでなく，撮影から編集までスマートフォン1台で可能だというわけです。ハリウッドは地理的な場所を離れて今も映画の代名詞であり続けていますが，現在ではそれは手元の装置のなかに収められようとしています。このように映画が置かれている状況はかつてと様変わりしたように見えます。

初期映画の回帰？

これに対しハンセンは，映画の受容形式が多様化し，古典的な映画の形態が解体される一方で，メディア文化の今日的形態は，むしろ初期映画の特徴に近づいていると指摘しています（ハンセン 2000）。先述したように，初期映画は物語の伝達よりも観客に視覚的な刺激を与えることを目指す「アトラクションの映画」だったと論じられてきましたが，その特徴は現代における 3D 映画や VR，ミュージックビデオ（MV），インタラクティブなゲーム，ホラー映画の隆盛などに再び現れています。加えて，物語の展開を置き去りにしてスペクタクルな視覚効果や戦闘シーン，災害や破壊を描き出すパニック映画やアクション映画を想起してもよいかもしれません。このような状況のなかで，かつての「古典的なハリウッド映画」のほうが今や例外的な存在になっているのです（Elsaesser 2016）。

初期映画はメディア横断的に受容され，演劇やマジック，ダンスや流行歌など他のメディアで観客に馴染みある物語や題材が頻繁に

取り上げられましたが，現在でも映画のメディアミックス展開は標準的なものとなりつつあります。またサイレント期の映画館は多様なライブパフォーマンスの場でしたが，現代の映画館でも演劇や音楽イベントのライブビューイングが盛んに行われ，発声上映会や応援上映会，映画と生演奏を組み合わせたシネマコンサートの興行などが行われるようになっています（第9章・第10章）。マノヴィッチは映画以前の映像装置のような短いループ動画が現代に回帰していると指摘していますが（マノヴィッチ 2013），これはインスタグラムのリールや YouTube のショート動画，TikTok などに顕著だといえるかもしれません。もちろん，現代の映像文化と初期映画の特徴はまったく同じとはいえません。しかし，こうした類似性の発見は，映画史が単純な発展の歴史ではなく，回帰や繰り返しを含むものであることに気づかせてくれるのです。

▷ 初期映画の再創造

　とりわけ 2011 年は，ハリウッドにおいて初期映画の再評価が定着したことを示す年となりました。この年の第 84 回アカデミー賞において，メリエスの生涯に焦点を当てたマーティン・スコセッシ監督の 3D 映画『ヒューゴの不思議な発明』が最多 11 部門にノミネートされ，視覚効果，音響編集など 5 部門を受賞します。またミシェル・アザナヴィシウス監督のサイレント映画『アーティスト』が作品賞，監督賞など主要 5 部門を受賞します。サイレント映画の作品賞受賞は実に 1929 年の第 1 回アカデミー賞以来のことでした。『ヒューゴの不思議な発明』と『アーティスト』はともに初期映画とサイレント映画，それを支えた人々や時代への敬意と憧憬に満ちた作品ですが，前者はデジタル 3D 技術を駆使することで，後者は当時のレンズや照明，表現技法を用いることで，2010 年代

コラム6　映画に見る映画の歴史　『ヒューゴの不思議な発明』や『アーティスト』以外にも，映画や映画館の歴史を伝える映画があります。たとえばジーン・ケリーとスタンリー・ドーネンが監督した『雨に唄えば』(1952年)はミュージカル映画の名作ですが，サイレントからトーキーの移行期の映画界の舞台裏をユーモラスに描いています。またジュゼッペ・トルナトーレ監督『ニュー・シネマ・パラダイス』(1988年)は第二次世界大戦後のシチリア島の小さな映画館を舞台に，フィルム時代の映画とそれを支えた人々や観客の様子を生き生きと映し出します。一方，周防正行監督『カツベン！』(2019年)は大正時代の活動写真弁士を主役に，無声映画期の日本の映画文化と映画館の魅力を伝えるコメディです。

　映画に描かれる映画の歴史に注目すると，現在とは異なる映画文化の存在がより身近に感じられるかもしれません。映画館と観客の映画経験の歴史性と多様性については，加藤(2006)が豊富な事例を取り上げています。

にかつての映画文化を別の形で再構築しています。

　またこの年はもう1つの大きな出来事がありました。長らく失われたとされてきたメリエスの『月世界旅行』の手彩色版フィルムが1993年に発見され，フィルムの修復とデジタル化，デジタルデータに基づいた復元とフィルムのリプリントが進められました。そして2011年に修復が完成し，カンヌ国際映画祭でプレミア上映されたのです(その過程はドキュメンタリー映画『メリエスの素晴らしき映画魔術』に記録されています)。これは単に当時の『月世界旅行』の再現ではなく，デジタル技術とソフトウェア，フィルムアーキビストと修復家，映画史の研究者によるフィルムの再創造であり，フィルムとデジタル，注意深い手作業の協働によって実現された，11年版の新しい『月世界旅行』の創造でもあったのです。

　現在 YouTube はデジタル化された膨大なフィルムアーカイブと
なっており，思わぬ瞬間に 100 年以上前の映画の断片に出会う場
所にもなっています。私たちは現在，20 世紀のどの時期よりも気
軽に，数多くのリュミエール社やエジソン社の映画を YouTube で
見ることが可能です。これは本来のフィルムから離れた「邪道」な
見方かもしれません。

　しかしパオロ・C・ウサイが指摘するように，YouTube に溢れ
る多様なコンテンツから，関心のおもむくままに映像の断片を選択
し，再生速度や試聴の順番を操作し，上映プログラム（プレイリス
ト）を作成することは，シネマトグラフの操作者や興行者が行って
いた作業に近いといえるかもしれません（Usai 2012）。また博物館
で過去の資料として上映されるよりも，さまざまな視覚装置や見世
物，遊園地や劇場の演目のなかで楽しまれたアトラクションとして
の初期映画を視聴するには，多様なジャンルの映像がごちゃ混ぜに
なった YouTube のほうが当時の上映環境に近いとさえいうるか
もしれません。

　現代の映像文化を考えるうえで，華々しい大作映画や 3D アニメ
ーション，インスタグラムや TikTok など，その時点で新しいメデ
ィアに注目することは重要ですが，それだけでは一面的だといえる
でしょう。デジタル化が進展し，映画がさまざまな形態のスクリー
ンに分散し，またソーシャルメディアで多様なイメージが増殖する
ほど，逆説的なことにかつての「映画」や「写真」の固有性は上昇
し，古いフィルムや映画館のスクリーンは新しい光のもとで見たこ
とのなかった姿を私たちに見せ始めます。テクノロジーが変化し，
「最新」の技術の「進化」が喧伝されるほど，はるか過去に忘れ去
られたメディアの可能性が別の形で現在に浮上します。こうして再

コラム 7　アナログの逆襲？　　デジタル化とコンピュータ化，ネットワーク化が進展するなかで，むしろそれ以前のメディアの形態やそれに根ざした文化が再浮上し，回帰するかのような現象が，初期映画以外においても広範に観察されることが指摘されています。たとえば，音楽におけるレコードやカセットテープの生産の上昇，写真におけるフィルムカメラの再流行，ゲームにおけるレトロゲームの人気なども加えていいかもしれません。こうした一見すると矛盾する現象は，「アナログの逆襲」（サックス 2018），「アナログの黄金時代」（Galloway 2022），「新しいアナログ」（Krukowski 2017）などさまざまな視点から論じられています。

　　たとえばデイビッド・サックスは，デジタル化が進むにつれ，時代遅れと揶揄されていた技術やプロセスが，息を吹き返しつつあると指摘しています。サックスによれば，イノベーションの一般論に逆行するかのような「アナログの逆襲」は，デジタルが浸透した時代には，逆にデジタルではない製品，サービス，アイデアの価値が上昇することの現れであり，非物質化を促進するデジタル技術と経済のなかで，モノに触れることや人間が主体となる経験への渇望が高まっていることの徴候でもあるのです（サックス 2018）。

浮上した過去のメディアもまた，私たちの現在のメディア環境の一部を構成しているのです。

Exercise　演習問題

4.1　1902 年の『月世界旅行』を見て，現在の映画との表現上の違いを指摘してください。逆に，現在の映画や映像文化と共通する特徴があるとすれば，それはどのような点だといえるでしょうか。

4.2　映画『アーティスト』冒頭の上映シーンを見て，そこで描かれる映画館と観客の様子，サイレント映画の表現の特徴を，現在の映画と比較してください。

　シネマトグラフの発明から 30 年で映画は大きな変化を遂げました。これに対し，YouTube（2005 年～）の初期と現在を比較すると，どのような変化が指摘できるでしょうか。映画の歴史を踏まえて論じてください。

音楽番組と
シンセサイザー

Chapter

第 **5** 章

Quiz クイズ

Q5.1 日本でカラーテレビの世帯普及率が 9 割を超えたのはいつか。
a. 1950 年代　**b.** 1960 年代　**c.** 1970 年代　**d.** 1980 年代

Q5.2 以下に挙げる項目のうち，1978 年の出来事をすべて選択すること。
a. サザンオールスターズのメジャーデビュー
b. 『ザ・ベストテン』の放送開始
c. YMO の結成

Q5.3 CD がレコードの生産枚数を追い抜いたのはいつか。
a. 1960 年代　**b.** 1970 年代　**c.** 1980 年代　**d.** 1990 年代

Q5.4 J-POP という言葉が登場したのはいつか。
a. 1970 年代　**b.** 1980 年代　**c.** 1990 年代　**d.** 2000 年代

★本章の学習をサポートするウェブ資料は，右の QR コードよりご覧いただけます。

Answer クイズの答え

Q5.1 c.   Q5.2 a. b. c.   Q5.3 c.   Q5.4 b.

Chapter structure 本章の構成

1980年代の音楽とメディア

第1章で述べたように，メディア論の出発点の1つは，メッセージの内容ではなく，それを伝達するメディアの性質に注目することにあります。本章はその応用編です。

私たちは音楽を聴くときや音楽について語るとき，歌詞や楽曲の特徴，歌手やグループの魅力，ミュージシャンの才能や独創性に気を取られがちです。しかし視点を変えて，音楽を制作し演奏する技術や，楽曲が流通する経路，音楽を聴くためのメディアの性質やその変化に注目すると，何が見えるでしょうか。本章では，メディアと文化の相互的な影響関係を考察するために，音楽を流通させるメディアの側面から日本のポピュラー音楽の歴史を概観します。

起点となるのは1970年代後半から80年代初頭です。メディア

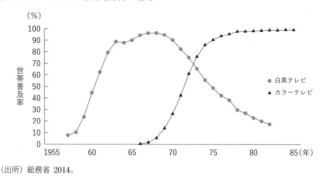

図 5-1 カラーテレビの世帯普及率の推移

(%)

世帯普及率

● 白黒テレビ
▲ カラーテレビ

1955　60　65　70　75　80　85(年)

（出所）総務省 2014。

の普及率に注目すると，日本では 75 年にはカラーテレビの世帯普及率が 9 割を超え，80 年には 98.2% に達しました（総務省 2014；**図 5-1**）。この時期には，一方でテレビ視聴がすべての階層において定着，習慣化し，他の生活行動やコミュニケーションと結びつくことで，テレビが生活環境の一部になったと指摘されています（藤原・伊藤 2005）。また他方ではシンセサイザーなど電子楽器が普及するとともに，文化のデジタル化とコンピュータ化が始まっています。この両者の潮流の交錯地点で，ポピュラー音楽も再編され，現在の形態に連なる基礎が形成されていくことになります。

1　音楽とテレビ視聴

▷　MTV の開局

アメリカでは 1981 年にケーブルテレビの音楽専門チャンネル MTV※ が開局し，ミュージックビデオ（MV）を中心とする音楽番組

の 24 時間放送が始まります。MTV で最初に放送されたのは，イギリスのバンド，バグルスの『ラジオスターの悲劇（Video Killed The Radio Star[*1]）』（79 年）でした。この曲の MV[*] では，壊れたラジオの残骸からテレビが登場し，シンセサイザーとエレキベースを携えて，スタジオで歌うバグルスが映し出されます（日本語詞，訳は筆者，ジェフ・ダウンズ，トレヴァー・ホーン，ブルース・ウーリー原作詞）。

　　ビデオがラジオスターを殺した／僕の頭のなかで，僕の車のなかで／もう元に戻すことはできない／僕たちはずいぶん遠くまで来てしまった／映像がやってきて，君の心を壊した

　明るい曲調とは対照的なその歌詞には，ラジオの全盛期が遠く過ぎ去り，音楽の主要な舞台がテレビとビデオに転換した時代の変化が記されています。テレビやシンセサイザーの時代（「最新技術の機械で作り直された音楽」）の到来を認めながら，ラジオの時代への憧憬を歌うこの曲が，MTV で最初に放送されたことはきわめて象徴的です。この時期には，テレビの映像やシンセサイザーの新しい音が，ポピュラー音楽に不可欠の要素になっていきます。

▷　**カラーテレビと音楽**

　日本でも同時期にカラーテレビは広く普及しますが，その影響はMTV とは異なる方向で顕在化しました。日本では MV 中心の番組ではなく，スタジオ演奏を中心とした音楽番組と CM で流れるイメージソングという 2 つの形で音楽とテレビの結びつきが緊密になったと指摘されています（小川ほか 2005）。1970 年代後半から 80年代にカラーテレビは，世帯普及率が 9 割を超え，視聴時間は一時低迷するものの，テレビ視聴が習慣化し「テレビなしには生活で

きない」という感覚や,「テレビに対する一体感や愛着感」が強まりました（藤原・伊藤 2005: 49)。それは 10 代・20 代・30 代の普及率が 9 割を超えた 2010 年代後半のスマートフォンと同様に,日常生活のなかで中心的なメディアだったのです（第 11 章）。

この時期とくに若年層の人気を集めたのが,音楽番組です。1970 年代後半まで音楽番組は「日本のどのテレビ局においても二次的な存在」（岡田 1978: 85) とされてきましたが,81 年の総理府の調査では,「よく見るテレビ番組」として音楽番組を挙げたのは,小中学生（10～14 歳）の 45% で全体の 2 位,青年層（15～24 歳）では 50% で 1 位を獲得しています。さらに青年層の「よく見るテレビ番組」の 1 位は『ザ・ベストテン』（全体の 38%) であり,10 位に『夜のヒットスタジオ』,12 位に『ザ・トップテン』が入っています（吉井 1984)。この時期にはとくに音楽番組が,10 代から 20 代の関心の中心に位置していたのです。

▷ 音楽情報番組の登場

音楽番組のなかでもとりわけ人気を集めたのが,先述した TBS の『ザ・ベストテン』です。流行歌を紹介する番組はすでに多数存在しましたが,1978 年に放送を開始した『ザ・ベストテン』は単にヒットした楽曲を紹介する番組ではありません。司会と歌手のトークや,楽曲と出演者の詳細な情報の紹介,スタジオ外の歌手やライブを追いかけて緊迫感のある生中継で放送するなど,バラエティやニュース番組の要素を積極的に導入し,それまでとは異なる「音楽情報番組」「音楽報道番組」と呼ばれました（山田 2011)。

また 1965 年の『TBS 歌謡曲ベストテン』をはじめ,ランキング形式で流行歌を紹介する番組も以前から存在しました。これに対し『ザ・ベストテン』はレコード売上,ラジオと有線放送のランキン

グ，視聴者からの葉書の投票数を総合して独自の順位を決定し，出演者が決まる形式を採用します。つまり，既存の流行を紹介するだけでなく，視聴者参加型のランキングによって，ヒット曲や流行そのものが番組から発信され，作り出されていったのです。81年には最高視聴率41.9％（ビデオリサーチ調べ，関東地区・番組平均世帯視聴率）を記録し，高い関心を集めました。

▭▷ 『ザ・ベストテン』の進行

　音楽情報番組と呼ばれた『ザ・ベストテン』は，たとえば次のように進行します（1979年1月11日放送回）。まず番組タイトルに続き，前回のベストテンが表示され，スタジオでは司会の久米宏と黒柳徹子が，その日のスポーツの結果やゲストの紹介を交えながら番組を進行します。続いて今週のベストテンが発表され，10位のサザンオールスターズ*がスタジオに登場します。新年の放送に合わせ着物姿で登場したサザンオールスターズは，司会とのトークや小芝居をバラエティタレントのようにこなします。

　その後，ステージ正面のカメラに切り替わり，演奏が始まります。司会による曲紹介に続き，カメラがクローズアップし，ボーカル桑田佳祐の表情を捉えます。そして桑田は歌い始めますが，その視線は常にカメラを追い，カメラに向けて歌い，カメラを指差します。つまり桑田は複数のカメラで撮影されていることを前提に自らの演奏とパフォーマンスを組織しているのです。1978年にメジャーデビューしたサザンオールスターズは翌年，『いとしのエリー』でミリオンヒットを記録し，NHKの『紅白歌合戦』に出演するなどテレビとともに人気を集めていきます。

▭▷ 音楽を映像にする

フィリップ・オースランダーによれば，テレビ放送はメディアに媒介された経験であるにもかかわらず「ライブ」であることが強調されてきました（Auslander 2008）。日本語の「生放送」「生中継」という言葉がまさにライブ（生）であると同時に媒介されている（放送・中継）という両義性を示しています。『ザ・ベストテン』もまた，単にスタジオの演奏をそのまま放送しているわけではありません。それはテレビの前の視聴者に向けて，複数のカメラによって媒介され，再構築された「ライブ」なのです。

音楽番組ではカメラが常に駆動し，演奏は映像により流通し，ときには楽曲と無関係なトークやバラエティ対応が求められます。画面映りやパフォーマンスの魅力，テレビ向けのキャラクター設定など，音楽以外に求められる要素の比重が大きくなります。また番組制作側も，「音楽を絵にする」ためのセットや装飾，照明や撮影，演出に工夫を凝らすようになります（三原・テレビ美術研究会編 2012）。音楽番組によって，歌が歌だけでは存在できない時代，映像とともに流通する「見る音楽」の時代が本格的に到来します。

1973 年のオイルショック後の予算削減もあり，一時はセットに変化が乏しく「このような状態では楽しい，良い音楽番組は生まれるはずがない」（岡田 1978: 85）とさえいわれました。これに対し『ザ・ベストテン』は，歌手や歌詞に合わせて 1 曲ごとにセットを制作し，レーザー光線や映像合成など新技術を導入するなど「徹底的にその曲のため，そのファンのために」（三原・テレビ美術研究会編 2012: 78）演出を行います。また歌手も毎回変わるセットと演出に対し，パフォーマンスで応えるという関係が成立していきます。それは，「歌がテレビならではの新しい魅力を帯び始める」（太田 2007: 57）時代でもあったのです。

▷ オーディション番組の展開

　この時期の音楽番組と不可分な形で成長したのがオーディション番組だといえるでしょう。1971 年放送開始の日本テレビ『スター誕生！』は，視聴者参加型のオーディションを採用し，予選を通過した素人の候補者に各種レッスンを行い，番組内でプロの審査員と会場参加者による審査を経てデビューさせる方式で人気を集めました。この番組から多くの歌手がデビューしますが，輪島裕介はとりわけ 76 年にデビューしたピンク・レディーを「『お茶の間』のメディアとしてのテレビが最も影響をもった時代の『踊る音楽』の展開」に位置づけています（輪島 2015: 219）。

　ピンク・レディーの楽曲『ペッパー警部』（1976 年），『UFO』（77 年）などに見られる印象的なフレーズと一体化した装飾的なダンスは，まさに「テレビ時代の歌」「歌のアニメーション化」（阿久 2007）として考案されました。ピンク・レディーは歌だけではなく，テレビを見た視聴者による振りつけの模倣とともに人気を獲得します。オーディション番組によるデビューとその過程のイベント化，「見る音楽」としての演出とダンスといった要素が，この時期のテレビとともに確立されていきます。

▷ イメージソングの戦略

　この時期に音楽番組と並んで重要な役割を果たしたのがテレビ CM です。日本の CM ソングは，1951 年の民間ラジオ放送開始とともに始まりますが，70 年代後半には広告用の音楽であると同時にレコード化され販売される「イメージソング」が登場します。小川博司によれば，75 年に資生堂とカネボウの間で始まった化粧品のキャンペーン合戦を契機に，曲や歌詞に企業名や商品名を入れず，CM と同時にレコード流行歌として市販する新しい広告戦略が採用

されました（小川 1984）。

1976 年に資生堂の「ゆれる、まなざし」のキャンペーンが小椋佳の楽曲『揺れるまなざし』を起用したのがその代表とされます（図版）。これは角川書店が映画製作に参入し，大規模なメディアミッ

資生堂「ゆれる、まなざし」CM
（出所）大野 1977。

クス戦略を仕掛けたのと同年であり（第9章），当時の広告業界誌で「ゆれる、まなざし」は新聞広告，テレビ CM，中吊り広告，音楽，ラジオ，有線放送，ポスター，屋外広告を横断するメディアミックスの展開事例として紹介されています（大野 1977）。CM における音楽の重要性が増すと同時に，楽曲の制作と流通の両面において CM が大きな力をもつようになります。

▷ 広告音楽の制作

CM やドラマとのタイアップは音楽の流行や曲調に影響を与えるだけでなく，音楽産業と広告・テレビ産業の間に緊密な連携を作り出します。増田聡によれば，この時期の広告音楽は，主に音楽制作プロダクション，広告代理店，クライアント（スポンサー，広告主）という利害の異なる3者の協働によって制作され，その制作プロセスは，(1) 広告企画に応じてオリジナル曲を制作するもの，(2) 既成の楽曲を使用するもの，(3) アーティスト・タイアップが同時進行するものに大別することができます（増田 2005）。新規制作

の場合，クライアントの発注に基づいて広告代理店が企画を作成し，プロデューサーが作曲家やミュージシャンの選定など実際の音楽制作を取り仕切りますが，その過程では広告代理店やクライアントの広報担当，CM の映像監督や制作担当者も加わり，完成まで絶えず調整が行われます。

　そもそもポピュラー音楽の制作は多様なアクターが関わるきわめて集団的な過程ですが，とりわけ広告音楽にはその特徴が顕著に表れます。とくにテレビ CM は「映像作品としての CM」と「宣伝媒体としての CM」の交錯地点に位置し，映像表現を補完するものとして音楽が位置づけられることも多く，一般的な意味での音楽の制作や評価とは大きく異なります。またクライアントの意向や予算，著作権に縛られる部分も大きい混成的な制作物です（増田 2005）。そのなかで多様なアクターの利害関係を調整し，複雑な制作過程を取り仕切るプロデューサーの重要性が上昇します。テレビと広告の影響力の拡大は，ポピュラー音楽が従来もっていた複合的な性格をよりいっそう拡張したのです。

音楽とテレビ視聴

　こうしたさまざまな相互作用の中心に，一家に 1 台普及したカラーテレビがありました。『ザ・ベストテン』で司会を務めた黒柳徹子は後年，以下のように語っています。「『ザ・ベストテン』の時代は，1 台のテレビを家族全員で見ていた一番最後の約 10 年だったのかもしれませんね」（山田 2011: 262）。実際，1978 年 1 月から 89 年 9 月までの放送期間は，日本でカラーテレビの世帯普及率が飽和した時期と重なります。そしてその後，録画装置の普及や受像機の複数台保有，多チャンネルのケーブルテレビの普及などにより，本格的にテレビ視聴が個別化していく時期に入ります（第 9 章）。

コラム 8　ウォークマンの登場　　1979 年に SONY から発売された携帯型音楽プレイヤー「ウォークマン」は音楽の聴き方を変えたといわれます。細川周平は，ポータブルラジオ，ラジカセ，カーステレオなど可動的な音源は以前から存在していたものの，ウォークマンは「都市の一部に浸透した聴取体験の実践」を可能にしたと指摘しました（細川 1981: 35）。ウォークマンは音楽を個人化し携帯可能にするだけでなく，都市のサウンドスケープに積極的に介入することを可能にします。また「歩きながら聴く」ことは，単に音楽を聴く快楽とは異なり，ディスコ・DJ 的あるいはダンスにも似た遊戯的な経験となります。それは都市空間や街中を歩くという行為を劇的にするのです。「歩く人はヘッドホンに囲われた『想像の』劇場の支配人であり，看板役者であり，観客となる。彼は都市空間を劇場と化す」（細川 1981: 143）。それはまさに都市空間がメディア化され，劇場のように演出されようとしていたのと同時期のことでした（第 7 章）。

「一家団欒の戦後家族の空間は，大げさにいえばテレビを通じて生み出され，テレビを介して営まれてきた」（吉見 2010: 191）とすれば，『ザ・ベストテン』の放送期間は，居間と家庭を中心に，ポピュラー音楽が流通した最後の時期といえるかもしれません。

SONY の初代「ウォークマン」
（出所）Wikimedia Commons.

一方その外側では，音楽聴取の個別化と多様化も進み，1979 年に発売された「ウォークマン*」，そして 80 年代後半から普及したカラオケボックスが新たな音楽経験を生み出していきました。80 年代

末には主だった音楽番組が放送を終了し，90年代にはテレビドラマとカラオケ，CD が音楽の流通の主要な舞台となります。

2 演奏と機材のコンピュータ化

▷ 楽器の電子化とシンセサイザー

ここまで1970年代後半から80年代のポピュラー音楽の変化を，テレビを中心に概観してきました。他方でこの時期は，音楽の制作，流通，受容の各局面に新しい技術が浸透していく時期に当たります。

楽器の電気化と機械化は古くから進められており，代表例としてエレキギターを挙げることができます。弦の振動を電気信号に変換し，増幅するエレキギターは，ラジオとアンプの開発に伴って1920年代に登場し，技術者による改良，ミュージシャンによる奏法の工夫により，楽器としての表現の幅を広げていきます。当初は「新規な音」だったエレキギターは，50年代にはロックンロールという音楽ジャンルの形成に欠かせない楽器となります（トリンスキー＆ディ・ペルナ 2018）。

これに対し，電子回路によって音響を生成する電子楽器の開発も進みます。その代表であるシンセサイザーは，19世紀末から技術開発が始まり，1964年にはアナログ・シンセサイザーの基本形となる「モーグ・シンセサイザー[*]」（図版）の試作機が開発されます。エレキギターが楽器の振動を電気信号に変えて増幅するのに対し，シンセサイザーは楽器にはない音色であっても電子回路により機械的に合成することが可能です。70年代には自動演奏のためのシーケンサーなどの装置も登場し，ポピュラー音楽に「電子回路によって合成された音色」が導入されていきます。

YMO の演奏と機材

日本においてシンセサイザーとコンピュータを全面的に取り入れた楽曲制作をいち早く行ったのが，1978 年に結成された YMO（Yellow Magic Orchestra）です。サザンオールスターズのデビューや『ザ・ベストテン』の放送開始と同じ年に活動を開始した

モーグ・シンセサイザー
（出所）Wikimedia Commons.

YMO は，細野晴臣，高橋幸宏，坂本龍一の 3 人で結成されましたが，第 4 のメンバーと呼ばれたシンセサイザー・プログラマーの松武秀樹も大きな役割を果たしました。

1980 年の楽曲『Rydeen*』の MV は，SF 映画やゲームを思わせる宇宙空間の映像から始まり，間奏では YMO の 3 人が UFO に向けて光線銃を撃つシーンが挿入されます。ゲームの効果音のような 2 種類の銃撃音は，Odyssey と PS-3100 という 2 台のシンセサイザーによって鳴らされています（『キーボードマガジン』2019 年 1 月号）。『Rydeen』の発想源には当時流行したゲーム『スペースインベーダー』（1978 年，第 9 章）と映画『スターウォーズ』（77 年，第 10 章）があり，そのモチーフが映像と音楽に導入されました。

一方，同じ時期のライブ映像からはまた別の印象を受けます。たとえば，同じ 1980 年のライブでひときわ大きな存在感を示すのが，舞台後方で松武が操作する巨大なシンセサイザーとコンピュータ内蔵のシーケンサー（自動演奏・制御装置）です（図版）。坂本も複数のシンセサイザーを並べて演奏しており，メンバーはいずれもヘッドセットを装着しています。さまざまな装置がまず目を惹きますが，

演奏が機械的で無機質かというと必ずしもそうではありません。当時コンピュータによる自動演奏は楽曲データの記録にアナログのカセットテープを使用していたため読み込みに時間がかかり，ライブ

1980 年のロンドンでの YMO のライブ演奏
（出所）Fin Costello, getty images.

には向きませんでした（『キーボードマガジン』2019 年 1 月号）。そのため録音では自動演奏を多用した YMO も，ライブでは個々の技術を生かした演奏を行っています。この時期のコンピュータ化した演奏は，いまだ多くの点でアナログであり，ライブでもあったのです。

▷ 1970 年代の電卓戦争

　こうした音楽の電子化とコンピュータ化の背景には，当時の技術革新があります。1960 年代に主流だった「メインフレーム」と呼ばれる巨大な業務用のコンピュータは，半導体のイノベーションと集積回路の急速な小型化，高性能化，低価格化により，70 年代には小型化していきます。当初，集積回路はアメリカの宇宙開発や軍事開発で使用されていましたが，70 年代には家庭用の機器への応用が可能になり，各社による熾烈な開発競争を帰結します。

　その舞台となったのが電卓とゲーム機，そして電子楽器です。1970 年には電卓の開発過程で日本計算機販売（ビジコン）社とアメリカのインテル社がマイクロプロセッサを共同開発し，大型で業務用だった電卓の小型化が進展します。72 年には日本で電子楽器の

ローランド社が，アメリカではビデオゲームのアタリ社が創立され，78 年には日本企業のタイトーから『スペースインベーダー』が発売されています（第 9 章）。また 80 年には楽器メーカーに先駆けて電卓メーカーのカシオから電子キーボードが発売されました。高性能のプロ用のシンセサイザーに対し，小型で持ち運びのできる電子キーボードは，アマチュアの楽器演奏の裾野を広げます（吉井 1984）。

　半導体の技術開発と低価格化，民生化は日米各社の激しい競争の舞台となり，1980 年代には貿易摩擦が顕在化していきます。YMO がシンセサイザーとコンピュータを使った楽曲制作を行い，ゲームの音響やグラフィックを取り入れ，宇宙や戦争，東西の文化のせめぎ合いを主題にしたことは，この時期の文化と技術の状況を集約的に表しているといえるでしょう。

▷　アナログ最後の時代

　YMO がポピュラー音楽に持ち込んだ電子楽器とコンピュータは，既存の「楽器」や「演奏」がこの時期に様変わりしつつあることを明確に示しました。同時にこの時期は，音楽の制作と流通の環境がアナログからデジタルに切り替わる直前の「アナログ最後の時代」だった点も重要です。

　YMO が活躍した 1970 年代末から 80 年代初頭は「音楽の録音システムが人材と機材において，最も豊かな時代」だったといわれます。なぜなら，アナログ機材による録音には，吸音と反射音をコントロールできるレコーディング・ルーム，プロの調律師によって調整されたグランドピアノ，精緻で豊かな音を響かせる高質のアナログ機材，それらの操作を行う経験豊富なエンジニアを備えた大規模なレコーディング・スタジオが必要でした（藤井 2019）。こうした

スタジオの環境は 80 年代以降，デジタル化とコンピュータによる楽曲制作によって次第に失われていきます（第6章）。

また 1970 年代まで音楽番組のスタジオで最もスペースを占めていたのは生演奏のためのオーケストラでしたが（岡田 1978），電子楽器と自動演奏の発達に伴い，特別な場合を除き，徐々にスタジオからオーケストラの姿は消えていきます。

3　録音と再生のデジタル化

▷　CD と再生装置の普及

1970 年代後半から 80 年代初頭は，新しい音楽の潮流が登場する一方，レコードやラジカセ（ラジオカセット）の販売が落ち込み，音楽業界はオーディオ不況に陥りました。これに対し，82 年にソニーとフィリップスが共同開発したデジタル方式の記録メディアである CD（コンパクトディスク）の発売が開始されます。80 年代半ばから安価な再生装置が普及すると，日本国内では 88 年に CD はレコードの生産枚数を追い抜き，アナログのレコードからデジタルの CD へ，音楽の記録メディアの主役がわずか数年で急速に交代します（谷口 2015）。

記録媒体のデジタル化は，同時に再生装置の小型化と低価格化を進めました。レコードは CD に比べ，記録媒体や再生装置の質，ケーブルの接続状態などによって伝達に大きな影響が出るため，高音質で再生するためには，しばしば技術的な知識と大型で高価な機材が必要とされました。これに対し CD プレイヤーは小型で低価格であり，再生装置と音楽ソフトの購買層を，中高年の男性から若者や女性に大きく広げました。CD の発売以降 2004 年までに音楽再生

装置の出荷台数は約 5 倍に増加します（烏賀陽 2005）。再生装置の普及は，音楽が流通するためのインフラの拡充を意味し，1990 年代に CD 売上が 100 万枚を超えるヒットが続出する要因の 1 つとなり，新しいオーディエンスに支持される新しい音楽の流通を促しました。

▷ 制作環境のデジタル化

　同時期には音楽の制作環境のデジタル化も進展します。YMO が散開した 1983 年にはヤマハがフルデジタル方式のシンセサイザーDX7 を発売，より安価な機材が普及し，アマチュアでも自宅で音楽制作が可能な環境が整います。また同じ 83 年，さまざまな電子楽器間でデータを共有するための MIDI 規格が定められました。これらの変化が複合することで，デジタルデータを基礎に，パソコンと電子楽器で音楽を制作する Desktop Music（DTM）の時代が到来します。日高良祐によれば，「電子楽器産業発の MIDI 規格は，電子楽器とパソコン，デジタルネットワークが媒介する新しいメディア技術の領域」を作り出します（日高 2021: 127）。

　1980 年代後半には，プログラミングとコンピュータ制御，MIDI規格によるデジタルデータの共有により，同時に複数の電子楽器を自動演奏することが容易になります。先述したとおり，ポピュラー音楽が多様な主体が関与する複雑な集団制作になるにつれ，プロデューサーの重要性が上昇しますが，制作と演奏技術の発展は，作曲家兼アーティストでもあるプロデューサーの登場を促しました（Moorefield 2005）。

　プロデューサーの職域は楽曲やグループごとに異なりますが，極端な場合にはボーカルに歌やダンスを任せ，作曲・編曲と演奏データの制作，コンピュータやシンセサイザーによる演奏を自ら行うよ

うな，プロデューサー主導の音楽活動が可能になります。その代表例が1990年代の小室哲哉だといえるでしょう。ドラムやベースのいない TM NETWORK のキーボードとして小室がデビューしたのは，YMO 散開の翌84年でした。

自動演奏のプログラム

　TM NETWORK は1984年に活動を開始し，パソコンによる音楽制作や CD での楽曲販売を取り入れ，人気を集めました。87年には『ザ・ベストテン』に出演し，小室が実際の機材を用いながら自身の作曲と演奏の方法を解説しています（1987年6月4日放送回；図版）。スタジオで小室は，『My Revolution』の楽曲データをパソコンに読み込み，遠隔操作でピアノを自動演奏し，司会の黒柳を驚かせます。87年にパソコンの世帯普及率は11.7% にすぎず（内閣府「消費動向調査」1987年3月），多くの視聴者には馴染みのない装置を音楽制作や演奏に利用すること自体が驚きをもって迎えられました。

　スタジオでは続けて『Get Wild*』のライブが行われます。小室が操る多数のシンセサイザーに注目が集まる一方，ボーカルの宇都宮隆はライブの途中で歌詞を間違えます。これに対し，自動化された楽器の演奏と画面上の歌詞表示は，何事もなかったかのように正確な進行を続けます。その光景は，この時点ですでに，電子楽器を使ったライブが部分的にカラオケ化していたことを示しているといえるでしょう。実際，1992年にエクシングが開発した通信カラオケ「JOYSOUND」は，演奏用 MIDI データを端末に送信して音を鳴らしており，機能的にはシンセサイザーの自動演奏と同様です。つまり，電子楽器による自動演奏と通信カラオケの演奏は，同様の技術によって可能になっていたのです（日高 2021）。

　YMO が1970年代末から80年代初頭にシンセサイザーとコンピ

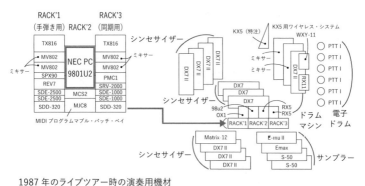

1987 年のライブツアー時の演奏用機材

（出所）『Tetsuya Komuro Interviews 1』2013 をもとに作成。

ュータによる楽曲制作を取り入れた頃，それは新奇な音であり前衛
の実践でした。しかしデジタル化による自動演奏の幅が広がった
90 年代には，それがポピュラー音楽の主流となっていきます。と
りわけ小室は，デジタル化された制作環境とプロデューサー主体の
音楽制作を結びつけ，自動演奏による定型化されたビートの反復を
全面的に導入し，「J-POP」と呼ばれるジャンルの確立にとって象
徴的な存在となります。小室は TM NETWORK 解散後の 90 年代
半ばから安室奈美恵，TRF，globe らの楽曲を次々と手がけ，その
プロデュース曲は 95 年から 4 年連続でレコード大賞を受賞します。

音楽のデジタル化

増田は，「音楽のデジタル化」とは単に耳に聞こえている音がデ
ジタル技術によって鳴らされている事実ではないと指摘したうえで，
以下のように述べています。「『音楽のデジタル化』とは，音楽の制
作と受容，録音媒体と流通の全体の過程が，デジタル・データとし
て音楽が存在することを前提として行われるようになった不可逆的
な変化を意味する」（増田 2008: 12）。ここで「不可逆的な変化」と

いわれているように、一度浸透したデジタル技術は、ポピュラー音楽をそれまでとは異なる環境に置き直します。

　1970年代後半から80年代にかけて、一方ではテレビが音楽番組とイメージソングを通じて音楽に大きな影響を与えます。また他方で音楽制作と流通の電子化とコンピュータ化、デジタル化が進みつつありました。この2つの潮流が交錯した地点に、以前とは異なった特徴をもつ流行歌の一群が生まれます。

　新しい傾向をもつポピュラー音楽は、次第にJ-POPと分類されるようになります。J-POPという言葉自体は、1988年にFM放送局のJ-WAVEによって、「洋楽中心の局が流す邦楽」「アメリカンポップスに対してジャパニーズポップス」を意味する言葉として造語され（烏賀陽 2005；宮入 2015）、90年代を通じて定着していきました。小川は、『ザ・ベストテン』など主要な音楽番組が終了し、テレビドラマが人気を集め、カラオケが急速に普及する91年頃をJ-POPの時代の始まりと位置づけています（小川 2010）。

▷ テレビドラマの主題歌

　1970年代後半から80年代には、音楽番組とイメージソングが映像と音楽と広告の間に新たな結びつきを生み出しました。これに対し90年代には、CMだけでなくドラマとのタイアップ曲*が爆発的な流行を繰り返すようになります。吉見俊哉によれば、「多くの日本人が共通にいだく欲望やイメージの最大の培養装置」としてのテレビは、70年代までは主に家族のイメージを構築していきますが、80年代以降、次第に家庭から都市へ、家族から単身者へとその対象を転換していきます（吉見 2009: 58）。ドラマの主要な舞台は家庭の食卓から、街路やカフェ、大学のキャンパスなど都市空間に移行し、ドラマを彩る楽曲も、当時新たに整備された都市や都会的な

表 5-1　主なフジテレビ系「月 9」の視聴率と主題歌の売上（CD シングル）————

放送期間	作品名	最高視聴率	主題歌	売上（万枚）
91 年 1 月期	東京ラブストーリー	32.3%	「ラブ・ストーリーは突然に」小田和正	259
91 年 7 月期	101 回目のプロポーズ	36.7%	「SAY YES」CHAGE and ASKA★	282
92 年 4 月期	素顔のままで	31.9%	「君がいるだけで」米米 CLUB	290
93 年 10 月期	あすなろ白書	31.9%	「TRUE LOVE」藤井フミヤ★	202
96 年 1 月期	ピュア	25.9%	「名もなき詩」Mr. Children★	231
96 年 4 月期	ロングバケーション	36.7%	「LA・LA・LA LOVE SONG」久保田利伸 With ナオミ・キャンベル★	186
97 年 1 月期	バージンロード	28.3%	「CAN YOU CELEBRATE?」安室奈美恵	230
00 年 10 月期	やまとなでしこ	34.2%	「Everything」MISIA	188
01 年 1 月期	HERO（第 1 シリーズ）	36.8%	「Can You Keep A Secret?」宇多田ヒカル	148

（注）視聴率はビデオリサーチ調べ／関東地区・世帯。CD セールスはオリコン調べ。
（出所）ビデオリサーチ，you 大樹をもとに作成。

生活を強く喚起するものに変化します（第 7 章）。

　とりわけ 1990 年代には「トレンディドラマ」と呼ばれる都会を舞台にした恋愛ドラマが人気を集め，番組と主題歌，視聴率と CD の売上が相乗効果をもたらし，流行を生み出します（**表 5-1**）。烏賀陽弘道によれば，91 年から 98 年の年間シングル CD 売上の上位 50 曲のうちドラマや CM などテレビとのタイアップが 40 曲以上，とくに 97 年は 47 曲を占めます。代表的な例は，91 年のドラマ『東京ラブストーリー』と小田和正による主題歌『ラブ・ストーリーは突然に』であり，最高視聴率 32.3%，CD 売上は 250 万枚以上に達しました（烏賀陽 2005）。

カラオケという装置

テレビドラマや CM とのタイアップは，同時期のカラオケボックスの普及とも連動します。カラオケ装置自体は 1960 年代末から開発されていましたが，80 年代半ばまで設置場所は主に中高年のサラリーマン向けの飲み屋に限られていました。85 年以降，コンテナ型や個室型・大部屋型のカラオケボックスが登場し，全国のロードサイド，都市部や郊外の雑居ビルに普及することで，学生や主婦，家族連れの利用者が増加します。

1992 年には通信カラオケ「JOYSOUND」が登場し，さらに爆発的な人気を集めます（烏賀陽 2005; 2008; 第 6 章）。通信式への転換により，新曲がすぐに配信され，過去曲のストックも増加します。佐藤卓己によれば，この時期カラオケは衛星通信や CATV，（当時の）VR や AI も導入される「ハイテク技術の実験場」となっていました。カラオケの流行は「高度情報化時代の産業的＝技術的基盤のうえに成立した文化現象」でもあったのです（佐藤 1992: 114）。

ドラマや CM で聞いた曲をすぐに歌うことができ，過去の楽曲やマイナーなジャンルまで網羅するようになったカラオケは，全国各地でポピュラー音楽を流通させ流行を生み出す装置となり，カラオケそのものが 1 つのメディアとして機能します。CD の購入者は単なる聞き手ではなくなり，カラオケの利用者であり，アマチュアの歌い手になります（小川 1984）。新曲の CD には伴奏のみのカラオケ版も収録され，制作者側もヒットの条件としてカラオケで歌える曲を意識するようになります。1980 年代末から 90 年代末にカラオケの市場規模は急拡大し（**図 5-2**），飲食業やパチンコ，ゲーム，映画業界など異業種からの参入も続き，巨大なエンターテインメント産業に成長しました。

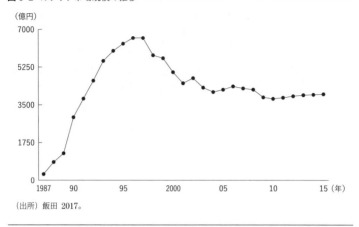

図 5-2 カラオケ市場規模の推移

(億円)

(出所) 飯田 2017。

▭ **メディアを横断する音楽**

J-POP という新たなカテゴリーは，1980 年代までの音楽制作と流通の環境の変化を前提として，90 年代に確立しました。J-POP は，既存のジャンルや楽曲の特徴に基づく分類とは異なり，多くの場合それらの複合体です。かといって「純和風」の音楽でもなく，日本で制作されたすべてのポピュラー音楽を指すわけでもありません。

本章の視点を敷衍するならば，ハリウッド映画がそうであるように，J-POP とは単にジャンルの 1 つではなく，日本のテレビと広告業界，ドラマや CM，カラオケ，CD や音楽のデジタル化と制作方式の変化など，1980 年代以降のメディアの変化とポピュラー音楽が結びついて生まれた複合的な音楽の形式だといえるでしょう（烏賀陽 2005; 宮入 2015）。ごく単純化していえば，この時期の J-POP の基本的な構造には，テレビや広告で流通すること，ドラマや番組の展開を盛り上げ，カラオケで歌われることが初期設計の段

コラム9 トランスナショナル・ジャパン　　現在，K-POP や韓流ドラマが世界中で流行し，日本とアジア諸国での文化の相互的な交流は日常化しています。岩渕功一は，それ以前の 1980 年代後半から 90 年代に日本のドラマやポピュラー音楽，アニメやゲームなどのメディア文化がいかにアジア地域で受け入れられたかを詳細に分析しました（岩渕 2016）。岩渕によれば，この時期に日本の文化商品が世界で流通した要因の 1 つは，「日本的」「日本らしさ」よりも，キャラクターや設定，製品デザインの「無国籍性」「文化的無臭性」が，各地での文化的摩擦を減らしたことにあります。たとえば世界戦略の一環として，ゲーム『スーパーマリオブラザーズ』のキャラクターはイタリア系の名前と容貌が採用されています（第 9 章）。また岩渕は，90 年代に日本のテレビドラマが，台湾の視聴者に「異国の物語」であるが西洋的でなく「アジア的」であり，「我々の物語」として重層的に受容された例を紹介しています。

　1990 年代後半には東アジアでの文化の制作と受容は双方向的になり，混淆的な汎東アジア的消費文化が出現する一方，国境を越えた文化の流通は排他的なナショナリズムや摩擦を生み出します。日本のポピュラー音楽の変化を東アジアから読み直し，現在の越境的な音楽の流通を捉え直すためにも岩渕（2016）は重要な視点を提示しています。

階で組み込まれています。

　メディア横断的に流通するポピュラー音楽はさまざまな産業を連結し，また国内の人口と市場規模の大きさに支えられ，1980 年代末から 10 年間で日本の CD・レコード市場は約 2 倍の 6000 億円規模へ急激な成長を遂げます。バブル経済の崩壊（第 7 章）の後で訪れた大きな商業的な成功の一方で，この時期の J-POP には「画一化され没個性的」「規格化された工業製品としての音楽」などの批判が繰り返されます。J-POP は同時期の「ガラパゴス携帯電話」

（第 11 章）と同様，グローバルな動向から外れた文化的傾向として批判され（浅田 2000），また同時代の越境的な東アジア圏のポピュラー文化の形成に与えた影響が見直されることになります（岩渕 2016）。そして CD を生んだデジタル化の進展は，2000 年代にはまた別の段階を迎えることになります。

/// Exercise 演習問題 ///

5.1 ラジオを中心に流通した時代の音楽とテレビを中心に流通した時代の音楽を比較した場合，両者にはどのような違いが生じると考えられるでしょうか。
5.2 デジタル化はポピュラー音楽の何を変えたでしょうか。逆にデジタル化によって変わらない要素は何だといえるでしょうか。

/// Report assignment レポート課題 ///

J-POP というジャンルの歴史を踏まえて，K-POP の歴史を調査してください。そのうえでメディアに注目して両者を比較し，どのような共通点と違いがあるか論じてください。

ライブ空間と
ストリーミング

Quiz クイズ

Q6.1 日本で CD の売上がピークを迎えたのはいつか。
   a. 1980 年代   **b.** 1990 年代   **c.** 2000 年代   **d.** 2010 年代

Q6.2 YouTube がサービスを開始したのはいつか。
   a. 1980 年代   **b.** 1990 年代   **c.** 2000 年代   **d.** 2010 年代

Q6.3 日本で音楽ソフトの市場規模をライブ・コンサートの市場規
   模が逆転したのはいつか。
   a. 1980 年代   **b.** 1990 年代   **c.** 2000 年代   **d.** 2010 年代

★本章の学習をサポートするウェブ資料は，右の QR コードよりご覧い
   ただけます。

Answer クイズの答え

Q6.1 b. Q6.2 c. Q6.3 d.

Chapter structure 本章の構成

▷ **2000 年代の音楽とメディア**

　第5章では，主に 1970 年代後半から 90 年代の音楽制作とメディアの変化を概観しました。本章では 90 年代末から 2000 年代以降のポピュラー音楽とメディアの関係を扱います。第5章で確認したとおり，コンピュータを用いた制作と演奏は 80 年代からポピュラー音楽に導入されていましたが，2000 年代には本格的なソフトウェアの時代を迎えます。第2章で見たように，レフ・マノヴィッチはコンピュータ化された文化の形態を分析するためには，ソフトウェアの特徴に注目する必要があると主張しました。この時期には音楽においても，ソフトウェアの作動が制作・流通・受容の各過程に影響を与えます。

　また 1990 年代半ばから普及を始めたインターネットは，2000

年代には一方でパソコンや携帯電話への音楽配信を，他方で You-Tube など動画サイトでの映像と音楽の流通を進展させます。そして 10 年代にはストリーミングサービスによる音楽の流通が，ポピュラー音楽を，アルゴリズムや機械学習，個人データの収集やプラットフォーム産業と緊密に結びつけていくことになります。80 年代から 90 年代のメディアの変化はポピュラー音楽に大きな影響を与え，J-POP というジャンルの成立に深く関わりました。2000 年代以降のメディアの展開は，90 年代に成立した音楽の制作・流通・受容のパターンをさらに大きく変容させていきます。

1 インターネットとソフトウェア

> ## 1990 年代後半の転換

　第 5 章で論じたように，1990 年代にはテレビとデジタル化が両輪となってポピュラー音楽の流通を拡大しました。一方でテレビドラマや CM とのタイアップ，カラオケの普及との緊密な連関が成立し，また他方でデジタル化した新しい制作と演奏のシステム，CD と再生装置の普及が結びつくことで爆発的なヒットが生まれ，「J-POP バブル」ともいわれる活況を呈しました。しかし CD の売上は 98 年の 4 億 5717 万 3000 枚（日本レコード協会調べ，8 cm・12 cm 総計）をピークに減少に転じます（図 6-1）。また拡大を続けていたカラオケボックスの市場規模や数も 90 年代後半をピークに減少しました。

　1998 年にデビューした宇多田ヒカル[★]は，翌年日本のアルバム売上で史上最高の 700 万枚以上を記録しますが，デビュー曲『Automatic』はテレビとのタイアップがありませんでした。そのため，

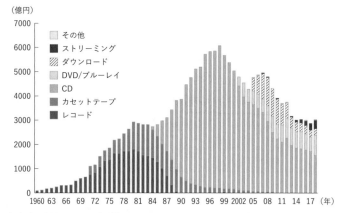

図 6-1 日本市場における音楽ソフトの種類別生産金額

（億円）

凡例（上から下へ）：
- その他
- ストリーミング
- ダウンロード
- DVD/ブルーレイ
- CD
- カセットテープ
- レコード

横軸：1960 63 66 69 72 75 78 81 84 87 90 93 96 99 2002 05 08 11 14 17 （年）

（注）名目金額＝インフレ未調整。
（出所）日本レコード協会のウェブページをもとに作成。

小川博司は 90 年代末には「テレビに頼らないヒット曲作りの条件」が整ってきたと指摘し，その要因として次の 3 点を挙げています。第 1 に，80 年代末から 90 年代はじめに新しい FM ラジオ局が開局し，既存のヒットチャートとは異なる音楽を積極的に紹介したこと。第 2 に，外資系の大型レコード店の進出によって多様な音楽が受容されたこと（第 7 章）。そして第 3 に，90 年代半ばから普及したインターネットにより，音楽の流通とプロモーションの新しい回路が発達したことです（小川ほか 2005）。とくに日本では 95 年がインターネット元年と呼ばれ，97 年に 9.2％ だった利用率は，2000 年に 37.1％，03 年に 64.3％ と世紀転換期の数年で一気に上昇します（総務省 2019）。

▷ MIDI による音楽配信——JOYSOUND と i-mode

　テレビと CD，カラオケが結びついた 1990 年代のポピュラー音楽の流通回路が大きく変化する契機の 1 つが，インターネットによる音楽配信の普及です。

　デジタルデータによる音楽配信は，インターネットと MP3 の普及に先駆けて，日本では通信カラオケにおいて実現していました。第 5 章で紹介した通信カラオケ JOYSOUND は，音楽の MIDI データを電話回線によってカラオケ端末に配信するシステムでした。この仕組みを携帯電話への音楽配信に応用したのが「着信メロディ」（通称：「着メロ」）です。1996 年には単音の電子音を鳴らす機能が携帯電話に搭載されていましたが，99 年に NTT ドコモが開始したモバイル通信サービス「i-mode」は，携帯電話によるインターネット接続を容易にし，音楽配信の可能性を広げました（第 11 章）。同年には，通信カラオケの MIDI データによる配信を応用した i-mode 向け音楽配信サービス「ポケメロ JOYSOUND」が開始されます。日本ではモバイル通信と MIDI による音楽配信が結びつき，音楽業界でも通信業界でもなく，カラオケ業界が音楽配信を担うというめずらしい構造が 90 年代後半から 2000 年代に成立します（日高 2021; 小川 2010）。

▷ MP3 による音楽配信——iTunes と iPod

　MIDI による音楽配信に遅れて，MP3 による音楽配信が始まります。データの圧縮技術である MP3 は，1991 年にドイツのフラウンホーファー集積回路研究所で開発されました。MP3 は音響心理学と情報理論に基づき，人間の可聴域外の周波数やノイズを排除し圧縮することで，音質を保持したまま CD の 12 分の 1 程度までデータを圧縮できました。これにより CD のデータを MP3 に変換し，

iPod 1G
（出所）Wikimedia
Commons.

パソコンに音楽ファイルを保存することが容易になります。2000年代にはインターネットにより MP3 で音楽ファイルを配信することが可能になります（ウィット 2016）。

しかし，MP3 は MIDI に比べデータ量が増加したため，日本で本格的な MP3 による配信が始まるのは，第3世代高速データ通信（3G）のサービスが開始された 2001 年以降です（第11章）。04年には，各音楽会社が保有する楽曲の MP3 データを直接ダウンロード可能な「着うたフル」のサービスが始まっています（小川 2010）。日高良祐によれば，日本では MIDI から MP3 へのファイルフォーマットの転換は，既存のカラオケ業界中心の音楽配信事業の構造から，音楽会社による配信中心へと転換することを意味しました（日高 2021）。

MP3 による音楽配信はもう1つの大きな構造転換を引き起こします。テレビやカラオケと結びついた CD の流通，通信カラオケや i-mode と結びついた MIDI による音楽配信は，いずれも基本的には国内市場に閉じた流通の構造を維持するものでした。しかしインターネットを介した MP3 による音楽配信の拡大によって，ポピュラー音楽の流通にグローバル化の大きな潮流が押し寄せます。

2001年，「1000曲をポケットに」というキャッチコピーとともに，Apple 社がデジタル音楽プレイヤー「iPod*」（図版）を発売，音楽管理ソフト iTunes を立ち上げ，日本でもサービスを開始しました。当初はユーザーが CD から楽曲を MP3 でパソコンに取り込み，再生可能にする仕組みでしたが，03年には iTunes Music Store をオープンし，楽曲データを購入し iPod への直接ダウンロ

ードが可能になります。また MP3 より劣化が少なく圧縮性に優れた ACC というデータ形式を採用し MP3 と併用することで，iPod はデジタルベースの携帯音楽プレイヤーとして全世界で高いシェアを獲得し，06 年には日本でも iPod はシェア 60% に達しています。

▷ YouTube による音楽と映像の流通

音楽の流通のグローバル化を進めたもう 1 つの契機が 2005 年にサービスを開始した YouTube*です。YouTube は当初，短時間の動画を投稿・共有するサイトにすぎませんでしたが，利用者の急速な拡大とともに機能を拡張し，06 年にはワーナーミュージックと契約，広告収入の一部支払いを条件にミュージックビデオ（MV）視聴のライセンスを得ます。

この契約が画期的だったのは，ワーナーミュージックが権利をもつ MV が無料で公開されただけでなく，YouTube が投稿動画を解析し，著作権がある音楽の使用を自動的に判定するシステムを構築した点にあります。YouTube は急成長したものの，著作権関連の訴訟リスクがたびたび問題視されていましたが，このニュースは契約と技術の両面で問題解決の見通しが立ったことを予感させました。そのわずか数週間後，Google 社は総額 17 億ドルで YouTube を買収します。2008 年には日本でも社団法人日本音楽著作権協会（JAS-RAC）との間で楽曲の包括的な利用許諾契約が締結されました。

2009 年には R&B のカバー動画の投稿をきっかけに弱冠 15 歳のジャスティン・ビーバーがデビューし，ネット世代が生んだ新たなスターの象徴となります。また 12 年には韓国のラッパー PSY の「江南スタイル*」の MV が YouTube を通じて世界中でヒットし，史上はじめて再生回数 10 億回を突破します。この MV は後の K-POP の世界的な流行に先駆けて，音楽の流通構造が大きく変化し

コラム 10　K-POP とマネジメントシステム　　2010 年代以降，世界中で流行した K-POP は，金成玟（2018）によれば，1980 年代にアメリカ発の MTV と日本発のアイドルという 2 つの「観る音楽」が，それまでの韓国歌謡にはない新しいポップスとして受容されることで生まれ，90 年代以降，独自のスタイルを築いていきます。金は音楽的特徴だけでなく，K-POP はマネジメントシステムにおいてもアメリカと日本の両者の影響を受け，楽曲だけでなく音楽産業やメディアの構造と結びついた独自の組織化を達成しており，その存在がアメリカや日本のポップスとも異なる K-POP の特徴を生み出していると論じています。第 5 章と本章では主に日本国内のポピュラー音楽の歴史を扱いましたが，岩渕（2006）のように東アジア圏におけるポピュラー文化の相互交流という視点から，あるいは世界音楽史の観点から J-POP と K-POP の関係史を捉え直すことも重要な課題といえるでしょう。

つつあることを明確な数字で示しました。同年には YouTube 全体の再生回数トップ 10 のうち 4 本が音楽関連動画となり，YouTube は世界中で音楽を流通させるだけでなく，その成長にとって音楽は欠かせない要素となります。

　日本でも 2012 年には YouTube などの動画サイトが最も利用率の高い音楽メディアとなり，10 代から 20 代の「未知のアーティストの新品 CD 購入のきっかけ」で最も高い割合を示すなど，「従来のテレビのポジションに食い込んでいる」と報告されています（日本レコード協会 2013: 24）。

　一方，日本では 2006 年にドワンゴにより会員制動画サイト「ニコニコ動画」が設立されました。ドワンゴはもともと 1990 年代にオンラインゲーム関連会社から始まり，2000 年代に i-mode 向けのゲームや着メロ，着うたのサービスで成長します。ニコニコ動画

は，再生中の動画にリアルタイムでコメントを付与できる機能が特徴で，実際のユーザーの視聴時間はバラバラであっても，コメントを共有することで疑似的に視聴体験を共有することが可能です。濱野智史は，疑似的な一体感を反復して体験可能にする点で，ニコニコ動画はネット上でかつてのテレビの「お茶の間」をバーチャルに再現しており，日本独自のネット文化を生成させる基盤になったと論じています（濱野 2015）。

⟩ 制作のソフトウェア化

2000 年代半ばには音楽の制作過程も，1980 年代の YMO や 90 年代の TM NETWORK とは異なる段階を迎えます。2008 年に放送された番組（テレビ東京『音遊人』2 月 10 日放送回）では，音楽プロデューサー中田ヤスタカの自宅にある「スタジオ」が紹介されていますが，しかしそれは大規模な設備や機材，専門的なスタッフを擁したアナログ時代のスタジオとはまったく異なります。基本的な設備はデスク上に収まるパソコンと鍵盤，スピーカー，サブのモニタとノートパソコンのみであり，まさに Desktop Music（DTM）の時代を体現しています。

2000 年代には音楽や映像の制作において，コンピュータを用いた編集が主流になります。編集作業は基本的にコンピュータで行われるようになり，音質や音量の調整，素材の合成といった作業は，画面に表示されたデータをペンタブレットやマウスで操作することによりソフトウェア上で完結します（小田原 2005; 図版）。

マノヴィッチによれば，コンピュータは既存のメディアをソフトウェアによってシミュレートするだけでなく，以前は存在しなかった新しいメディア・ハイブリッドを生み出します（Manovich 2013; 第 2 章）。1980 年代にはパソコンとシンセサイザーや他の電子楽器，

ソフトウェア化された制作環境（2010年）

（出所）Future Music Magazine, getty images.

ハードウェアを接続して音を制御していましたが，2000年代にはそれらの装置や機能はソフトウェアに置き換えられていきます。あらゆる楽器はソフトウェア化され，融合し，パソコンの画面上で新しいメディア・ハイブリッドを構成します。まさに音楽制作のデジタル化と技術の進展によって，「『楽器』や『演奏』『作曲』の概念が，従来のそれとは異なったものに変容」してしまったのです（増田 2008: 6）。

声のソフトウェア化

2008年の中田のスタジオで特徴的なのは，ボーカルの編集作業だといえるでしょう。中田は，デスク横に設置されたボーカルブースで録音した歌声を素材にして，他の楽器音と同じように音程やピッチを編集し，元の声から離れた音に加工しています。03年から中田がプロデュースに加わった Perfume は，音程の揺らぎを補正し，均質にするソフトウェア「オートチューン」を使ったボーカルが特徴で，06年の楽曲『コンピューターシティ＊』では，ソフトウェアで調整された歌声が，曲の展開に従って楽器のように音質を変化させていきます。

同時期の J-POP に導入されたのが，ソフトウェアによる歌声合成技術です。電子的な歌声の合成はシンセサイザーの開発当初から試みられており，YMO も使用したヴォコーダーなどの装置が開発

されましたが，本格的なソフトウェア化が進展するのは 2000 年代だといえるでしょう。03 年にはヤマハ社が歌声合成技術「VOCALOID[*]」を発表しますが，当初は自然な歌声合成が困難で普及しませんでした。しかし 07 年にヤマハ社は新しいソフトウェア開発に当たり，自然な歌声ではなく，「初音ミク」という「架空のキャラクターが歌う」というコンセプトを前面に押し出しました。結果として，アニメやゲームのキャラクター文化と結びつき，アマチュアによる音楽制作で人気を集めることになります（柴 2014）。

▷ 動画サイトと共同制作

その際に重要な役割を果たしたのが，YouTube やニコニコ動画などの動画サイトです。動画サイトと歌声合成技術は，ソフトウェア化された音楽制作と，動画や画像，3DCG やアニメーションの制作に携わる映像系のクリエイターを結びつけ，ジャンルを超えたユーザー生成型コンテンツ（UGC）の共同制作の舞台となりました。また音楽制作や動画編集から派生して，既存の楽曲にアマチュアが歌や踊りをつける「歌ってみた」「踊ってみた」と呼ばれる参加型の動画が多数投稿され，使用された楽曲がまた注目を集めるという循環が成立します。UGC は既存の音楽産業の外側でヒットを生み出し，その後 VOCALOID による楽曲制作を行っていたクリエイターから，米津玄師や YOASOBI のように，J-POP のメジャーな舞台に参入する新しい才能がデビューします[*]。

2000 年代末には，ボーカルエフェクトと歌声合成技術によりソフトウェア化された声の文化が J-POP に導入され，独自の展開を遂げました。その機械的な「声」は賛否両論を巻き起こしますが，人間が歌うことが難しい高速で複雑なリズムの曲や，高音や転調が連続する曲に声を乗せることで表現の幅を広げていきます。それは

新たな声の文化であると同時に，音楽制作のデジタル化とDTMの普及，動画サイトの発展という世界的な潮流の帰結でもあったのです。

2010年代になると音声合成技術はより洗練され，Googleアシスタントや Siri，Alexa など音声アシスタントの領域で，音声認識やAI，スマートスピーカーとともに発展していきます。

2 ライブ市場の拡大とSNS

▷ ライブ市場の拡大

柴那典によれば，2000年代には音楽のデジタル化が進展し，CDの売上が減少，ドラマの視聴率やカラオケボックスの利用者も漸減するなど，1990年代に成立したポピュラー音楽のヒットの方程式が揺らぎます（柴 2016）。そのことにより売上の低下だけでなく，楽曲の多様性が損なわれることが懸念されました。なぜなら音楽会社やプロダクションは一定の売上が期待できるジャンルやグループにプロモーションを絞るため，ヒットチャートには同じような楽曲が並ぶことになるからです。実際，熱狂的なファンを抱える特定のグループに売上が集中し，2010年にはオリコン年間シングルトップ10を，嵐とAKB48が独占することになります。

その一方でこの時期に急速に拡大したのがライブ・コンサート市場です。1980年代半ばから大規模化したポピュラー音楽のライブ・コンサートは，大音響のなかで身体を動かし，歌手と参加者が一体感を得る空間として人気を集め，90年代には大規模な野外ロック・フェスティバルも開催されるようになりました（小川 2010）。しかし90年代までは音源の販売が中心であり，ライブはあくまで

CD の発売に合わせたプロモーションの側面が強かったのに対し，2000 年代後半以降はライブ市場の動向が音楽産業の構造を左右するようになります。

日本レコード協会によると，最も CD が売れた 1998 年の音楽ソフト生産額は 6047 億円でしたが，2015 年には 2544 億円まで落ち込みます（**図 6-2**）。これに対し，コンサートプロモーターズ協会によれば，ライブ・コンサート市場は 1998 年の 710 億円から 2015 年には 3186 億円へと拡大，とくに 2005 年の 1049 億円から 10 年間で約 3 倍の伸びを示しました（**図 6-3**）。この間，2014 年にライブ市場は音楽ソフトの市場規模を抜き，音楽産業の構造が音源中心から興行を中心とするものに転換したのです。

デジタル化以降の CD 売上の低迷とライブ市場の活性化という傾向は，日本だけでなく，グローバル化した音楽産業全般に見られる傾向です。たとえば北米の音楽市場の規模は 1999 年に，CD の売上は 2000 年にピークを迎え，以後縮小を続けます。06 年にはタワーレコードを経営する MTS 社が倒産法を申請し，アメリカでの店舗営業が終了しています。しかし音楽市場全体の縮小傾向は，ライブ市場の活性化により 10 年に上昇に転じ，10 年から 13 年の間で 15％，15 年までに 30％ 上昇しました（Naveed et al. 2017）。また 16 年の北米の消費者の音楽関連支出額のうち，最も多かったのはライブイベントで 36％，CD とダウンロードが 21％，音楽フェスティバルが 8％，ストリーミングは 6％ でした（Nielsen 2016）。10 年には，ライブ事業，チケット販売，広告事業を統合する世界最大規模のライブエンターテインメント企業であるライブネーション・エンターテイメントが誕生しています。

ライブ市場拡大の要因については以下の 2 点が指摘されています。1 つはアーティスト側の要因です。CD による収益が落ち込み，

図 6-2 音楽ソフトの総生産金額

（出所）日本レコード協会のウェブページをもとに作成。

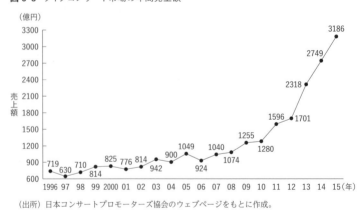

図 6-3 ライブコンサート市場の年間売上額

（出所）日本コンサートプロモーターズ協会のウェブページをもとに作成。

ストリーミングやダウンロードの収益分配率の低さに対する不満が募るなかで，ライブに活動の拠点を移すアーティストが増加しました。チケットだけでなくグッズの販売，ライブ映像や配信も含めたライブ関連の収益は，活動継続のための重要な資金源となります。

もう 1 つはファンの側の要因です。インターネットで膨大な楽曲を無料で視聴可能になった結果，むしろ録音や配信では得られない音楽経験としてのライブに付加価値が見出されるようになります（Naveed et al. 2017）。ライブよりも音源のほうがしばしば音質がよく，大規模な会場では演奏も十分に見えません。にもかかわらず，ライブという一回的な場に参加した事実は，ファンにとって他に代えがたい固有の価値をもつことになります（Auslander 2008）。

⬜▷ ライブ空間の技術化

　音楽における一回的なライブの価値は，しばしばデジタル化やオンライン化と対比的に捉えられます。しかしフィリップ・オースランダーは，ライブとメディアに媒介されたイベントを対立させ，前者こそが現実であり，後者が 2 次的あるいは単なる人工的な複製だとする考えを批判しています（Auslander 2008）。ライブとメディア化されたパフォーマンスは，ともに現在のメディア化された環境のなかに埋め込まれており，相互に影響を与えつつあるのです。

　たとえば BUMP OF CHICKEN の「虹を待つ人」の MV[★]（2013年）は，2010 年代のライブとメディア化されたパフォーマンスの相互的な関係を浮き彫りにしています。MV では音楽の展開とともに映像は次第にライブ会場に近づき，クライマックスがライブシーンに設定されています。ここで MV は，音源やバンドのプロモーション，タイアップした商品やドラマの宣伝ではなく，ライブツアーのプロモーションとして機能しています。音楽産業全体のライブシフトにより，10 年代には YouTube でのライブ映像の公開や，ライブ映像を再構成した MV が増加します。

　また MV に登場するライブ会場は巨大なスクリーンが設置されるなど，きわめてメディア化された空間でもあります。2010 年代

2010 年代の技術化したライブ会場（Sonar Music Festival）
（出所）Miguel Pereira, getty images.

に大規模化したライブ会場では，楽器や音響のみならず，舞台装置や空間演出にもさまざまな技術が導入されていきます*（図版）。デジタル化以降に再設計された「ライブ」において，メディア技術はライブパフォーマンスと分かちがたく一体化しているのです。こうした大規模なライブ空間が成立するうえで，1980 年代末から 2000 年代にかけて各地で建設された高性能な設備を有するドーム球場やスタジアムが重要なインフラになりました。19 年には，4 万人以上の大規模会場での公演増に牽引され，ライブ・エンターテインメント市場は統計を開始した 2000 年以来最高の 6295 億円を記録します（ぴあ総研 2020）。

SNS によるライブ体験の拡張

　オースランダーは，物理的な共在を前提とする「古典的なライブ性（liveness）」やマスメディアによる「放送されたライブ性」，ライブの録音や映像など「記録されたライブ性」と区別して，オンラインを通じた共在の感覚を「ネットのライブ性」，モバイルメディアで常時連絡を取り合うことで生まれるライブ性を「ソーシャルなライブ性」と位置づけました（Auslander 2008; Coudry 2004）。こうしたネット以降のライブ性の変化はファン活動にも影響を与えています。

　ファンはライブに参加するだけでなく，バンドのグッズを身にま

とい，ときには遠く離れたツアー先まで遠征し，会場の前で記念写真を撮影し，SNS で共有します。その一連の過程もまた拡張されたライブ経験の一部になっているのです[*]。メディア化されているのはライブ会場だけではありません。ライブに参加する過程もまた常時スマートフォンや SNS で媒介されており，一回的なライブ経験も随時 SNS で共有されます。古典的なライブ性は常にネットのライブ性やソーシャルなライブ性と隣り合わせになっています。この時期に拡大したライブはけっして非デジタル的な経験ではなく，永井純一が指摘するように，さまざまな段階でデジタルメディアとの「共存共栄」により可能になっており，ライブ経験は SNS やネットで絶えず共有され拡張していくのです（永井 2017）。

フルタイム・ファンダムの形成

　こうした音楽経験の SNS による拡張は，ファンダムと呼ばれる熱心なファンたちによる活動も変化させていきます。大尾侑子によれば，モバイル端末で「いつでも／どこでも」ファン活動が行われることで，2000 年代半ばの「エブリデイ・ファンダム」を経て 10 年代には「フルタイム・ファンダム」の状況が生まれました（大尾 2021）。アーティストの情報は各種 SNS や動画サイトを通じて常時供給され続け，ファンも絶えず SNS で発信を行い，YouTube の動画再生に貢献します。そうした一連のファン活動のクライマックスがライブ会場や握手会などアーティストとの親密性を直接確認する場であり，その経験や情報はまた SNS を通じて拡散されます。K-POP やアイドルグループなどに顕著なフルタイム・ファンダムの形成は，音楽だけでなく，ファンもまた徹頭徹尾，現在のメディア環境に埋め込まれていることの証左といえます。

　ただし，無償のファン活動を献身的なギフト行為と見るか，音楽

産業とマーケティングによる巧妙な搾取と捉えるかについては，意見が分かれるところかもしれません。いずれにせよ，「無償」の「ギフト」に見える行為が，実質的には労働や資源の提供に近づくことは，現在のネットサービスの構造をよく表しているといえるでしょう。

3 ストリーミングとアルゴリズム

▷ ストリーミングの拡大

世界の音楽市場の推移を媒体別に見ると，2000 年代までの音楽産業は音源データのダウンロードが伸びつつあるものの，CD の急激な落ち込みをカバーできず，全体として録音音楽の市場は 01 年の 236 億ドルから 10 年の 149 億ドルまで 6 割に落ち込みました（**図 6-4**）。これに対し，一方で 2000 年代から 10 年代には前節で論じたようにライブ市場が拡大しますが，他方で 10 年代後半から急速に市場を拡大したのがストリーミングです（IFPI 2021）。ネットフリックス（第 10 章）が日本に上陸した 15 年には，Apple Music と LINE MUSIC がサービスを開始，翌年には Spotify が日本でもサービスを開始しています。

2019 年の調査によれば，ストリーミングの普及が遅かった日本でも，音楽聴取方法は 1 位 YouTube（54.9%），2 位テレビ（46.9%），3 位 CD（41.8%）に続く 4 位に定額制音楽配信サービス（26.1%）が入りました。20 年の調査では，定額制音楽配信サービスは 35.1% で CD の 32.8% を抜いて 3 位に浮上しています。とくに 10 代で 53%，20 代で 49% に達しており，この年代ではテレビを抜き，YouTube に次ぐ 2 位となり，テレビとラジオの利用率が高い 50 代

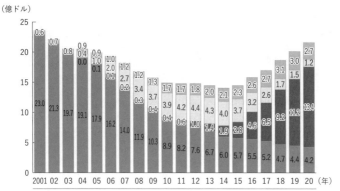

図 6–4 世界の録音音楽産業の売上

(億ドル)

	2001	02	03	04	05	06	07	08	09	10	11	12	13	14	15	16	17	18	19	20 (年)
演奏権収入・シンクロ権収入	0.6	0.7	0.8	0.9	0.9	1.0	1.2	1.2	1.3	1.7	1.7	1.8	2.0	2.1	2.3	2.6	2.7	3.1	3.0	2.7
ダウンロードとその他デジタル				0.0	0.1	0.1	0.2	0.3	0.4	0.4	0.6	1.0	1.4	1.9	2.8					1.2
ストリーミング総計							2.7	3.4	3.7	3.9	4.2	4.4	4.3	4.0	3.7	3.2	2.6	1.7	1.5	13.4
				0.4		2.0										4.6	6.5	9.2	11.2	
音楽ソフト総計	23.0	21.3	19.7	19.1	17.9	16.2	14.0	11.9	10.3	8.9	8.2	7.6	6.7	6.0	5.7	5.5	5.2	4.7	4.4	4.2

総売上高 23.6 22.1 20.5 20.4 19.9 19.3 18.1 16.8 15.7 14.9 14.7 14.8 14.5 14.0 14.5 15.8 17.0 18.7 20.2 21.6 (10億ドル)

● 音楽ソフト総計　● ストリーミング総計　○ ダウンロードとその他デジタル
● 演奏権収入・シンクロ権収入

(出所) IFPI 2021 をもとに作成。

以上と好対照を成しています（日本レコード協会 2020; 2021）。

　先述したように，2000 年代にはインターネットを経由した音楽配信は楽曲データのダウンロードが主流でしたが，違法ダウンロードやファイル共有が絶えず問題となっていました。これに対し，ストリーミングの基本的な仕組みは，ユーザーのローカル環境にコピーを残すことなく，サーバーにある曲のデータを一時的にダウンロードし再生するものであり，複製を残さないため著作権法の対象となりません。事業者は楽曲が再生された回数などに基づいて，権利をもつ音楽会社やミュージシャンに対価を支払います。

　CD や音源データのダウンロードと比較した際のストリーミングサービスの特徴の 1 つは，サーバーにストックされた膨大な楽曲へのアクセスが可能になることにあります。また音楽ストリーミングサービスの Spotify ではアマチュアであってもレコード会社に所

属することなく，一定の審査を経れば配信が可能です。そのため音楽配信各社は，膨大な楽曲のストックや日々追加されていく新しい楽曲のなかから，ユーザーがそのときに聴きたい曲を効率的に選択し，好みの曲を発見するためのインターフェイスデザインとアルゴリズムによるリコメンデーション機能（第2章）を洗練させていきます（Goldschmitt & Seaver 2019）。

▷ アルゴリズムとキュレーション

　2013年に Spotify 社は音楽リコメンデーションサービス Tunigo（チュニゴ）を買収，14年には音楽データ解析プラットフォーム EchoNest を買収します。同年には Apple 社が，パーソナライズされた会員制音楽提供サービス Beats Music を買収します。一方，Google 社はユーザーの文脈に合わせた音楽のリコメンデーションを特徴とする Songza（ソングザ）を買収し，15年に新たなストリーミングサービス You-Tube Music（21年に Google Play Music と実質的に統合）を開始するなど，10年代半ばにプラットフォーム各社は競って推奨機能の強化を進めました。

　カリアン・E・ゴールドシュミットとニック・シーヴァーによれば，アルゴリズムによる音楽の推奨機能は主に以下の3つのタイプに分けることができます。(1) ユーザの聴取パターンに基づく推奨，(2) 楽曲の内容や特徴に基づく推奨，(3) ユーザーの位置情報や時間など聴取の文脈に基づく推奨です（Goldschmitt & Seaver 2019）。聴取の文脈に基づく推奨の例として，2016年に開始された Spotify Running を挙げることができます。これはジョギングや歩行のリズムに合わせた曲をアルゴリズムが選曲し，プレイリストを作成する機能です。

　Spotify はアルゴリズムによる推奨だけでなく，著名なアーティ

ストから匿名のチームまでさまざまなキュレーターが作成したプレイリストも提供しています。ここで人間の専門家によるキュレーションとアルゴリズムによる推奨は，単純な二項対立の構図に収まるものではありません。キュレーターが作成したプレイリストは，自動的にアルゴリズムによる推奨の素材になります。キュレーター側もSpotifyのプロ用ツールを使用し，年代やテンポといった数値化できる指標だけでなく，感情やサウンドの特性といった直感的な指標から音楽を検索し，リストを作成しています。したがって，推奨機能は多様な技術の複合体であり，人間とアルゴリズムの協働の結果でもあるのです（Goldschmitt & Seaver 2019）。Spotifyは上述した複数の推奨機能を組み合わせ，さらに機械学習でその最適な配分を設定し，ユーザーに提示しています。

▷ プラットフォームと監視技術

　ストリーミングは，楽曲データへのアクセスの利便性を高め，2000年代にCD売上の減少と違法ダウンロードに悩まされた音楽産業に再成長をもたらすといわれています。16年にゴールドマン・サックス社は，ストリーミングの拡大により，再びライブ中心からストリーミングを含む録音音楽中心へと収益構造が変化し，30年には音楽産業の収益は2倍に成長すると予想しました（Goldman Sachs Group 2016）。

　こうした期待の一方，音楽産業がストリーミングを中心に再編されることへの批判もあります。結局のところ音楽ストリーミングサービスは，さまざまな機能によりユーザーの情報と注意を集め，広告を売るための洗練された技術になっており，プラットフォーム企業が収益を上げるための道具になっています。その視点からすれば，音楽という文化と創造のための共有資源（コモンズ）は，プラット

> **コラム11 デジタル時代のレコード文化** 2000年代後半には，さまざまな分野でアナログメディアの再流行が起きましたが，音楽ではレコードの生産が上昇します。世界のレコード生産は1990年代から減少を続けていましたが，2000年代後半から上昇に転じ，2012年には1997年以来の最高水準に達します。これは一過性の流行ではなく，2010年代も着実に拡大し，20年にはアメリカでレコードの売上がCDを逆転するに至ります（Friedlander 2020）。ドミニク・バートマンスキーとイアン・ウッドワードはデジタル時代のレコード文化に注目し，11年から14年にベルリンの音楽関係者にインタビューを行い，40以上のレコード店を調査しました。その結果2人は，レコードを愛好するミュージシャンは古い時代に回帰したのではなく，ベルリンのダンスミュージック，クラブミュージックはレコードとデジタル技術を組み合わせて音楽を発展させ続けてきたことを明らかにします。レコードは過去のメディアやノスタルジーの対象ではなく，ベルリンという都市とライフスタイルに根づいた独自の歴史と固有の経験をもち，人々はその文化に愛着を抱き続けているのです（Bartmanski & Woodward 2015）。

フォーム企業の効率的で私的な収入源に変わってしまったといえるかもしれません（Scherzinger 2019）。またストリーミングサービスは，音楽によってユーザーの個人情報を収集し解析するという意味で，インターネットに張り巡らされた監視技術の一部として機能しています（Drott 2018）。

バズを作り出す

2010年代にストリーミングがますます大きな位置を占めるようになったことは，音楽自体にも影響を与えています。ストリーミングは，音楽をパッケージ化された楽曲の単位やモノから解放する側

面がありますが，その一方でアルバムやシングルといった概念やそれに基づく作品性をストリーミングという絶え間ない音の流れのなかに雲散霧消させてしまったかもしれません。また楽曲の構造もストリーミングに合わせて変化しています。Spotify では最低 30 秒再生されなければアーティストに収益が分配されません。そのためすぐにスキップされないようにイントロは短くなり，最初の 30 秒にリスナーの注意を惹くためのさまざまなフックが仕掛けられるようになります（Hogan 2017; Gauvin 2017）。

　制作した曲をヒットさせるのではなく，Spotify でヒットする曲のデータや仕組みが分析され，それに基づいて曲が制作されていくのです。これは Spotify のようなストリーミングのみならず，2010 年代後半以降，音楽がますます TikTok やインスタグラムのリール機能など，ショートムービーや SNS とともにグローバルに流通していることとも関係しています。

　とりわけ 15 秒程度の動画を中心とする TikTok は，断片的な視聴による瞬間的なアテンションの獲得が重要になるメディアです。短時間でさまざまなフックを仕掛け，立ち止まらせ，注意を惹き，再生と共有が繰り返されることで，熱狂的な人気を生み出すこと。これが音楽のヒットにとって重要になり，ポピュラー音楽がその構造に合わせて制作されるようになります。結果として，言語や文化を超えて流通し，複数のメディアを横断しやすい印象的なリズムの反復やダンスが中心化します[*]。これは歌が中心の A メロ・B メロ・サビを基本とする 1990 年代 J-POP の構造とは大きく異なっています。

2020 年のビルボード

　CD の売上という単一的なヒットの指標が機能不全に陥った後，

> **コラム12　流行歌と心情の歴史**　　見田宗介は『近代日本の心情の歴史——流行歌の社会心理史』のなかで，流行歌を「時代の心情の記号」として，その時代に生きる民衆の心情が固有の形態で発現したものとして読み解いています（見田 1983）。そのとき見田がとくに注目するのは，歌詞と歌詞のなかに繰り返し現れるモチーフや感情の表現であり，その視点から流行歌を分析することで，1868 年から 1963 年までの近代日本の心情の歴史的変遷をたどっています。
>
> 　それに対し本書では，1979 年の『ラジオスターの悲劇』を除いて，歌詞や曲調，うたの問題をほとんど扱っていません。これは主にメディアに注目するアプローチの限界でもありますが，同時に 70 年代以降の流行歌における映像や他の産業分野との関係の深化に伴う，歌詞の位置の変化を示しているといえるでしょう。現代において歌詞や曲調をいかに分析することができるかを考察すると，現在のポピュラー音楽の特徴がより明確になるかもしれません。佐藤（2019），細馬（2021）も参考になるでしょう。

Column 12

2000 年代から顕著になった音楽の流通経路の多様化は，楽曲の特徴や聴取形態の変化，音楽産業の構造転換をもたらしました。20 年のビルボード・ジャパンのランキングは（図版），CD セールス数，ダウンロード数，ストリーミング数，ラジオ放送回数，PC による読取回数，楽曲・アーティスト名のツイート数，YouTube 再生回数，カラオケで歌われた数を総合した順位になっており，総合順位と個別指標の順位では楽曲ごとに大きな違いが生じます。

　ビルボードの指標の多様化と順位の分散は，現在の音楽の流通経路の多様性と見通しがたさ，音楽経験の個別化と分散を端的に示しています。もはやかつてのように皆が共有できるようなヒット曲は生まれなくなり，SNS によって関心は島宇宙化し，局所的なヒッ

総合順位									
1	炎 LiSA	4	1	2	3	1	2	2	1
2	Dynamite BTS	-	4	1	4	-	7	1	-
3	夜に駆ける YOASOBI	-	3	4	1	-	4	3	4
4	ドライフラワー 優里	-	-	3	-	-	-	5	6
5	Step and a step NiziU	3	-	9	-	3	-	7	-

ビルボード・ジャパンのランキング（2020 年 12 月最終週）
（出所）ビルボード・ジャパンのウェブサイトをもとに作成。

トへ分散していくという指摘や（柴 2016），メディアの発達にもかかわらず，ミュージシャンがライブに活動の拠点を移す様子が，まるで中世の吟遊詩人に戻るかのようだという評価もあります（Scherzinger 2019）。またある論文は，ストリーミングと結びついた AI，機械学習，VR，ビッグデータ，SNS との共進化によりライブ産業は，「ライブ＝ストリーミング音楽産業」へ転換したと論じています（Naveed et al. 2017）。

　古くから「歌は世につれ，世は歌につれ」という言い回しがあります。流行歌と世の中の動向は相伴って変化してきましたが，とりわけ 1980 年代以降，「歌」と「世」の間をつなぐメディアの役割が大きくなります。新しい音楽番組の登場，テレビドラマとのタイアップ，楽器の電気化と電子化，制作と演奏のコンピュータ化，録音技術のデジタル化，動画サイトの発達，制作のソフトウェア化，ライブの技術化，ストリーミングの拡大など，音楽とメディアは互いに影響を与えながら長期的に変化してきました。

　通常，音楽の歴史は時代ごとの楽曲やジャンル，ミュージシャン

やその時代背景を中心に語られます。しかし音楽を流通させるメディアに注目すると，また別の視点が得られるのではないでしょうか。そしてその歴史は，今後のメディア文化の変容を見通す際の重要な手がかりになるのです。

/// *Exercise* 演習問題 *///*

6.1 2000 年代に音楽と映像がともにコンピュータで制作・編集され，YouTube などで流通するようになったことで，音楽と映像の関係はどのように変化したと考えられますか。1980 年代から 90 年代のテレビと音楽の関係と比較して回答してください。

6.2 なぜデジタル化が進展した 2010 年代以降，音楽産業のなかでもライブ・コンサート市場が急拡大したと考えますか。

/// *Report assignment* レポート課題 *///*

2010 年代にはライブ・コンサート市場の拡大とストリーミングの伸長が音楽産業の構造を変化させていきました。20 年代以降も，この傾向は維持されるでしょうか。それとも何らかの変化が起こるといえるでしょうか。根拠を挙げて説明してください。

都市空間の
メディア化

Quiz クイズ

Q7.1 渋谷に PARCO，東急ハンズ，ファッションコミュニティ 109
ができたのはいつか。
a. 1970 年代　**b.** 1980 年代　**c.** 1990 年代　**d.** 2000 年代

Q7.2 「アーバン・ルネッサンス」計画により，都心開発が経済政
策の中心に位置づけられたのはいつか。
a. 1975 年　**b.** 1983 年　**c.** 1991 年　**d.** 1999 年

Q7.3 「バブル崩壊」と呼ばれる，高騰した都心部の地価の急落が
起こったのはいつか。
a. 1975 年　**b.** 1983 年　**c.** 1991 年　**d.** 1999 年

★本章の学習をサポートするウェブ資料は，右の QR コードよりご覧い
ただけます。

Answer　クイズの答え

Q7.1　a.　　　Q7.2　b.　　　Q7.3　c.

Chapter structure　本章の構成

⟶　1980 年代の都市とメディア

　第 1 章で紹介したように，マーシャル・マクルーハンにとって都市空間もまたメディア化した環境に他なりません。マクルーハンは，道路や鉄道が，空間の構造や人々の行動と集合のパターンを変化させることを論じました。またテレビや広告といったメディアが日常生活に浸透し環境化することで，人間の行動や文化の形成に影響を与えることを指摘し，将来的にはコンピュータが私たちの環境をプログラムするようになるだろうと述べています。都市空間にはさまざまなメディア技術が張り巡らされており，その構造に深く浸透することで環境化し，人々の行動や文化の新たなパターンを生み出します。

　本章では，メディアと都市の相互的な関係を，1970 年代から 80

年代の東京，とりわけ渋谷駅周辺地域の開発から考えます。東京という都市の特徴の1つは，鉄道を中心として発達した点にありますが，この時期の渋谷では，駅周辺に立地する百貨店や商業施設が人やモノの流れを生み出し，街区を変化させていきます。また第5章で見たように，カラーテレビの世帯普及率が飽和し，ドラマやCMが都市と都市的な生活のイメージを作り出します。この時期に渋谷は，鉄道と駅前開発，百貨店や商業施設の整備，広告やテレビによるイメージ形成が結びついた大規模な都市開発の舞台となり，その姿を大きく変えていくのです。80年代後半には都心開発が日本経済の牽引役に位置づけられ，東京がニューヨークやロンドンと並ぶ世界都市の1つと見なされるようになります。

1 鉄道と商業施設

▷ 鉄道と百貨店というメディア

　日本の私鉄経営のモデルは阪急電鉄の小林一三（いちぞう）によって作られたといわれます。まず鉄道を敷設し，沿線の土地に住宅地を作り，ターミナル駅には買い物客のための百貨店や商業施設，映画館など娯楽施設を開設します。郊外には余暇のための観光・レジャー施設，野球場やスタジアムを作り，大学や研究施設，企業や工場を誘致します。そうすることで，住宅と都市，消費と娯楽の場を総合的に開発し，鉄道経営と沿線開発の循環により利益を上げ，人の流れを変え，都市を発達させるのです。またそれは単なる鉄道経営ではなく，沿線に暮らす新しい都市中間層のための生活文化を生み出しました（津金澤 2018）。戦前の関西で阪急電鉄が試みた手法を，関東では西武鉄道の堤康次郎，東急鉄道の五島慶太が取り入れ競合してきまし

た。戦前から続くこの競合の歴史が，渋谷を舞台とする都市開発にも現れています。

　鉄道と百貨店は，したがって単なる効率的な移動手段や消費の空間ではありません。若林幹夫は「鉄道という交通メディア」は大都市を中心に交通を中央集権的に再編し，「人間の行為や経験の構造を変容させる技術的装置」であると論じています（若林 1996）。また原武史によれば，戦前の関西の私鉄は「地域住民の新しいライフスタイルを生み出す文化装置」でもあったのです（原 2020）。

　一方，神野由紀によれば，百貨店はその黎明期から都市中間層の趣味や嗜好を形成するメディアとして機能していました（神野 1994）。吉見俊哉が指摘するように，百貨店は文化産業の一形態でもあり，イベントや展示を通じて都市文化を生み出す装置でもあったのです（吉見 1996）。

▷ 谷底のターミナル駅

　渋谷駅周辺は宇田川と穏田川が合流して渋谷川となる谷底に位置し，台地に囲まれたすり鉢型（鍋底型）の地形を特徴としています。

　その歴史は古く，日本鉄道の赤羽・品川間開通と同じ 1885 年（明治 18 年）に遡ります。1932 年までは東京市外に位置する豊多摩郡渋谷町でしたが，この年の市域拡張により，東京市に編入され渋谷区となりました。すでに渋谷駅には国鉄の山手線（現・JR 山手線），東京横浜電鉄（現・東急東横線），帝都電鉄（現・京王井の頭線），玉川電気鉄道（現・東急田園都市線）が乗り入れ，34 年には東急により駅直結の東横百貨店が開業します。38 年には東京高速鉄道（現・東京メトロ銀座線）が加わるなど，戦前にはすでに複数の路線が交わるターミナル駅として機能していました。

　現在では新宿・池袋とともに世界の乗降者数ランキングのトップ

3を占める渋谷駅ですが，1960年代までは他の2駅に比較して人出は少なく，あくまで郊外のターミナル駅の1つだったといわれます[*]。66年の『サンデー毎日』の調査では，都民の買い物客が支持する街は圧倒的な1位が新宿，2位池袋，3位上野，4位銀座，5位日本橋であり，渋谷の名前はトップ5にも挙がっていませんでした。この時期の渋谷は通勤・通学者にとっては通過点であり，駅近辺の施設を利用する近隣の沿線居住者を中心とする街だったといえます（上山 2011）。

◻▷ **商業施設と回遊路の形成**

　渋谷駅周辺は坂が多く施設が駅前に集中していたため，利用者が街を回遊せず，1960年代には新宿や銀座に比べて滞留時間がきわめて短いことが指摘されていました。この状況に変化が見られるのが70年代です。64年の東京オリンピックの際に渋谷神南に設置されたNHK国際放送センターに，会期後本部が移転し，73年に正式にNHK放送センターとして運用が開始されます。また東急本店と西武百貨店，丸井（現・渋谷マルイ）の開業に続き，70年代にはPARCO（73年），PARCO Part2（75年），丸井渋谷インテリア館（76年，現・渋谷モディ），東急ハンズ（78年），ファッションコミュニティ109（79年，現・SHIBUYA 109）が次々と開業します。

　これらの施設の特徴は，駅直結の東急百貨店東横店とは異なり，いずれも駅から離れた場所に位置し，谷底の渋谷駅から利用者を移動させ，街中を回遊させる効果をもった点です（**図7-1**）。清水嘉弘によれば，これらの百貨店，専門店，メディア施設は「群衆誘導装置」として機能し，1970年代には渋谷駅と各施設をつなぐ回遊路がヒトデ型に形成されていきます。80年代には回遊路の間をつなぐ路地，路地裏が蜘蛛の巣のように張り巡らされ，メインストリー

図 7-1　1980 年代の渋谷駅周辺と商業施設地図

トの大規模な商業施設だけでなく，路地裏に小さなブランドショップ，ファッション・雑貨店，カフェ，料理店が次々とオープンし，以前とは異なる賑わいを生み出します（清水 1997）。

▷ 渋谷 PARCO の開業と公園通りの整備

　こうした駅と商業施設をつなぐ回遊路の整備を，1970 年代にきわめて戦略的に行ったのが西武流通グループの西武百貨店と都市型ショッピングセンターの PARCO（パルコ）です。とりわけイタリア語で広場・公園を表す PARCO は，単なる商業施設ではなく，「劇場をつくり，展覧会を行い，心を解放する広場を創る」ことを掲げ，街自体を広場に変えることを目指します。

　渋谷 PARCO は 1973 年 6 月の開業に先駆け（図版），地元の商店街と連携し，区役所通りと呼ばれていた PARCO 前の坂道を「公園通り」に改称，洋風の街燈と「VIA PARCO」の標識を設置します。また 9 階の西武劇場（現・PARCO 劇場）を先行してオープンし，現

代音楽家の武満徹による「MUSIC TODAY」を開催し話題を集めました。

開業時には「すれ違う人が美しい——渋谷公園通り」をキャッチコピーに掲げ，クラシック馬車のパレードを行い，1カ月にわたっ

1973 年の渋谷駅前の様子
（写真提供）共同通信社。

て原宿表参道から PARCO 行きの馬車を走らせるなど，さまざまなイベントを行いました（増田監修 1984）。駅から 500 m 離れた坂道という一般的には不利な立地を逆手にとって，駅から PARCO に至る街路自体を造り替えることで，公園通り（VIA PARCO）を中心とした人の流れを生み出します。

▷ 商業施設の集積と街区の形成

PARCO の渋谷開発には 3 つの段階があります。第 1 段階（1973年から 76 年）では，駅と PARCO を結ぶ公園通りの整備が行われ，「ファッショナブルな『楽しく歩ける街』である公園通りがラインとして確立」します。第 2 段階（76 年から 81 年）では，この戦略を線から面へ展開し，「ゾーンとしての公園通り」の回遊性が高まり，商業施設が集積した結果，公園通りが「楽しく歩ける街」から「楽しく過ごせる街」へと発展します。またこの時期には公園通りの道幅を拡張し，洋風の電話ボックスやベンチ，時計，ウォールペイントを設置するなど，訪れるたびに新しくなる，絶えず変化する街が目指されます。そして第 3 段階（81 年以降）は，「情報と街が一体

> **コラム 13　秋葉原の変貌**　渋谷と同時期に起きた文化の集積と都市の変化の事例として，秋葉原を挙げることができます。森川嘉一郎によれば，1980 年代の渋谷が西武や東急を中心とする民間主導の開発によって形成されたのに対し，90 年代の秋葉原の変貌は特定の趣味をもつ人々の集積によってもたらされました。戦後，家電量販店や電子部品の専門店が集積する電気街として発達した秋葉原は，90 年代にはマニア向けのオーディオ製品やコンピュータ部品の販売店が集積するようになります。オーディオマニアや初期のコンピュータマニアには，アニメ・マンガ・ゲームに造詣が深い者が多く，とくに 90 年代後半のアニメ『エヴァンゲリオン』ブームの前後から関連する店舗が集積することで，街の景観にアニメやゲームの広告やキャラクターが浸透するようになります（森川 2008）。2000 年代以降は情報産業の振興やクールジャパン政策などを背景とした行政主導の駅前再開発により，IT ビジネスの新しい拠点を目指した秋葉原クロスフィードが開設されるなど，またその景観が変化しました。文化と産業の集積と街並みの変化という観点から，同時代的な現象として，渋谷と秋葉原を比較することができるでしょう。

になり，街がメディア化」する新しい段階に入ります（増田監修 1984；北田 2011）。

　公園通りを中心にした開発は，同時期に開業した丸井や東急ハンズなどの商業施設とも相乗効果をもたらし，渋谷という街の空間とイメージを変容させ，人の流れを変えていきます。こうした民間の商業施設を中心とする都市開発は，すでに施設が密集していた新宿や池袋とは異なり，渋谷が谷底の駅で，公園通りが人通りの少ない坂道だったからこそ実現可能だったといえます。

　1977 年には新玉川線（現・田園都市線）の渋谷・二子玉川間，翌年には地下鉄（現・東京メトロ）半蔵門線の渋谷・青山一丁目間が開

通するなど，ターミナル駅としての利便性も増した渋谷は，広域から人を集め，急速に若者の街としての性格を強めていきました。78年には『サンデー毎日』で「今，若者に一番人気のある街は，東京・渋谷の公園通り」と報じられるに至ります。

2 広告と都市空間

イメージ先行の戦略

　西武百貨店は，代表取締役（当時）の堤清二*が宣伝部長を兼ねるなど，広告を重視した「イメージ先行の戦略」を採用していました（上野 1991；吉見 2009）。これには相応の理由があります。百貨店では従来，商品情報を凝縮して掲載し，価格面で消費者にアピールする広告が一般的でしたが，取り扱い商品が数万点を超えると，商品情報を網羅することは困難になりました。そのため具体的な商品に依らず，百貨店の魅力や価値を提示する新しい形式の広告が必要とされます（橋本 1991）。西武グループは新しい世代のアートディレクター，写真家，デザイナー，コピーライターを積極的に起用し，宣伝広告を重視する方針を打ち出します。

　代表的な例は，1980年代に糸井重里が手がけた「じぶん、新発見。」「不思議、大好き。」「おいしい生活。」「ほしいものが、ほしいわ。」（図版）といったキャッチコピーが印象的なポスターや新聞広告です。「じぶん、新発見。」というコピーは，百貨店が単に物を売る場所ではなく，自分の可能性を発見する場でもあることを示し，「西武百貨店という場で，遊泳して，未知の可能性としてあるものを『発見』するよう」誘います（橋本 1991: 89）。「おいしい生活。」では，百貨店が商品だけでなく魅力的なライフスタイルを提供する

西武百貨店のポスター

場であることが示唆されます。しかしその広告は，西武百貨店で「おいしい生活」が手に入る（かもしれない）というイメージを提示するだけで，それが具体的にどのようなものか一切説明していません。

▷ PARCO の宣伝戦略

こうした西武グループのイメージ先行の戦略について，吉見は，「常に『イメージ』を『現実』に先行させることで，現実の不完全さを隠蔽するどころか，むしろそれを公然と作り変えていこうとする方向」（吉見 2009: 53）を示していたと指摘しています。これは「すれ違う人が美しい——渋谷公園通り」という PARCO 開業時のキャッチコピーにも表れています。開店前から公園通りに「すれ違う人が美しい」というイメージを付与することで，そのイメージに惹かれて集まる人々によって，現実の公園通りの風景が変わることが意図されています。

当初 PARCO が主要なターゲットにしたのは，代表の増田通二によれば，社会進出に伴って可処分所得をもつようになったシングルないし共働きの女性でした（上野 1991）。新たに出現した「強い女性消費者」に向けて，PARCO は石岡瑛子や小池一子，山口はるみといったクリエイターを起用し，新たなファッションと女性像を積極的に提示します。1975 年に石岡がアートディレクションを務めたポスターは「モデルだって顔だけじゃダメなんだ。」というコピーを採用し，ルッキズムとは別の価値を模索しました。また 77 年の「あゝ原点。」ではインドやアフリカの民族衣装を取り上げるな

ど，多様な女性とファッション像を広告によって提示しています。

　もう1つ特徴的といえるのが，PARCOのテレビCMシリーズです。具体的な商品の宣伝は一切なく，大半は抽象的な映像が続いた後に「PARCO」のロゴが表示されるのが特徴で，あえて明確な意味をもたせない（一見してよくわからない）その映像は，従来のテレビ番組やCMのなかで，強烈に差異を際立たせました。抽象度の高いイメージと「PARCO」の記号的な文字列は強い印象を残し，高橋源一郎は「ぼくの内側には"PARCO"という文字を見るだけで反応するような回路がつくられてしまった」と回想しています（高橋 1986）。PARCOの宣伝費は1970年代には営業経費全体の30％から40％と高い水準で推移し，新しい世代のクリエイターによる活躍の場となります（橋本 1991）。

▷ 都市空間の広告化

　PARCOの宣伝戦略は，1981年以降になると，「マスメディア型のイメージづくり」から「"場"づくり」へと重心を移します（増田監修 1984: 79）。この時期にはポスターやテレビCMによるイメージ形成と，店舗デザインや都市空間の設計，街路でのイベントやプロモーションが緊密に結びつけられました。北田暁大は80年代のPARCOの戦略について，「都市を広告にする」「都市空間そのものを変えてしまう」新たな宣伝手法であり，さまざまな媒体を使って企業イメージを長期的に作り出す広告＝都市開発だったと指摘しています（北田 2011: 67-68）。

　また1980年の広告業界誌でも，新しいメディアミックスの手法（第9章）として，「常識的に考えればメディアでないもののメディア化」たとえば「公園，ひろば，壁面，通路，街路，都市そのもの」をスペースメディアと位置づけ，「盛り場をいかにメディア化

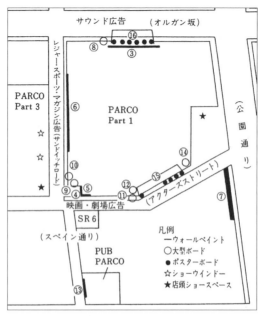

パルコ・アド・ランド・マップ
(出所) 増田監修 1984。

するか」が課題だと指摘されています（『ブレーン』20〔5〕，80年）。
実際，パルコは公園通りを取り囲むエリアを「パルコ・アド・ラン
ド」と名づけ，ウォールペイント，大型ボード，ポスターボードを
街路に設置し，店頭のショーウィンドーの装飾とともに街区全体を
広告メディア化していきます（図版）。

　さらに1975年にはPUB PARCO，82年には八番館パブ（飲食店
の集合ビル）とUp's4という飲食とファッションが融合した店舗を
開業します（橋本1991）。また買い物客がくつろぐ場として，PAR-
CO 1階にガラス張りの喫茶店を設けました。結果として売り場面
積は減少しますが，利用者が施設に滞留し，街を回遊する時間は長
くなります（増田監修1984）。飲食施設は商業施設，文化施設と一

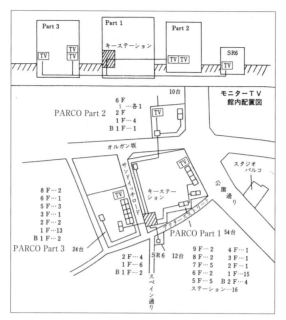

100 チャンネル TV の館内配置図
（出所）増田監修 1984 をもとに作成。

体となって賑わいを生み出し，ポスターや CM が作り出すイメージと相まって，公園通りに行けば何かがあると思わせる「魅力の演出」「場づくり」の機能を果たしました。難波功士はこうした戦略を，「広告の環境化」であり「環境総体の広告化」と呼んでいます（難波 2000）。

放送局とスタジオの開設

　店舗と街路のメディア性を高めるために，1983 年に PARCO は館内にスタジオを設け，PARCO Part1 から 3 の各所に設置した合計 100 台のテレビモニタと有線でつなぐ自前の放送局「100 チャンネル TV」を開局します（図版）。各階に設置されたモニタでは，常

時 PARCO の CM や西武劇場とホールで上映中の映画の宣伝など
を放映し，スタジオでのイベント開催時には生中継が行われました。
これにより，店舗の至る所を催事スペースに変え，広告と情報を流
通させるメディアに変えていきます。

こうした館内放送局は，既存のマスコミ的なテレビ放送とは異な
る機能をもちます。1980年代にテレビは高い普及率を誇ったがゆ
えに，視聴率と放送禁止事項を気にせざるをえず，均一化し，魅力
を失うことが懸念されていました。これに対し，100チャンネル
TVは店舗に集まる若者に直接，先鋭的・実験的な情報を届け，
「見る」だけでなく，スタジオと連動した「創る」「参加する」「体
験する」ことを可能にする仕組みを目指しました（増田監修 1984）。
これは同時期の「(高度)情報化社会」「ニューメディアの発達」
「映像メディアのハイテック化」を視野に入れた実験でもあったの
です（第9章）。店舗をメディア化する試みは90年代末の東急によ
る QFRONT（第8章）の構想にも引き継がれています。

▷ **情報誌とテレビドラマ**

1970年代から80年代に渋谷は都市空間と広告イメージの両面か
ら大きくその姿を変えていきます。変容した渋谷は，一方で『ぴ
あ』（第9章）や『東京人』『東京ウォーカー』のような都市情報誌，
他方で CM やテレビドラマの舞台となり，さらに周辺に人を集め
ていきます。たとえば88年のフジテレビのドラマ『君の瞳をタイ
ホする！』は，渋谷道玄坂警察署を舞台にするラブコメディで，道
玄坂やスペイン坂，公園通り界隈の街並みや店舗が頻繁に取り上げ
られました。また91年のフジテレビの『東京ラブストーリー』（第
5章）では，渋谷周辺の街路や公園，喫茶店，東急プラザ（現・フク
ラス），東急文化会館（現・ヒカリエ）などで多くのロケが行われて

います。

　街並みがメディアによって変化し，さらに変化した街並みがドラマの舞台になることで新たなイメージが付与され，人が集まります。2010年代にはインスタグラムで顕著になった「メディアと実際の都市との相互作用」（吉見 2009: 59）の過程は，1980年代にはテレビドラマや情報誌，各種マスメディア型の広告を舞台に進行しました。この時期に西武流通グループは，西武百貨店とPARCOに加え，コンビニのファミリーマート，金融・クレジットカードのクレディセゾン，リゾート開発の西洋環境開発などを擁する組織へ拡大し，90年に「セゾングループ」に名称を変更します（小山 1991）。

▷ 「渋谷計画1985」と東急文化村

　1970年代と80年代を通じて渋谷の都市開発は，西武百貨店とPARCOが主導していきますが，東急グループ＊も80年代に攻勢を仕掛けます。東急の渋谷進出は早く，34年に渋谷駅直結の東横百貨店（後の東急百貨店東横店）を開業，56年に東急文化会館，67年には東急百貨店本店を開業するなど，いち早く渋谷への出店を続けていました。しかし，70年代に東急は文化戦略において西武に大きく水を開けられていました。これに対し，78年に東急ハンズ，79年にファッションコミュニティ109（現・SHIBUYA109）をオープンし巻き返しを図ります。

　1980年代に東急はCulture（文化事業），CATV（ケーブルテレビ），Card（クレジットカード）に注力する「3C戦略」を掲げ，82年には渋谷再開発のマスタープラン「渋谷計画1985」を策定します。109から東急百貨店本店までの街路に文化施設を集め，渋谷区立松濤美術館，戸栗美術館，観世能楽堂などが集まる松濤地区や東京大学駒場キャンパスまで連なる文化地区の形成を目指す「カルチャー・ヴ

ァレー」構想を進めました。西武グループが主に新しい若者文化を担ったのに対し，東急グループは大人が楽しめるハイカルチャーを重視する方向性を打ち出したのです（清水 1997）。89 年には東急の文化戦略の中核を担う施設として，高性能のコンサートホール，劇場，美術館，ミニシアターを備えた東急文化村（Bunkamura）が開業し，渋谷駅西側の 109 から Bunkamura に至る緩やかな坂道は「文化村通り」に改称され，北側の公園通りへの対抗軸が明確にされます（**図 7-1**）。

東京国際映画祭と文化都市の形成

1970 年代から 80 年代には渋谷区の「長期基本計画」の 3 つの柱の 1 つとして「文化」が明確に位置づけられていきます。85 年には国際科学技術博覧会の開催（第 9 章）に合わせて，通商産業省（現・経済産業省）と外務省，文化庁，東京都，渋谷区の後援，東急グループ，西武セゾングループ，丸井などの協賛で，日本初の国際映画祭である東京国際映画祭が開催されます（図版）。渋谷には大手の映画館チェーンや老舗の東急文化会館内の 4 つのシアターだけでなく，80 年代には SPACE PART3（81 年，現・シネクイント）のような複合施設や，ユーロスペース[★]（82 年），シネセゾン渋谷（85 年），シネマライズ（86 年）のようなミニシアター（第 9 章）が集積を始めていました。

東京国際映画祭は，「渋谷の街をスクリーンに，世界を封切る。」をキャッチコピーに，関連上映やイベントを街中で多数開催し，渋谷各地の映画館とホールを会場にすることで，「シネマシティ渋谷」「映画祭のある文化都市・渋谷」が区域全体で広報され，国際的に発信されました（東京国際映画祭組織委員会 1985; 第 9 章）。

この時期には映画館だけでなく，ファッションや音楽など文化関

係の施設と産業の渋谷近辺への集積
が明確になります。民間主導で開発
が進められてきた渋谷は，東京の文
化都市，国際的な文化の発信拠点と
して位置づけ直されます。1983 年
に中曽根康弘内閣は「アーバン・ル
ネッサンス」計画により都心開発を
経済政策の中心に位置づけ，また
86 年に鈴木俊一都政下で策定され
た「第二次東京都長期計画」もまた，
東京を「伸びゆく世界都市」と位置
づけ，日本経済の牽引力としての役
割を強調します。この頃には東京が
ニューヨーク，ロンドンと並ぶ「グ

第 1 回東京国際映画祭開催時
の渋谷 109（1985 年）
（出所）時事。

ローバルシティ」の 1 つと見なされ（サッセン 2018)，また産業構
造の脱工業化により，創造的な知識労働者の集積や文化の多様性が
都市の成長を推進すると論じられるようになりました（フロリダ
2008)。こうした国際的な動向のなかで「文化都市・渋谷」がブラ
ンディングされることになります。

3 文化都市と産業の集積

▷ ファッション産業の集積

　現在まで続く渋谷の特徴の 1 つがファッション関連業種の集積
です。1960 年代末から 70 年代にかけて，大量生産の既製服に対抗
して，若いデザイナーたちはマンションの一室のような小さな拠点

で個性的なデザインの服を少数製造，販売することを始めます。渋谷西武は PARCO に先駆けてファッション重視の戦略を打ち出し，こうした若手デザイナーの服を販売，紹介する「アヴァンギャルドショップカプセル」というスペースを展開します。

　成実弘至によれば，渋谷西武の「カプセル」，そして渋谷 PARCO は新世代のデザイナーを積極的に取り上げ，育成する「先駆的なインキュベータの役割」を果たしました（成実 2014）。後に世界的に知られる川久保玲，三宅一生，山本耀司らによってデザインされた服は 1980 年代に DC ブランドと呼ばれ，新しい流行を生み出します。この時期に登場した「芸術家としてのデザイナー」は，作品の意図やコンセプトを主張し，ファッションショーの組織化などを通じてファッション・デザイナーという職業の社会的認知を高めました（小形 2016）。

　こうした若いデザイナーたちは原宿や隣接する青山を含む渋谷周辺に拠点を置き，服飾関連の業種が集積します。1980 年代には渋谷西武や PARCO に加え，78 年に開店した森ビル系列のラフォーレ原宿が，新しいブランドを集め流行の発信地となりました。81 年には「衣服・その他繊維製品製造業」は渋谷区の製造事業所全体の 18％ まで増加し，印刷・出版関連業と並び，区の二大製造業の位置を占めるに至ります（橋元 2015）。70 年には『anan』，71 年には『non-no』，75 年には『JJ』などファッション雑誌が刊行されますが，衣服製造業の集積は，流行を発信する出版業と一体となって進展したのです。

若者の集中と流行の発信

　渋谷には服飾製造業と小売店だけでなく，戦前から服装教育を担ってきた文化服装学院をはじめ，ファッション，音楽，デザイン，

アート，映像などの専門学校が集積し若者を集めました。また1980 年代には日本の 18 歳人口が増加するとともに大学進学率が上昇し，居住地を離れて東京や近郊に通学し，渋谷を利用する学生が増加します。この時期から渋谷周辺に集まる若者たちの間でファッションの流行が生み出されるという現象が起こりました。80 年代には渋谷近郊の高校生や大学生を中心に「渋カジ」と呼ばれるスタイルが流行し，90 年代には 109 や神宮前の裏原宿，キャットストリートと呼ばれるエリアからさまざまな若者の流行が生み出されます。SNS のタイムラインが存在しない時代，流行感度の高い若者の特定の街区への集中が新しい流行の発生源となり，それがファッション誌のストリートスナップやテレビ番組で取り上げられることで，さらに若者を引き寄せるという循環が起こります[*]。

1980 年代には渋谷区におけるファッション関連小売業の割合は飲食関連小売業を抜いて最大になり，90 年代に一時的に減少したものの，99 年には 37.2％ に達します。小売業の割合で見ると，80 年代から渋谷区はファッション小売業を中心とした街に変貌し，またデザイン事務所や高級ブランドの路面店が神宮前の路地に集積します。その一方，80 年代後半に衣服の生産拠点は地方都市やアジアの新興国への移転が進み，衣服製造業の割合は減少していきます（橋元 2015; 三田 2013）。

▷ 音楽関連産業の集積

渋谷に集積したのはファッション産業だけではありません。1980 年代から，タワーレコード渋谷店（81 年），HMV 日本 1 号店（90 年）に代表される外資系大型レコード店がいち早く開店し，セゾングループ系列の WAVE 渋谷店（88 年）なども集積します。この時期に音楽ソフト販売店の集積が担った意義は，インターネット

元年といわれる95年以前であることを補って理解する必要があります。大型店舗はYouTubeやストリーミング以前に，新旧の洋楽・邦楽へのアクセスを可能にし，店内ではしばしばミュージックビデオ（MV）が流され，CDが試聴できるなど，さまざまなジャンルの楽曲を知り，手に入れるためのアーカイブとしても機能しました。

　1990年代には大規模レコード店だけでなく，渋谷宇田川町周辺には老舗の輸入レコード店，雑居ビルの一室で営業される個人経営の店舗など100店前後が集積し，「世界一レコード店の多い街」としてギネスブックに認定されます。渋谷は世界のどの都市よりも多様な音楽に触れることのできる街になっていたのです。

　難波によれば，レコード店だけでなく，クラブ，ライブハウス*や，インディーズのレーベル，音楽系の雑誌・ミニコミ誌の編集部など音楽や関連情報を流通させるメディアが集積し，「比較的多様な音楽を包摂するある種のオルタナティヴな音楽空間」が成立します（難波 2007）。加えて，カラオケボックスやカラオケで流れるMIDIデータ（第6章）の音源制作会社など関連業種も周辺に集積していきます。

都市と音楽の流行

　渋谷に音楽関連産業が集積すると，そこから新しい音楽の潮流が生まれます。一説によると，この時期のHMV渋谷店のランキングが全国的な売上とまったく異なっていたことから，徐々に「渋谷で売れている」音楽を「渋谷系」と括るようになったといわれます。実際，HMVの1階に設置されたスペース「SHIBUYA RECOMMENDATION」では，特定の楽曲やアーティストが繰り返し取り上げられ，それが渋谷界隈のレコード店やクラブに集まる人々や音

楽ファンに支持され，流行が生み出されるという循環が起きます（難波 2007）。現在でいえば，Spotify のプレイリストや TikTok のおすすめからヒットが生まれるようなことが，特定の都市と店舗で起きたといえるでしょう。

　したがって渋谷にアクセスすることは，ライブハウスやホールのようなライブの場だけでなく，大規模レコード店や中古レコード店の棚や試聴ブース，スタッフのおすすめの曲，音楽雑誌やミニコミ誌の情報，クラブでかかる曲やカフェで流れる曲，カラオケで歌われる曲に至るまで，新旧の膨大な楽曲とその関連情報が更新され，蓄積されていくアーカイブにアクセスすることでもあったのです。

▷ 都市空間というメディア

　1980 年代の渋谷では，一方で西武や PARCO による都市の舞台化と街のメディア化の戦略が，他方で東急グループによる「カルチャー・ヴァレー」構想が進展し，行政による文化都市のブランディングと国際的な発信が本格化します。またそれは単なる文化の消費の場ではなく，音楽，服飾，映画といった文化やエンターテインメントに関連する施設と産業，出版やテレビ，広告などメディア産業の集積により，多様な業種の人々の横断的な関係から新しい文化と表現が生じる場でもあったのです。

　とはいえ，渋谷駅周辺はすり鉢型の地形と入り組んだ坂道を特徴としており，けっして整った空間とはいえません。フラットな舞台ではなく，エリアごとに多様な顔をもち，細い路地と坂道が生む迷路のような地形だからこそ，徒歩圏内の街路，施設，店舗を回遊することで，固有の文化と情報にアクセスすることを可能にするメディアとしての都市空間が形成されていったといえるでしょう。

　1995 年 12 月に発売された小沢健二の楽曲『痛快ウキウキ通り[★]』

の MV は，クリスマスの街を舞台にしています。曲の進行とともに書割の街並みが変化し，ファッションが入れ替わり，カフェやレストラン，数多くのレコードのジャケットが登場します。明るい曲調も相まって，表面的には消費の舞台となった都市空間で街歩きを謳歌しているように見えます。ただし，この年の 1 月に阪神・淡路大震災が甚大な被害をもたらし，3 月に首都圏で地下鉄サリン事件が起き，経済はバブル崩壊後の長期不況に突入していたことを知ると，書割の街並みに降りしきる雪は，別の意味をもち始めます。

　また同じ 1995 年の 12 月には安室奈美恵が小室哲哉プロデュース曲でオリコン 1 位を獲得し，アメリカと沖縄をルーツとするもう 1 つの渋谷系の音楽が，公園通りではなく 109 を拠点とするファッションとともに流行します。11 月には Windows 95 が発売され，日本でもインターネット元年が喧伝されました。そして，グローバル資本主義と情報化の荒波は，つかの間成立したかに見えた舞台性の構造を転換させていきます。

▷ 舞台性の構造転換

　北田は，1980 年代渋谷の広告＝都市開発の「メイン舞台」であった PARCO 界隈と公園通りの存在感が 90 年代半ば頃から低下を始めたことを指摘しています。それまでの「公園通り回遊型」から，「センター街充足型」や「原宿越境型」の人の流れの存在感が増し，原宿，代官山方面までを含めた「渋谷的なもの」の拡散と分散が起きます（北田 2011）。それはより広域で見れば，さまざまな地域やターミナル駅へ西武や東急，PARCO や 109 の店舗が進出し，その都市開発や広告の手法が各地に拡散していく過程であり，また音楽でいえば，タワーレコードや HMV といった大規模店の全国展開などにより，渋谷の固有性や優位性が揺らいでいく過程でもあったの

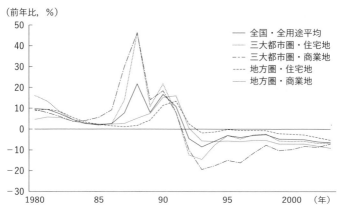

図7-2 公示地価の推移

（前年比，%）

（注）三大都市圏とは，東京圏，大阪圏，名古屋圏をいう。東京圏は，首都圏整備法による既成
市街地及び近郊整備地帯を含む市区町村の区域。大阪圏は近畿圏整備法による既成都市区域
及び近郊整備区域を含む市町村の地域。名古屋圏は中部圏開発整備法による都市整備区域を
含む市町村の区域。各年の公示価格は，各年1月1日を評価時点としている。
（出所）内閣府 2003。

です。

1980年代後半に高騰した都心部の地価は91年に急落し，先の見
えない長期不況の時代が訪れます（**図7-2**）。セゾングループの業績
は急速に悪化し，代表の堤清二の引退と文化路線からの撤退を余儀
なくされます。また89年に会長・五島昇を亡くした東急グループ
も多額の負債を抱え，その求心力を失います。バブル経済の崩壊は
不動産の金融化とグローバル資本の介入を進め，都市空間を別様に
変化させていくことになります。

また他方で，急速に普及したインターネットは文化や情報を場所
と切り離して流通させます。「街のメディア化」というPARCOの
戦略は，広告によるイメージの形成，産業と文化の集積，そこに集
まる人と情報の流れを緊密に結びつけることで成立しました。しか

し 1990 年代後半以降のインターネットとモバイルメディアの普及
は，それとはまた異なる形で，都市空間の構造に影響を与えていき
ます。

*** *Exercise*　演習問題 ***

7.1　現在「広告らしくない広告」や「環境世界総体の広告化」あるいは
「都市空間のメディア化」といえる事例はあるでしょうか。思い浮かぶ具体
的な例を挙げてください。

7.2　渋谷以外で，主に鉄道と商業施設によって駅前地区の特徴が形成され
ていると考えられるターミナル駅（または地域）を挙げ，その特徴を分析
してください。

*** *Report assignment*　レポート課題 ***

　インターネットは文化を場所との関係から切り離して流通させる側面が
あります。インターネットとスマートフォン・SNS の普及以降も，都市は
特徴ある文化が生まれる舞台となるでしょうか。それとも今後，都市と文
化の結びつきは弱まるといえるでしょうか。

情報都市と
大規模再開発

Chapter 第 **8** 章

Quiz クイズ

Q8.1 「5年以内に世界最先端の IT 国家となる」ことを目標に掲げた「e-Japan 戦略」が策定されたのはいつか。
a. 1988 年　**b.** 1995 年　**c.** 2001 年　**d.** 2007 年

Q8.2 次に挙げる著者が執筆した書籍のタイトルをそれぞれ選択すること。
（1）サスキア・サッセン　（2）マニュエル・カステル
（3）リチャード・フロリダ
a.『インターネットの銀河系』　**b.**『ニューメディアの言語』
c.『クリエイティブ都市論』　**d.**『グローバル・シティ』

Q8.3 渋谷駅前に QFRONT が開業したのはいつか。
a. 1973 年　**b.** 1985 年　**c.** 1999 年　**d.** 2011 年

★本章の学習をサポートするウェブ資料は，右の QR コードよりご覧いただけます。

Answer クイズの答え

Q8.1 c. Q8.2 ⑴ d. ⑵ a. ⑶ c. Q8.3 c.

Chapter structure 本章の構成

2000年代の都市とメディア

→ 情報産業の集積
- 情報政策と都市政策
- ファッションと情報化
- デジタル生活圏の形成

ビットバレー構想
- QFRONTの開設
- 広域渋谷圏と情報産業
- 新たな舞台性の構造

広域化と高層化
- 大規模再開発の進展
- クリエイティブ産業
- 都市空間の二極化

→ 情報都市の構造転換 2020年代の都市へ

▷ 2000年代の都市とメディア

　第7章で確認したように，鉄道は大都市を中心に交通を再編し，ターミナル駅への集中と，駅から徒歩圏内の商業施設や文化施設の形成を促します。これに対し1990年代後半から2000年代に普及したインターネットは，新たな空間編成のパターンをもたらします。当初，インターネットは場所や文化を均質化する側面が強調されましたが，マニュエル・カステルは，「大都市への集中とグローバルなネットワーキングの同時進行を可能にする技術メディア」だと指摘しています（カステル 2009: 253）。インターネットにも固有の地理が存在し，情報と文化をグローバルに流通させる一方，遠距離通信のためのインフラ，技術者や教育機関の分布，情報生産の組織などは，むしろ大規模な都市部に集中します。

またサスキア・サッセンは，この時期に進んだ「証券化，グローバル化，新遠距離通信とコンピュータ・ネットワーク技術の発達を通じた金融の台頭と変容」が都市の構造に大きな影響を与えたと論じています（サッセン 2017: 43）。政府による市場の規制緩和と証券化は，国際的な取引を可能にする情報技術と結びつきながら，土地や不動産を流動化させ，その流動性を世界的な規模で加速的に増大させていきます。その舞台がグローバル化した都市空間であり，1990 年代後半から 2000 年代の東京と渋谷の変化もまた，そうした大きな変動と無縁ではありません。

1 情報都市と産業の集積

▷ 1990 年代後半の情報政策と都市政策

　1980 年代には「第 2 次情報革命」と「高度情報化社会」の到来が喧伝されましたが（第 9 章），インターネットが本格的に普及する 90 年代半ば以降，日本の情報政策と都市政策はまた大きな転換期を迎えます。バブル崩壊と長期不況のなか，通商産業省（現・経済産業省）は情報産業を「日本経済全体のリーディング・インダストリー」に位置づけました。92 年に産業構造審議会は「緊急提言：ソフトウェア新時代」のなかでハードからソフトへ情報産業の付加価値構造の転換を提案し，90 年代半ばからイノベーションと経済成長のための知的生産，新社会資本としての情報・通信インフラ，教育・研究施設の整備が推進されます（長谷川編著 2013）。2000 年には内閣に情報通信技術（IT）戦略本部を設置し，翌 01 年には「e-Japan 戦略」が策定され，「5 年以内に世界最先端の IT 国家となる」ことが目指されます。

一方，小渕恵三内閣の経済戦略会議は1999年に「日本経済再生への戦略」を策定し，バブル経済清算の成否を握る鍵を，国際的な取引や資金調達を容易にする「不動産の流動化・証券化」に定め，都市再生と規制緩和，不動産投資市場の整備による流動化を推進します。また都市政策の方向性を一時的な「都市化抑制」から「都市への集積誘導」に大きく転換し，国際競争力ある都市の再生を，インターネットを中心とする情報インフラ整備とともに重点課題の1つに位置づけました。

2001年には小泉純一郎政権が内閣に「都市再生本部」を設置し，トップダウンで都市の再開発と不動産の流動化を推進します。この間，不動産の証券化実績は1997年度の約41億円に対し，05年度には約6.9兆円へと急拡大します（国土交通省 2006）。

▷ 神宮前地区とデザイン拠点

不動産の金融化，および情報化・ソフトウェア化の潮流は，渋谷の神宮前地区の街並みにも影響を与えます。1980年代後半からファッション産業ではデザインの外注が行われていましたが，90年代後半にはデザイン部門の独立と専門分化が進み，アパレルメーカーの下請けだけでなく，高度なデザインの提案を行う独立系の事務所も成長しました（初沢 1998）。デザイン部門の独立は，メーカーや工場とデータの共有を可能にするデザイン過程のコンピュータ化，ソフトウェア化，アパレルCAD（コンピュータ支援設計；第10章）の導入と連動して進みます。しかし当時，新興のデザイン事務所の多くは設立から数年の零細企業であり，都心の高額な家賃の支払いは困難でした。

一方，神宮前地区には表参道を中心に外資系高級ブランドの直営路面店が集積しますが，バブル崩壊以降とりわけ表通りから離れた

図8-1 東京・渋谷区の神宮前地域のアパレル小売店の分布（左：1991年，右：2006年） ──

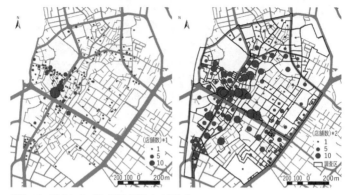

（注） ＊1 「タウンページ」（1991年版）により作成。
　　　 ＊2 平成18年事業所・企業統計調査調査区別集計により作成。
（出所）矢部 2012。

路地の不動産価格が急落します。裏原宿やキャットストリートと呼ばれる路地の物件のオーナーは，少しでも利益を上げるため，複合ビルに安価な家賃でデザイン事務所やセレクトショップを誘致します。その結果，2000年代には先進的なデザイン事務所が集積し，国際的に活躍するデザイナーも登場するなど，グローバル化したファッション産業におけるデザイン部門の国際拠点として機能するようになりました（三田 2013; 2018; 図8-1）。

　アパレル小売店やデザイン事務所が集まり，ファッションの街として世界的に有名になることで，海外からの展示会への参加や取引だけでなく，観光客を集めるようになった神宮前の不動産価格は，2003年頃から上昇します。神宮前の複合ビルはグローバルな不動産投資の対象となり，05年頃から土地取引が急激に増加し，国内外の不動産ファンドが競って物件を取得するようになります。07年6月期のJ-REIT（不動産投資信託）による取得物件のうち，商業

> **コラム14　株価情報サービスQUICK**　1960年代末から東京と
> 大阪の証券取引所では証券業務の情報伝達機構の改善が進められま
> した。これを受けて71年に株式会社市況情報センター（QUICK）
> が発足し，ビデオデータ端末による証券市場情報の全国一斉配信を
> 行うことになります。東京と大阪にコンピュータセンターを設置し，
> これと東証・大証，各地の証券会社や機関投資家の店舗に設置した
> ビデオディスプレイ端末を通信回線で接続し，証券取引所からの株
> 価情報などを配信しました（神田 1977）。このQUICKシステムは
> 個別銘柄情報，市況情報，関連ニュースを配信し，80年までに株
> 価だけでなく外国為替，債権・金融情報まで拡大，またロイター通
> 信と提携してニューヨーク，ロンドンを中心とする外国銘柄の株価
> 情報の配信や国外の支店などへの国際通信も開始します。QUICK
> はネット以前に日本最大規模のオンラインシステムと情報データベ
> ースを構築し，またブラウン管による表示を採用したことで，文字
> 情報のみならずトレンドグラフの表示や分割画面表示，7色カラー
> による情報提供を可能にします。QUICKは「証券市場における広
> 範な情報革命」（赤司 1980）をもたらし，アメリカで開発された
> Telequote III や Bloomberg Terminal などともに80年代以降の金
> 融情報の流通と金融市場のグローバル化の基盤となります。

施設の取得価格では渋谷区が1400億円で23区全体の64%を占め，
さらにその分布は原宿・表参道地区の一点に集中します（矢部
2008; 三田 2018）。こうしたグローバルな取引の拡大はインターネ
ットによって加速しました。

　1990年代後半から2000年代の神宮前の変化は，急速な不動産
投資市場の成立と都市空間の関係を集約的に表しています。神宮前
地区では，国際的なファッション文化とデザイン拠点の形成が不動
産投資を呼び込み，街区の資産価値を上げ，その成長を促しました
（三田 2018）。しかしその一方で，ファッション文化の生産者や地元

の土地所有者から機関投資家へ街区の主導権が移ることによって，グローバル経済の変動が特定の地区に甚大な影響を与える結果になります。実際，07年のサブプライムローン問題を契機に海外からの不動産投資が減少すると，翌年の神宮前地区には解体途中のビルの空き地が虫食い状に残されました（矢部 2008）。

▷ 情報産業の集積

　第7章で見たように，1980年代から渋谷周辺は文化産業の集積地となりました。これに対し，90年代後半に集積を始めたのがインターネットやデジタル文化に関連する情報産業です。

　1993年に伊藤穰一が渋谷区富ヶ谷の自宅兼事務所で個人ホームページ「富ヶ谷」を開設します。日本では大学や研究機関を結ぶネットワークとして石田晴久や村井純らが構築した JUNET がありましたが，これに対し伊藤の事務所は民間ではじめてインターネットが上陸した場所の1つとなり，新しい技術に関心をもつ若者が集まります。94年に伊藤はこの事務所を拠点に，いち早く学生たちと事業を立ち上げました（湯川 2001）。この頃から渋谷周辺に新興のネット企業が集積し，インターキュー（後の GMO インターネット，95年開業），デジタルガレージ（95年），オン・ザ・エッヂ（後のライブドア，96年），サイバーエージェント（98年），ネットエイジ（98年），イー・マーキュリー（後のミクシィ，99年），DeNA（99年）などが拠点を構え，アマゾンジャパン（98年），Google 初の海外拠点（2001年）が渋谷に進出します。

　1999年はじめには渋谷周辺の起業家やネットビジネスの専門家の間で草の根の勉強会やネットワーキングイベントが多数開催され，そのコミュニティが「ビットバレー」と呼ばれるようになります。99年7月には交流促進のための任意団体「ビットバレー・アソシ

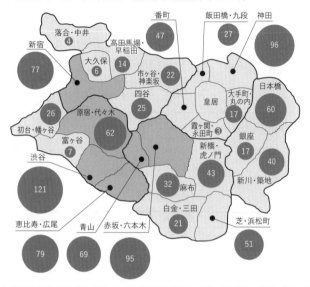

図8-2 東京都心5区のネット企業の集積地域と集積度（2001年）

（注）東京23区計1541社中69%の1061社が都心5区に，39%が渋谷区・港区に集中。都心5区のうち503社が「新宿，原宿，青山，赤坂，恵比寿」地区に集積。
（出所）日本インターネット協会監修 2001。

エーション」が設立され，会員数を急増させるとともに，新規事業の発展や関連企業の集積に一定の影響力をもちました（湯川 2001）。ネット企業は渋谷区と港区に集中し（**図8-2**），とくに両区の境界地域である赤坂から渋谷周辺のビットバレー地区が最大の集積地となります（湯川 2004）。

▷ デジタル生活圏としての渋谷

渋谷への情報産業の集積は，第7章で論じた文化産業の集積や若者の集積と無縁ではありません。1990年代には音楽や映像，デザインの領域でデジタル化が進み，コンテンツ制作やデザインに関

わる業種，産業がデジタル化，ソフトウェア化した情報産業の一部門へと転換していきます。

浜野安宏によれば，1990 年代半ばから渋谷周辺にデジタル文化の集積が進み，デジタル系の職に従事する人々が生活する「渋谷デジタル生活圏」が形成されます（浜野・増田 1998）。99 年のインターネットの世帯普及率は 19.1％ で，利用者の 76.2％ が 20 代と 30 代に集中していました（郵政省 2000）。新興のネットベンチャーやデジタル系の職種はこの世代が牽引しており，文化施設だけでなく，若者向けの飲食店などが揃った渋谷が拠点に選ばれます。絹川真哉と湯川抗は，96 年のネット企業集積の初期において，大型のホールや劇場よりも，ライブハウス，クラブ，バーのような「特定の趣味を持つ小人数向け施設」の集積が効果をもったと指摘しています（絹川・湯川 2000）。

浜野によれば，この時期にデジタル系の職種に就き，渋谷界隈を拠点とした若者の多くは，時間に拘束されずに仕事をし，ワーカホリックで，仕事と遊びの境界がなく，バンドを組んで音楽をする，クラブやパーティで朝まで踊る「デジタル・ヒッピー」と呼べるような生活をしていました（浜野 2000）。また当時渋谷にオフィスを構えた音楽プロデューサーの菊池哲榮は，最先端の流行を追わなくとも，「普通に生活していればそういう情報が自然と」集まることを渋谷の利点に挙げています（湯川 2001: 20）。文化産業と情報産業の集積は別々ではなく，さまざまな点で連続しており，こうした自然発生的なデジタル生活圏の形成を受けて，より積極的に渋谷周辺に情報産業を集積させる都市開発の構想が動き始めます。

2 QFRONT とビットバレー構想

▷ QFRONT の開設

　1980年代の文化都市としての渋谷の形成にとって重要な役割を果たしたのが，西武グループによる PARCO の開業であったとするならば，2000年代以降の情報都市としての渋谷の構想にとって重要な位置を占めたのが，東急グループによる QFRONT の開設であるといえるでしょう。JR 渋谷駅ハチ公口の目の前，スクランブル交差点の要に位置し，まさに渋谷の玄関口に建つ QFRONT は，1999年12月に開業します（図版）。地下2階，地上8階建で，当初は地下2階から4階に映像・音楽ソフト販売・レンタルの TSUTAYA（第9章）が入居し，5階にはイベントスペースとネット放送局，6階にはデジタル・クリエイターの専門学校デジタル・ハリウッド，7階には映画館シネフロント，1階・2階にはスターバックス，8階にはダイニングバーが入居しました。

　QFRONT の敷地には，元は東急グループが保有する峰岸ビルがありましたが，日本で最も人通りの多い一等地の割に十分な土地利用がされておらず，何度か再建計画が浮上していました。しかし，渋谷の顔であり，東急グループの顔になる立地であるとともに，異常に高額な土地代と中途半端な敷地面積のために，新しい計画が容易に成立しない場所になっていました。

　しかし1990年代後半から東急グループによる駅前再開発の一環として本格的な再建計画が進みます。再建プロジェクト成立の鍵となったのは，中心的なテナントに TSUTAYA を据えること，ビル壁面を大型スクリーンにすること，この2点でした。TSUTAYA と

連携することで，
1000万人を超える
顧客名簿を活用し，
百貨店事業との相乗
効果を上げることが
可能になります。ま
たビル壁面のスクリ
ーンを広告媒体とし
て活用し収入を得る
だけでなく，将来的
にはマルチメディア

1999年開設当時のQ-FRONT
（出所）『日経アーキテクチュア』2000, 657。

コンテンツを放送することが目指されました（浜野 2000; 浜野・増田 1998）。そして，この新たな「渋谷の顔」は，単なる複合ビルではなく，情報産業の集積を中心とした都市開発の要に位置づけられます。

▷　広域渋谷圏とビットバレー構想

　1995年に峰岸ビルの再建計画を進める新しい施設のコンセプトを東急グループに提案し，総合プロデュースを務めたのは先述した浜野です。原宿に事務所を構え，75年に渋谷東急ハンズの立ち上げとプロデュースに携わり，また旧通産省の情報化未来都市構想（第9章**コラム 15**）の委員会に一時期関係していた浜野は，デジタル系のクリエイターが渋谷に集まっていることに早くから気づいていました。西武グループに対抗して82年に東急グループが策定した「渋谷計画1985」が，渋谷を美術館や文化施設が集積する「カルチャーヴァレー」「クリエイティヴヒル」にすることを掲げたのに対し，浜野が90年代末のQFRONTに託したのは，2000年代の広域

渋谷圏をデジタル系クリエイターと産業が集積する「デジタルアレー」「ビットバレー」に変化させる構想だったといえます。

　渋谷は原宿，恵比寿に挟まれ，青山，麻布，六本木とも隣接しており，浜野によれば，これらの駅を連結する地域が「渋谷文化圏」を構成し，セグメント化された「こだわりの分衆たち」が住み，働き，集っています（浜野 2000）。QFRONT は，こうした広域渋谷圏に集まり生活する，情報産業に従事する新しい世代のための拠点として位置づけられます。1990 年代後半に成熟しつつあった「サブカルチャー王国としての渋谷」と真価を発揮しつつあった「デジタルカルチャー・コアゾーンとしての渋谷」が交錯する地点に構想された QFRONT は，「渋デジ時代の幕開けを告げる合図」（浜野・増田 1998: 99）でもあったのです。97 年には峰岸ビルの解体が始まり，99 年 12 月に QFRONT が開業します。

▷　情報前衛たちの拠点

　QFRONT は「東急の顔」であると同時に，情報前衛（FRONT）たちの居住地・拠点（Quarter）でもありました。そのため QFRONT は一般向けの複合商業施設であると同時に，デジタル化したマルチメディアの世界で働き生活する人々に必要十分なサービスを提供することが目指されました。この視点から見ると，開業時のテナントの構成は次のような意味をもちます（図 8-3）。

　クリエイターにとって TSUTAYA は情報アーカイブであり，購入・レンタル可能な映画，音楽，書籍，ゲームなどのパッケージメディアは制作のための素材，資料となります。7 階の映画館では最新の映画も視聴することができ，各フロアにはアーカイブを検索しダウンロードするための情報端末が置かれています。5 階と 6 階はクリエイターが集まる教育と制作のスペース，情報発信拠点であり，

図8-3 開設当時のQFRONT平面図と断面図

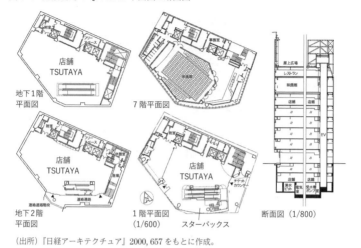

店舗
TSUTAYA

地下1階
平面図

7階平面図

店舗
TSUTAYA

店舗
TSUTAYA

地下2階
平面図

1階平面図
(1/600)

スターバックス

断面図 (1/800)

（出所）『日経アーキテクチュア』2000, 657 をもとに作成。

カフェとレストランは休憩と交流の場になります。各フロアとテナントは有機的につながり，「他のメディアとも連動し，QFRONT自体を1つのメディアとしながら，渋谷の地から受発信を繰り返し，渋谷発のユニークなデジタル・ムーブメントをつくりだす」（浜野 2000: 207）拠点となることが目指されたのです。

6階に入居したデジタルハリウッドは，1987年にマサチューセッツ工科大学メディアラボ（MIT; 第1章）に研究員として滞在した杉山知之が帰国後に設立した教育機関で，当時まだ日本で珍しかった3DCGやVRを学ぶことができました。その名が表すように，特殊効果（SFX）を介してハリウッドの映画産業とシリコンバレーの情報産業が融合を始めた時代（第10章），杉山の言葉を借りれば，「トヨタやマツダのカーデザイナーと，ハリウッドのSFXスタジオのCGアーティストが，寸分たがわず，まったく同じツールを」使

う（杉山 1999: 154）ソフトウェアの時代に即応する人材の育成が目指されました。QFRONT が集積し，交流し，創造しようとしたのは，こうしたデジタル文化と産業を前線で構築するクリエイターでもあったのです。

不在建築と透過スクリーン

　五十嵐太郎は，建築空間としての形態に突出した点がない QFRONT は，20 世紀的な機械モデルに依拠した近代建築から情報モデルへの移行を画期づける「情報端末としての建築」だと評しました（五十嵐 2001）。実際，浜野は QFRONT について「建築が消失して，メディアだけで建っている不在建築」を目指したと語っています。またデジタル系のクリエイターにとって重要なのは，建築の形態や意匠ではなく，電気の容量，コンセントの位置，光ファイバーの容量，パラボラアンテナの有無といったデジタル技術を使用するために必要十分な環境が整っていることであり，QFRONT は彼らにとって有用な情報アーカイブと実用的なインフラを提供する空間であることが重視されたのです（浜野 2000）。

　建築空間の代わりに目を惹くのは，皮膜のように壁面全体を覆う巨大なスクリーン「Q's EYE」です。二重の高透過ガラスの間に高輝度 LED ユニットを設置することで，ファサード全体を透過性のスクリーンにすることを可能にしています。LED ユニットには隙間があるため，映像を映した状態でも内部空間が透過します。透過スクリーンは建築の内部空間と外部の情報を浸透させるとともに，デジタル化した情報の流れを可視化します。それは広告媒体であるだけでなく，質量や物質性が希薄な「デジタルメディアを象徴的に集約したもの」なのです（浜野 2000）。全面がガラスに覆われたそのスクリーンと情報の構造は，現在の視点からはスマートフォンの

デザインの先駆であるようにも見えます。

▷ 新たな舞台性の構造

渋谷駅前には QFRONT に続き，2000 年に渋谷マークシティ，01 年にセルリアンタワーが開業します。2000 年代半ばには，JR 渋谷駅を背にしてスクランブル交差点に立つと，QFRONT の左に Mighty Vision SHIBUYA（現・DHC Channel），右に 109 フォーラムビジョンとグリコビジョンという計 4 面のスクリーンが取り囲む空間が完成します。通常はそれぞれ別の映像が流されていますが，4 面を連動させた広告を流すことも可能で，この場合，スクリーン横断的な情報の流れが可視化されたかのような空間が出現します。

京王井の頭線と JR 山手線をつなぐマークシティ 2 階の連絡通路はガラス張りで，駅構内から 4 面のスクリーンとスクランブル交差点を見渡すことができるようになります。セルリアンタワーの高層階からの眺望や，QFRONT のスターバックスからガラス越しに見える景色など，交差点を見るのに適した場所も整備され，2000 年代にはスクランブル交差点を行き交う人の波とそれを取り囲む建築群，スクリーンに映し出される映像と広告が交錯する新たな駅前の空間が成立します。QFRONT はその要に位置し，スクリーンと都市空間を相互浸透させるとともに，情報空間と物理空間の接点で新たな舞台性を作り出したといえるでしょう。

スクランブル交差点は，2002 年の日韓共催で行われたサッカーワールドカップ以来，国際戦のたびにサポーターが集まり声援を上げる場所となり，2000 年代末にはハロウィンや年越しカウントダウンの際に群衆が集まる場所となります。さらに 03 年のソフィア・コッポラ監督の映画『ロスト・イン・トランスレーション』や 06 年のジャスティン・リン監督の『ワイルド・スピード X3 TO-

KYO DRIFT』など映画やミュージックビデオ（MV）の舞台にスクランブル交差点が選ばれることで，そのイメージはグローバルに流通し，世界中から観光客を集めます。

またちょうど2000年代に発達した携帯電話のカメラ機能（第3章・第11章）により，スクランブル交差点とQFRONTは，渋谷のみならず東京を代表する写真撮影の舞台となっていきます。2000年代にはアメリカではドットコムバブルの崩壊や01年の同時多発テロ事件（第10章）が起き，日本でもIT不況が訪れます。必ずしも当初QFRONTやビットバレーに託された構想は十分に展開されたわけではありませんでしたが，この間，都市空間への情報技術の実装は着実に進みました。

▷ 先端技術の実験の舞台

情報空間と都市空間を結ぶ舞台となったQFRONTとスクランブル交差点は，先端技術が都市に実装される際の社会実験の舞台にもなります。QFRONTはオープンに先立ち，オンラインコミュニティと連動した市場調査システム「QFRONT電脳プロジェクト」の運用実験を行っています。また渋谷TSUTAYAでは，i-modeによる携帯電話経由の在庫検索や，後のTポイントにつながるICカード型会員証による顧客管理システムなどがいち早く導入されました（第11章）。

「ブロードバンド元年」と呼ばれた2001年には，NTTの高速無線アクセス実験「Biportable」が実施されています。実験エリアはQFRONT，タワーレコード渋谷店，PARCO，渋谷マークシティなどで，双方向型テレビ会議システムによる遠隔授業や，高品質（当時は2Mbps）のオンデマンド型映像配信，音楽ライブや映画試写会のストリーミング映像の提供，参加者による映像制作と配信も行わ

れました。交通量が多く，高層から低層まで建物が林立し，地下空間も広大な渋谷駅周辺は無線通信の難所であり，Wi-Fi から 5G まで新しい通信インフラの導入時にたびたび社会実験の舞台となります。

　また 2008 年には Q's EYE のスクリーンを見た視聴者数を自動的に計測，性別・年齢別に分析する実験を開始しています。カメラ 2 台で撮影した映像を専用ソフトで解析し，視聴者の傾向をマーケティングにつなげるねらいがあり，屋外大型スクリーンでは世界初の試みでした（中村・石戸 2009）。Q's EYE はみずから「見る」機能をもち始めたわけですが，こうしたデジタルサイネージによる広告と連動したカメラによる視聴者の自動測定は，機械学習や顔認証技術と結びつき，より洗練された形で，ターミナル駅構内や電車内，商業施設や都市空間に広がるスクリーンと広告に応用されることになります[★]（第 3 章）。

3　高層化と広域化の先に

□▷　都市空間の実装実験

　2012 年末に公開された KDDI「au 4G LTE」の CM「FULL CONTROL／Xmas 編」は（図版），渋谷スクランブル交差点の光景から始まります。手元のスマートフォンから QFRONT のスクリーンを操作することで映像と音楽を再生し，さらに街中のコンビニやビルの照明，噴水の水量やライトの光をスマートフォンで操作する様子が映し出されます。最後は QFRONT 上空の気球に集められた光がミラーボールのように反射し，集まった人々によってスクランブル交差点はダンスフロアに変わります。

au CM「FULL CONTROL/Xmas 編」

　このCMは空想の産物ではなく，実際の技術開発と都市空間への実装を前提に進められており，翌年1月には専用のスマートフォン・アプリを使ったユーザー参加型イベントが開催されています。また7月にはQ's EYEの設備が一新され，双方向通信が可能になりました。KDDIは2012年に開業した渋谷ヒカリエにオフィスを構え，CMの企画とインタラクション技術の設計を担当したライゾマティクスはヒカリエの大型LEDスクリーンの制作を担うなど，その後も渋谷周辺で新しい文化と技術の実装に携わります。そして10年代には文化・エンターテインメントと情報技術をつなぐクリエイティブ産業が，渋谷の大規模再開発の中心に据えられていきます。

▷　渋谷駅の再整備と大規模再開発

　小泉政権は2002年の都市再生特別措置法によって，官邸主導の枠組み設計と手続きの迅速化，民間企業による開発を軸にした「都市再生」の方向性を定めます。同年，東京メトロ副都心線と東急東横線の相互直通運転に伴い，東横線渋谷駅から代官山駅に至る区間

の地下化が決定され，その跡地に大規模な未利用地が発生します。05 年には渋谷駅周辺が「都市再生緊急整備地域」に指定され，渋谷駅の機能更新・再整備と一体となった駅前再開発の大型プロジェクトが急激に展開しました。平山洋介によれば，この時期に都心で進められたメガプロジェクトは，大規模な投資と規制緩和によって特定の地域に複合用途をもつ突出したスケールの超高層建築を林立させ，周辺地域から際立った「飛び地」を出現させます（平山 2006）。

　国際競争力を高める東京改造が日本経済を牽引するという筋書きのもと，100 年に一度といわれる計画が動き始めます。2010 年には渋谷区が「渋谷駅中心地区まちづくり指針 2010」を策定し，11 年には都の「アジアヘッドクォーター特区」，12 年には国の「特定都市再生緊急整備地域」に指定され，規制緩和や特例措置が開発を加速させました。

▷　渋谷圏の広域化と回遊路の形成

　渋谷駅の再整備は当初，防災や耐震性の強化と交通の利便性の向上を主な目的としていましたが，特別地区に指定されると，そこにさまざまな思惑が入り込みます。開発の空間的なベクトルとして顕著なのは，渋谷圏の広域化と駅周辺の高層化でしょう。1990 年代末に広域渋谷圏がデジタル生活圏と位置づけられたのに対し，2007 年の「渋谷駅中心地区まちづくりガイドライン」では，大手町のようなグローバルビジネスの拠点と両輪となって東京を牽引する「アジア有数の生活文化コンテンツ創造拠点」に位置づけられています（渋谷区 2007）。

　広域渋谷圏形成のための戦略をより明確に打ち出したのが駅前再開発をリードした東急グループです。東急グループは「Greater

SHIBUYA（広域渋谷圏）構想」を掲げ，その圏域を渋谷駅半径 2.5 km に設定し，「点（街）」から「面（エリア）」へ回遊性を高める開発を進め，表参道・原宿エリアに東急プラザ表参道原宿（2012 年開業），キュープラザ原宿（15 年），渋谷キャスト（17 年），代官山・恵比寿エリアに LOG ROAD DAIKANYAMA（15 年），渋谷ブリッジ（18 年）など複合商業施設を次々と開業します。これに対し渋谷 PARCO も休館を経て，19 年にリニューアルオープンしています。

▷ 駅周辺の高層化と新しい眺望

　2010 年代には渋谷周辺の高層化も加速します。2000 年代には 25 階建の渋谷マークシティと 41 階建の渋谷セルリアンタワーが駅周辺の高層建築でしたが，10 年代には 34 階建の渋谷ヒカリエ（12 年），35 階建の渋谷ストリーム B-1 棟（18 年），19 階建の渋谷フクラス（19 年），21 階建の渋谷ソラスタ（19 年），そして 47 階建の渋谷スクランブルスクエア東棟（19 年）など超高層建築群が林立します（図版）。

　町村敬志は，1990 年代後半から東京の建物床面積が拡張し，とくに高さ 60 m 以上の超高層ビルが 95 年末の 310 棟から 2015 年末には 1100 棟へ急増したことを指摘しています。背景には，都市空間の金融化のさらなる進展があります。不動産は金融化の過程で，徹底して数値化し評価され，国境を越えて他の資産と比較され投資の対象となります。一度金融化された不動産は，地域の文脈から切り離された商品として流通し，投資価値の高い超高層の複合機能化したオフィスビルに転換されます（町村 2017）。そして特別地区指定による容積率緩和がこの過程を強力に後押しします。

　渋谷駅前の超高層化は，高低差のある新たな景観を生み出しました。たとえば，渋谷スクランブルスクエア最上階の展望施設「渋谷

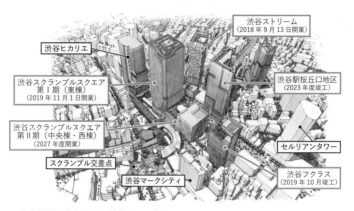

渋谷駅周辺中心地区の将来イメージ図
（出所）東急(株)渋谷再開発情報サイト。

スカイ*」では地上 229 m から交差点を俯瞰的に眺望することができ，また屋内のガラス張りの回廊では広域渋谷圏をパノラマ的に一望することができます。渋谷スカイは高層化と広域化の両面を視覚的に接合する新たな舞台を，地上の交差点の上空に設計したといえるでしょう。QFRONT は駅前の舞台の構造を情報空間と都市空間に二重化し接合しましたが，渋谷スカイは地上と上空に分割し二層化します。

▷ クリエイティブ産業とビットバレー 2.0

　こうした 2010 年代に建設された超高層建築の上層に誘致されたのがクリエイティブ産業です。2000 年代に渋谷は都内最大規模の情報産業の集積地となりますが，急成長するネット企業に対しオフィスが不足し，六本木ヒルズへと移転する企業が相次ぎ，10 年に Google 社は六本木へ，12 年に Amazon 社も目黒に移転します。

　これに対し，2013 年に東急・JR 東日本・東京メトロは，駅周辺の高層建築群にオフィスを拡充し，渋谷に集積するインターネット

や映像，ファッションなどのクリエイティブ・コンテンツ産業を誘致する計画を進めます。すでに渋谷ヒカリエには DeNA，LINE，KDDI が入居していましたが，18 年には渋谷ストリームへの Google 社の誘致に成功します。また 19 年に開設した渋谷スクランブルスクエアにはミクシィやサイバーエージェントが入居し，15 階に交流施設 SHIBUYA QWS が開設されます。これは協働スペース，イベントホール，サロンなどで構成される会員制の施設で，新しいアイデアや新規事業の創出を目指しました。1990 年代末の情報産業の集積になぞらえ，2010 年代末には「ビットバレー 2.0*」が喧伝されることになります。

　1990 年代末と異なるのは，都市開発の焦点が情報産業だけでなく，文化・エンターテインメント産業と一体化したクリエイティブ産業へ移行した点だといえるでしょう。クリエイティブ都市論を提唱したリチャード・フロリダは，製造業からサービス業中心に産業構造が変化すると，新しいアイデアや技術，コンテンツ創造を担う知識労働者の集積が，文化と経済の両面で都市の繁栄を促すと論じました（フロリダ 2008; 2009）。日本でも 2011 年には経済産業省にクリエイティブ産業課が新設されています。こうした動向を受け，10 年代の都市開発ではクリエイティブ産業の集積が「エンターテインメントシティ渋谷」の形成と国際競争力強化の中心に位置づけられます。

> **都市空間の二極化**

　グローバルシティ論で各地の都市計画に大きな影響を与えたサッセンは，金融や情報・サービス業を中心とする産業複合体が成長すると，新しいタイプの高所得層である高度専門職が都市に増加すると同時に，都市機能を支える収益性の低いサービスや低賃金労働に

対する需要も増加し，経済的・社会的二極化が進むと指摘しました。2008年には「経済が活気づくなかでの，格差拡大。この傾向が東京ほど顕著に表れている都市はない」（サッセン 2018: 10）と述べています。またクリエイティブ産業の重要性を説いたフロリダも，それがイノベーションと経済成長をもたらすと同時に，新しい高度専門職の集積が都市部の地価と不動産価格を上げ，二極化を引き起こす点に注意を促しています（Florida 2017）。

　メガプロジェクトが生み出した高層オフィスビルは，管理，清掃，警備，配送，あるいは業務支援，調理，保育などの部門で多くの非正規・不安定労働に支えられて成立しています。また都市の成長を牽引するとされる映像，音楽，ファッション，ITなどの分野もまた多くの不安定労働を抱えています。フロリダは，都市への集中と創造的な産業が大きな富を生むならば，それを支える労働もまた安定的な中間層を生み出す雇用に切り替えることが必要だと指摘しています（Florida 2017）。

　メガプロジェクト主導の開発により，渋谷は高低差の激しい街になりました。グローバルな投資と企業を誘致し，街区の高級化とオフィス化が進むほど，高付加価値で投資価値が高い街になります。その一方で，かつて小さなマンションの一室から出発したファッションメーカー，デザイン事務所，ネットベンチャー，雑居ビルのレコード店やセレクトショップが若者を集め，文化を生み出しましたが，その場所は近隣に拡散し，また徐々にオンラインに移行していきます。

▷ 新しい渋谷と古い渋谷
　Google社が入居する渋谷ストリーム[*]は，クリエイティブ産業の集積とエンターテインメントシティを目指す新しい渋谷の象徴です

が，同時に，古くからある渋谷の象徴でもあります。渋谷ストリームは，敷地内で暗渠化していた渋谷川と水辺の環境を再生し，恵比寿方面に至る遊歩道と広場，桜並木を一体として整備しました。近年では都市の緑化や公園の整備は，不動産の評価を上げ，投資を呼び込むための指標の1つに組み込まれています。しかしそこで再生されるのは，コンクリートで固めた川岸に高度処理した再生水が流される「川」であり，会場費や使用規約が細かく定められた屋外レンタルスペースとしての「広場」なのです。

欅坂46の『サイレントマジョリティー[*]』(2016) のMVは，建設中の渋谷ストリームの工事現場で撮影されています。駅周辺に出現した工事壁や解体中のビル群，大型の重機や資材が並ぶ建築現場は，2010年代後半の渋谷の象徴であると同時に，その先の変化を予感させる光景です。こうしたスクラップアンドビルドを繰り返しながら，渋谷は今の渋谷になり，渋谷川は渋谷ストリームへと姿を変えていきました。

⟩ **渋谷川への遡行**

渋谷川は，かつて下流では舟運が栄え，上流には水車のあるのどかな川で，唱歌「春の小川」のモデルになるなど人々に親しまれていました[*]。しかし流域の都市化により汚染が進み，上流部と支流は暗渠化されて下水道に転用され，首都高速道路や国道246号線整備のために移設されます。こうして地下化した川の上で都市開発は進展してきました。

しかし渋谷川は暗渠化してからも，駅周辺の地形や地下の構造を形作っています。渋谷川は今も原宿のキャットストリートの地下を流れ，新しく整備された渋谷駅のコンクリートの構造を南北に貫き，渋谷ストリームの敷地で地上に現れ，恵比寿から広尾，麻布，浜松

町を通り，東京湾へ流れ込んでいます。振り返ってみると，渋谷川はまさに谷底としての渋谷を形成した街のルーツであり，見えない場所で都市の構造に影響を与え，地表の活動を支えるインフラとして機能し続けてきました。そのルーツを覆うように広域化し高層化した都市開発の流れをもう一度源流へたどり直すことで，これまでとは別の視点から，都市の歴史とその行方を見通すことができるかもしれません。

/// *Exercise* 演習問題 ///

8.1 スマートフォンと SNS の普及は，都市空間にどのような変化をもたらすと考えられますか。1980 年代から 90 年代の状況と比較してください。

8.2 とくに 2000 年代以降，金融，情報，サービス業など高度な専門職を必要とする産業が都市部へ集中したことのメリットとデメリットを論じてください。

/// *Report assignment* レポート課題 ///

東京への人・モノ・情報・産業などの一極集中を緩和すべきだという指摘が繰り返されています。今後も東京への集中は続くのか，それとも地方創生や都心機能の分散が進む可能性があるといえるでしょうか。とくにメディアの変化に注目して論じてください。

横断的な映像文化の形成

Chapter

第 **9** 章

Quiz クイズ

Q9.1 日本の映画館入場者数がピークに達したのはいつか。
a. 1958 年　**b.** 1964 年　**c.** 1972 年　**d.** 1980 年

Q9.2 以下の選択肢から（1）1970 年代の出来事，（2）1980 年代の出来事をそれぞれ 3 つ選択すること。
a. 角川書店の映画製作への進出　**b.** 雑誌『ぴあ』の創刊
c. TSUTAYA（CCC）の創業　**d.** インベーダーゲームの流行
e. ファミリーコンピュータ（ファミコン）の発売
f. つくば科学万博の開催　**g.** スーパーファミコンの発売

★本章の学習をサポートするウェブ資料は，右の QR コードよりご覧いただけます。

Answer クイズの答え

Q9.1 a.   Q9.2 ⑴ a. b. d.   ⑵ c. e. f.

Chapter structure 本章の構成

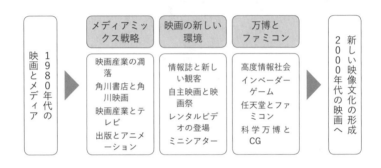

▷ **1980年代の映画とメディア**

　日本の映画産業は1950年代に活況を呈し，大手映画会社は毎週のように新作映画を公開し，映画館入場者数は58年に，劇映画製作本数と映画館数は60年にピークに達しました。しかし60年代には，一転して急激な衰退期を迎えます。58年に11億人を超えた年間映画館入場者数は，わずか5年後に半数以下に（**図9-1**），70年には4分の1まで落ち込みました。映画館数と劇映画の製作本数も急速に減少し，映画産業は大きな打撃を受けます。69年に日活は撮影所を売却，71年に製作を停止し，同年には大映が倒産します。映画界は再編の時期を迎え，70年代後半から80年代には他業種からの新規参入が相次ぎました（古田 2009; 四方田 2014; 北浦 2018）。

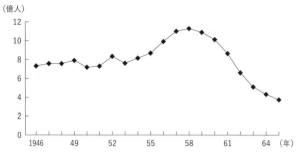

図 9-1 映画館の入場者数

(億人)

(注) 日本映画連合会（1957 年に日本映画製作者連盟に改組）の調べ。
(出所) 古田 2006。

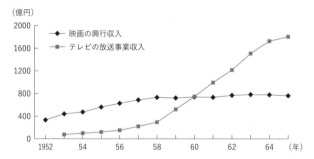

図 9-2 映画の興行収入とテレビの放送事業収入

(億円)

◆ 映画の興行収入
■ テレビの放送事業収入

(注) テレビ放送事業収入は NHK および日本民間放送連盟の調べ。映画の興行収入は日本映画
　　連合会（日本映画製作者連盟）の調べ。
(出所) 古田 2006。

　こうした映画産業の凋落の背景はいくつか指摘されていますが，なかでも大きな要因といわれたのが急速なテレビの普及です。1953 年に放送を開始したテレビは，当初は街頭テレビという形で都市空間に設置され，次いで 59 年の皇太子成婚パレードの中継や

受像機の低価格化，受信エリアの拡大などにより，60年代を通じて急速に家庭へ浸透しました。61年にはテレビの放送事業収入は映画の興行収入を逆転し（**図9-2**），75年にはカラーテレビの世帯普及率が9割を超えています（第5章）。「娯楽の王様」の地位が，映画館で見る映画から，家庭で見るテレビへと大きく交代したのです。また70年代にはアーケードゲーム，80年代にはファミコンやコンピュータグラフィックス（CG）によってコンピュータ化された映像が次第に普及します。映像メディアの転換期を迎えた70年代後半から80年代に，映像文化は大きく再編されていきます。

1 メディアミックスの戦略

▷ 映画産業と撮影所システムの凋落

先述したように，映画産業の凋落の要因の1つはテレビの急速な普及にあるといわれてきました。これに加え，当時の映画産業の課題，すなわち観客数の増加を上回る供給過剰，映画館の乱立による競争の激化，入場料の値上げなど複合的な要因が指摘されています（北浦 2018；古田 2009）。

また，既存の映画製作が硬直化し，大衆娯楽としての魅力を失い始めたこともその背景にあるといわれています。当時の映画産業は「撮影所システム（スタジオシステム）」と呼ばれる製作方式を採用していました（第4章）。これは主にアメリカと日本で組織化された垂直統合型の映画の製作・配給・興行のシステムです。日本の場合は松竹，東宝，大映，新東宝，東映，日活の大手製作会社が，自社の撮影所とスタッフ，専属契約の監督や俳優により製作した映画を，系列の映画館に配給し上映する方式が，1950年代に確立します。

撮影所システムは，映画の効率的な大量生産を可能にする一方，似たような映画の量産とマンネリ化，生産過剰を招き，映画産業の行き詰まりの一因となりました。70 年代後半から 80 年代には，本格的に撮影所システムが機能不全に陥り，出版やテレビなど他業種が映画業界へ参入する契機となります（四方田 2014）。

　この時期に異業種から映画製作へ参入した代表的な事例が，「角川映画」であるといえるでしょう。角川映画は，角川書店を中心とする角川グループによって製作された映画と関連事業のことで，1976 年から角川書店が出版した書籍を原作とする映画を製作し，大規模な宣伝により大きな成功を収めました。以後，映画，書籍，テレビ，広告にわたるメディアミックスの手法が「角川映画」「角川商法」の看板になっていきます。

▷　メディアミックスの理論

　戦後すぐのアメリカでは，さまざまな手法を組み合わせて効果的なマーケティングを行うことを「Marketing Mix」と呼び，理論化が進められていました（Borden 1964）。日本でも 1950 年代には広告業界でマーケティングミックスの手法が導入されています。またラジオドラマを原作に 53 年から翌年にかけて公開された映画『君の名は』3 部作は，映画主題歌のレコード販売やテレビ放送，関連グッズの展開も相まって大ヒットするなど，メディア横断的な宣伝活動を行いました（北浦 2019）。60 年代にはこうしたテレビやラジオ，新聞など複数のメディアを横断する広告，マーケティングの手法を「メディアミックス」と呼ぶようになります。

　たとえば 1962 年の広告業界誌では「メディア・ミックスに一役買ったポスター広告」という記事で，カナダ・ドライ社のラジオやテレビとポスター・屋外広告を横断する宣伝キャンペーンが紹介さ

れています（『ブレーン』2 [9]，62 年）。また 63 年には「異種媒体による広告のミックスについて」その効果の調査結果が発表され（『電通広告論誌』34，63 年），「最近メディア・ミックス意識が広告関係筋間に高まってきている」と指摘されているほか，最適な媒体選択をコンピュータによる消費者行動のシミュレーションに基づいて行ったアメリカの広告代理店の例が紹介されています（『電通広告論誌』35，63 年）。60 年代にはマーケティングの視点から効果的なメディアミックスの手法（媒体戦略）が研究され，実際に複数の媒体を組み合わせた広告やキャンペーンが展開されました。

出版業界のメディアミックス

　この時期の出版業界で，いち早くメディアミックスの手法を全面的に導入したのが角川書店でした。1967 年から刊行された『カラー版 世界の詩集』全 12 巻は，朗読と音楽を収録したソノシート（薄いビニール製レコード）や，原本の挿絵，舞台となった土地のカラー写真が付され，詩集としては空前の売上を達成します。角川春樹によれば，この頃「活字と映像と音楽」というメディアミックスの戦略が生まれました（角川 2016）。67 年には角川文庫をカラー表紙に変え，73 年には PARCO の広告を手がけた石岡瑛子（第 7 章）をアートディレクターに起用し，古典や教養のイメージが強かった文庫を若者向けのメディアに転換します。

　1968 年にアメリカ映画『卒業』が日本で公開されると，原作小説がベストセラーになり，再発売された主題歌がオリコン 1 位になります。こうした先行事例を参考に，角川はアメリカで出版された『ラブ・ストーリィ』を 70 年に翻訳・文庫化したことを皮切りに，映画の原作や小説化で次々とヒットを飛ばしました。角川文庫は「シネマ文庫」と揶揄されますが，「映画と音楽と活字の三位一

体」が成功の鍵だと確信した角川春樹は，映画事業への参入を進めます（中川 2016）。

▷ 角川映画の戦略

1975 年に角川源義の死去に伴い，春樹が角川書店社長になると，翌年に角川春樹事務所を立ち上げ，映画製作に参入します。76 年に横溝正史原作，市川崑監督の『犬神家の一族』を公開。製作費 2 億 2000 万円に対し，破格の 3 億円の宣伝費をかけ，テレビ CM や新聞広告だけでなく，完成記念パーティをイベント化して注目を集めます。さらに角川文庫の栞に映画の割引券を付け，書店で前売り券を捌き，主題曲のレコードも販売するという徹底したメディアミックス路線で宣伝を行いました（中川 2016）。結果，日比谷映画劇場で行われた先行ロードショーの週計の観客数は 5 万人を超え，当時 1 館当たりの週計興行収入の世界新記録を達成します。

また 1978 年には薬師丸ひろ子がデビューし，赤川次郎原作，相米慎二監督の『セーラー服と機関銃』（81 年）で主演を務め，人気を集めました。83 年には薬師丸と松田優作が主演の『探偵物語』に加え，オーディションを経てデビューした原田知世主演，大林宣彦監督の『時をかける少女』がヒットするなど，80 年代の角川映画はアイドル映画を中心に展開します。一方，つかこうへい原作，深作欣二監督の『蒲田行進曲』（82 年）が日本アカデミー賞の主要タイトルを独占するなど，作品としての評価も獲得します。

斜陽の映画業界に乗り込み，メディアミックス路線を全面に打ち出した角川映画は数多くの批判を浴びますが，興行的には成功し，1960 年代末に比べ角川書店の経常利益は約 50 倍に達します（角川・清水 2016）。長門洋平が指摘するように，撮影所システムから「異業種主導のメディアミックスへという時代の流れを決定的に印

象づけた初期角川映画は，まさに日本映画界における『戦後』の終焉を象徴するプロダクション」（長門 2016: 320）だったといえるでしょう。

映画産業とテレビ

　出版業界が映画製作に乗り出す一方，この時期にはテレビ業界も本格的に映画に参入します。先述したとおり，テレビの登場は映画産業に対する脅威となったため，映団連（社団法人映画産業団体連合会）は 1960 年に「テレビ対策委員会」を設け，劇映画のテレビ放映の禁止や映画俳優のテレビ出演の制限を定め，テレビと敵対する姿勢を打ち出しました。実際にしばらくの間，大手映画会社はテレビ局への自社作品の提供を停止し，各社専属の映画俳優は会社の許可なしにテレビ番組への出演ができませんでした（北浦 2018）。

　しかしながら 1960 年代に映画産業の凋落が決定的になると，大手映画会社はテレビ放送向け映画（テレビ映画）の製作に多数従事し（**図 9-3**），アニメーション産業とともに映画産業はテレビ放送への依存度を高めていきます（古田 2009）。これに対しフジテレビは，69 年にテレビ局の側からはじめて映画製作に乗り出しました。これは興行的に成功とはいえませんでしたが，77 年に角川から『人間の証明』の放映権を取得したことを契機に，本格的な映画製作に進出します。フジテレビは 83 年に映画『南極物語』を製作，テレビ・ラジオ・新聞・出版を傘下にもつフジ産経グループ総出で宣伝を行い，この年の興行収入 1 位を記録します。角川が試みたメディアミックスの手法はフジテレビ映画に導入され，90 年代にはテレビドラマと連動した大作シリーズへと発展します。

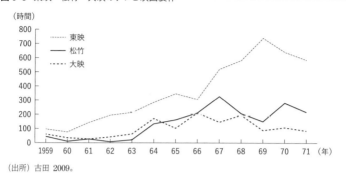

図 9-3 東映・松竹・大映のテレビ映画製作

(出所) 古田 2009。

▷ **出版とアニメーション**

　この時期に出版業界から映画に参入したのは角川書店だけではありません。徳間書店は，1969 年に理研映画，70 年にミノルフォン音楽工業を子会社化し，映像・音楽分野へ進出，さらに倒産した大映の経営再建を引き受け，74 年に大映映画株式会社を子会社化，76 年から自社の小説を原作とした映画の制作を開始します。また78 年にアニメ雑誌『アニメージュ』を創刊，雑誌を中心としたメディアミックスを展開し，アニメのノベライズの出版や，ファン向けのイベントを多数開催します (徳間書店社史編纂委員会編 1984)。

　『アニメージュ』で 1982 年から宮崎駿の『風の谷のナウシカ』[★]の連載が始まり，84 年には劇場版アニメ映画が公開されます。監督を宮崎駿，音楽を久石譲が担当し，徳間書店と博報堂が出資する製作委員会方式を導入し，映画本編では使用されなかったものの，安田成美が歌う「風の谷のナウシカ」(松本隆作詞，細野晴臣作曲) がCM や予告編で使用されました。興行的には大ヒットとはいえませんでしたが，作品は評価され，翌 85 年に徳間書店からの出資を受けスタジオジブリが設立される契機となります。

▷ 1980 年代のメディアミックス

　1984 年に小学館参与の北村公一は，テレビ，ラジオ，出版，新聞だけでなく，映画，ビデオ，レコード，広告，イベントを含めた幅広い分野にわたる連携が進んでいることを指摘し，以下のように述べています。「メディア・ミックス，あるいはマルチ・メディアによる情報伝達の方法は，次の時代のメディアが進むべき方向を，示唆しているのではないだろうか」（北村 1984: 127）。それはちょうどマサチューセッツ工科大学（MIT）メディアラボのニコラス・ネグロポンテ（第 1 章）が，分離していた印刷・出版産業と放送・映画産業，コンピュータ産業が融合するというビジョンを提唱した時期のことだったのです（ブランド 1988; 図 9-4）。

　かつて角川映画は「邪道」であり，その徹底したエンターテインメント路線は「角川商法」と揶揄されました。その一方で渡邉大輔が指摘するように，メディアミックス戦略や製作委員会方式，テレビ局が出資する映画製作，アイドル映画など，現在の映画産業やプロモーションの基礎を作ったと評価することができます[*]（渡邉 2021）。また大塚英志が指摘するように，出版産業により巨大な資本を投下し，才能ある監督によってスター俳優を輝かせる映画を作り，観客の広い支持を獲得する，というクラシックな大衆娯楽としての映画を温存する戦略だったともいえます（大塚 2014）。1970 年代から 80 年代に導入されたメディアミックスの手法は，衰退しつつあった映画産業の再活性化であるとともに，領域横断的な映像文化の時代の本格的な幕開けでもあったのです。

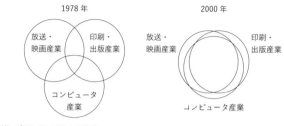

図9-4 MITメディアラボが提唱した産業の融合のビジョン（1979年）

1978年

放送・映画産業　印刷・出版産業

コンピュータ産業

2000年

放送・映画産業　印刷・出版産業

コンピュータ産業

（出所）ブランド 1988 より作成。

2 映画の新しい環境

▷ 情報誌とメディア横断的な観客

先述したとおり，1960年代の広告業界や，70年代以降の角川映画では，マーケティングの手法としてメディアミックスが導入され，大きな成功を収めました。この時期に複数のメディアを横断するマーケティングが効果を上げたのは，消費者の側もさまざまなメディアを横断しながら情報や文化を受容する状況がすでに成立していたからです。62年には新聞・ラジオ・テレビのマスメディア3媒体を横断して接触する消費者行動の調査が行われ，翌年には調査報告書『マス・メディア・ミックスと消費者行動』が刊行されています（サンケイ新聞広告局企画調査課編 1963）。

1970年代にはメディア横断的な消費者に向けた新しい情報誌が刊行されます。その代表が，72年に中央大学映画研究会の学生だった矢内廣とTBS報道局のアルバイト仲間を中心に創刊された『ぴあ』だといえるでしょう。映画，演劇，音楽の総合ガイド誌

『ぴあ』は，標的を若者に絞り，「ジャンルにこだわらない」「メジャーな情報もマイナーな情報も均一に扱い，思想性，批評性は排除する」という方針を掲げました。『ぴあ』はインターネットもスマートフォンもない時代に，文化を求める若者の貴重な情報源となり，80年代後半には発行部数53万部まで成長します（掛尾2013；『ぴあ』1: 26, 72年）。

▷ **若年人口の増加と情報誌の役割**

『ぴあ』が創刊され，若者の支持を集めて部数を急速に伸ばしていく1980年代は，18歳人口が増加するとともに大学進学率が上昇し，進学のために地元を離れ東京や近郊に移動する若者が増えた時期でもあります。第7章で取り上げたように，この時期には急速な都市開発が進み，世代や志向に応じて個別化した情報誌やファッション誌が登場し，『ぴあ』以外にもたとえば『anan』（70年創刊），『non-no』（71年），『JJ』（75年），『シティロード』（75年），『POP-EYE（ポパイ）』（76年），『Olive（オリーブ）』（82年），『CanCam』（82年）などが次々と創刊されていきます。吉見俊哉によれば，これらの雑誌は認識が困難なほど複雑化した都市のなかで，「若者たちはどこへ行き，何をすることができるのかを教える台本の役割」を果たしていたのです（吉見2008: 317）。

実際，山野辺一也は次のように回想しています。「東京のことは，すべて『ぴあ』に教わった。私が暮らし始めた80年代の東京は，巨大な迷路のようなものだった。……『ぴあ』に導かれながら，映画やコンサートに足を運んでいるうちに，自然に馴染めた」（掛尾2013: 14）。また町村敬志も「『ぴあ』や『シティロード』といった雑誌片手に，名画座や小さなスペースを巡ると世界中の作品や文化に触れる」ことができた（町村2021: 3）と記しています。これは

東京が大きく変化していく時期（第7章）に当たっており，1982年の『月刊アドバタイジング』誌（27［10］）は都市の情報を流通させるメディアである『ぴあ』と，「渋谷・パルコ・公園通り」をはじめとする都市のメディア化を同時代的な現象として取り上げています。

▷ **映画祭と映画の新しい環境**

　1970年代の撮影所システムの凋落は，他業種の映画業界への参入だけでなく，映画会社の助監督を経ずに，個人用の8ミリカメラを使ってアマチュア的に自主映画の製作を行う若い才能の登場を促します。長谷正人が指摘するように，小型の8ミリカメラは映画を手作りで「作る」楽しさを若者たちに気づかせる役割を果たしました（長谷 2022）。『ぴあ』はこうした自主映画のブームを後押しします。

　『ぴあ』は雑誌のみならず，1976年には「第1回ぴあシネマブティック」を開催し，自主製作映画の上映会を企画します。77年には東映大泉撮影所で演劇，映画，音楽を横断する34時間オールナイトの総合イベント「第1回ぴあ展」を開催するとともに，関連企画としてダンス・舞踏や絵画展，ミニコミ誌の販売，ビデオアートやライブ映像の展示を併設，2万人の来場者を集めます（ぴあ 1977）。さらに79年から80年には自主映画の祭典「Off Theater Film Festival '79」を東京，札幌，名古屋，大阪，福岡で開催，7000人の観客を集めます。全体のテーマを「映画の新しい環境づくり」に設定し，新たな才能の出現と製作システムの確立，配給ルートの開拓，興行システムの構築，宣伝スタイルの創造，批評環境の育成を通じて「映画をつくる側と見る側が一体となっての理想的な映画環境」の構築を目指しました（『ぴあ』104: 17，80年）。81年

には「ぴあフィルムフェスティバル」に改名。自主映画を公募し，受賞者に資金を与え，審査員を務める新進作家の助言をもとに製作を進める育成制度を整備しました（ぴあ 1981）。

1980 年代に『ぴあ』は発行部数 50 万部に成長するだけでなく，作家と観客を結びつけるイベントを企画し，映画文化の育成を進め，学生や自主映画を中心にした映画の新しい環境の構築を目指しました。それは「新しい映画感性を持つ若者と既成の映画産業をつなぐ貴重な媒体」（村川 1982: 10）であり，映画，音楽，演劇を横断的に楽しむ若い世代の観客と作家の登場と連動した取り組みだったのです。

▷ レンタルビデオと映画産業の拡大

『ぴあ』が部数を伸ばす 1980 年代には，映像文化の視聴経験を大きく変えるメディアが普及します。それが，テレビ番組の録画や映画ソフトの再生を可能にするビデオデッキです。ビデオは，それまで一度見たら終わりだった映画やテレビ番組を，好きな時間に繰り返し見ることのできる映像コンテンツへと変化させました（溝尻 2019; 図 9-5）。映画を見る空間は映画館から家庭へ，集団的経験から個人的経験へ本格的に移行します。日本電子機械工業会によれば，ビデオデッキの生産台数は 75 年の 12 万台から 81 年には約 79 倍の 945 万台と急速な伸びを示します（『ぴあ』169: 21，82 年）。

1980 年代にはビデオデッキの普及に対応して，レンタル事業が興隆します。日本ビデオ協会加盟（現・日本映像ソフト協会）の正規レンタル店は 84 年には 514 店でしたが，86 年には 2733 店まで増加します。85 年にはカルチュア・コンビニエンス・クラブ（CCC）が設立され，映像・音楽ソフトのレンタル店 TSUTAYA をフランチャイズ展開します。しかし大手映画会社はレンタル店を映画館の

図9-5 ビデオデッキ普及率

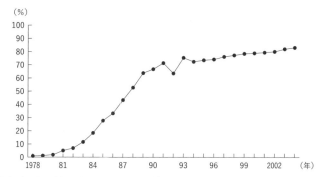

(注) 内閣府の「主要耐久消費財の普及率（全世帯）」より「VTR」普及率を抜粋した。なお「VTR」の項目は2004年を最後に調査対象から外れ，2005年からは新たに「DVDプレーヤー（再生専用機）」「DVDレコーダー（録画再生機）」が調査項目に加えられた。
(出所) 溝尻 2019。

競合相手と捉え，自社作品のビデオ化に積極的ではなく，新規オープンした店舗では需要に対してレンタル商品が不足する事態が発生します。この時期には，非正規の海賊版ビデオが横行し，85年には非正規の店舗も約5000あったとされます（近藤 2020）。

　レンタル黎明期のビデオ作品の不足は，映画産業に思わぬ効果をもたらしました。レコード会社や商社などが参入し，未公開の洋画や大手以外の作品がビデオ化され流通するようになったのです。ビデオ向け映画の需要が増し，自主製作映画出身の監督が低予算のビデオ映画の製作現場で活躍するきっかけとなります。結果，1980年代を通じて映画関連企業が新規に設立され，映画産業の裾野は一気に拡大します。85年には日本ビデオ協会（現・日本映像ソフト協会）がレンタルシステムを改定したことで大手映画会社も進出するなど，ビデオ市場は映画興行の3倍近い規模にまで拡大しました（掛尾 2013）。

▷ ミニシアターと東京国際映画祭

　ビデオバブルは意外な副産物も生みます。ビデオ用に買い付けられた洋画が後から劇場公開されることが増え，その受け皿として，座席数200程度のミニシアターがオープンします。1980年代には渋谷シネマライズ，シネヴィヴァン六本木，日比谷シャンテ，ユーロスペース，ル・シネマ，シネスイッチ銀座などが次々と開館します。ミニシアターは大手の映画館とは異なり，独自の判断で個性的な作品の公開が可能で，この時期の多様な作品の流通に重要な役割を果たしました。

　1985年には渋谷を舞台に東京国際映画祭[*]（第7章）が開催され，第1回のグランプリを相米慎二監督の『台風クラブ』が受賞しました。また前年のカンヌ国際映画祭でパルム・ドールを受賞したヴィム・ヴェンダース監督『パリ，テキサス』をはじめ世界主要映画祭の受賞作や最新の話題作だけでなく，セネガル，ニカラグア，アイスランド，モンゴルなど日本で公開されてこなかった国の作品や商業ベースに乗らない作品が多数上映されます（東京国際映画祭組織委員会 1985）。東京はこの時期に実験的なヨーロッパ映画からアジア映画まで，「世界でもっとも多様なフィルムを観ることができる映画都市」に変貌していきます（四方田 2014: 211）。

3 　科学万博とファミコン

▷ **高度情報社会とニューメディア**

　マーシャル・マクルーハンがメディア論を提唱した1960年代には（第1章），日本でも「情報化社会」の到来が盛んに論じられますが，70年代末には「もはやあの過熱気味の情報化社会論ブーム

の片鱗さえ見ることができない」といわれました（後藤 1984）。

　しかし1980年代になると，業務用コンピュータの導入を中心とした60年代から70年代の「第1次情報革命」とは異なる「第2次情報革命」の段階を迎えたと指摘され始めます。83年には通商産業省（現・経済産業省）が，産業・社会・生活の情報化が結びついた「高度情報化社会」の到来を，84年には郵政省が，データ通信によりネットワーク化された「高度情報社会」への移行を宣言します（長谷川編著 2013）。

　また1981年に日本電信電話公社（現・NTT）は高度情報通信システム（INS）構想に基づくデジタル電話回線とコンピュータネットワークの構築を発表します。ぴあは新聞社やテレビ局とともに実証実験に参加し，81年には「ぴあメディア・オデュッセイ198X」を池袋と渋谷の西武百貨店内に開設します。これは雑誌『ぴあ』に掲載された情報をコンピュータ端末から検索可能にするシステムで，見たい映画を選択すると作品の解説や上映館までの道順を表示し，紙にプリントアウトすることも可能でした（村川 1982）。また84年にはオンライン予約システム「チケットぴあ」を開始し，出版とイベント企画を超えて情報産業へと展開します。

　一方，1985年にCCCはTSUTAYAのフランチャイズ展開にNECの大型コンピュータを導入し，商品のデータベース化と各地の店舗のネットワーク化を進め，POSシステムにより在庫管理を行うシステムを構築しています。

　当時「ニューメディア」と呼ばれた衛星放送やCATV，ビデオテックスやデータ通信の実用化，インフラの整備が推進され，既存の産業がこぞって情報産業への転換を図りました。1985年に創設されたMITのメディアラボには，日本企業がスポンサーとして名を連ね，この時期のMIT大学院の外国人留学生数は，日本がカナダ

に次ぎ第 2 位を占めていました（ブランド 1988）。コンピュータとデータ通信の導入と整備が進められるなかで，映像文化もまた再編されていきます。

▷ インベーダーゲームの流行

この時期にコンピュータがもたらした新しいメディアが，インタラクティブな映像文化としてのビデオゲーム★であるといえるでしょう。1975 年にアメリカのアタリ

テーブル型のインベーダーゲーム
（出所）Wikimedia Commons.

社が家庭用ゲーム機 Home PONG を発売します。日本では 78 年にタイトーが発売した『スペースインベーダー★』が大流行します。

『スペースインベーダー』は小型のコンピュータとテレビの CRT ディスプレイ（ブラウン管）を一体化したゲーム機で，当時普及し始めた駅の自動券売機や銀行の ATM などと同様の技術的基盤をもっていました。ゲームセンターのコイン式ビデオゲーム機として登場したインベーダーゲームは，喫茶店のテーブルに組み込まれることで，飲食店や商業施設の一角など街中に進出します（図版）。

1979 年に現代風俗研究会が実施した調査によれば，吉祥寺駅北側の約 800 m×1000 m の区域内でインベーダーゲームは 77 カ所に設置されており，うち喫茶店・スナックが 41，ゲームセンターが 34，電気店が 1，地下連絡通路が 1 カ所でした。78 年まで吉祥寺にゲームセンターは 1 軒のみで，新規開店した 2 軒を除き，31 軒は喫茶店，スナック，ホストクラブ，レストラン，洋菓子店などから転業しており「街はインベーダーに侵略されたかに思えるほどの

普及率」と報告されてい
ます（守津ほか 1979: 36）。
また 79 年 12 月の調査
によれば，当時専業のゲ
ームセンターが 5828 店
舗だったのに対し，喫茶
店等との併設店が 3 万
5196 店舗，その他スナ
ック，食堂，レストラン，
ドライブイン，旅館，ホ

任天堂ファミリーコンピュータ
（出所）時事通信フォト。

テル等との併設店が 2 万 6827 店舗を占めていました（警察庁 1983）。
インベーダーゲームの流行はこうした併設店を一気に増加させ，ゲー
ム機を都市空間に拡張したといえるでしょう。

ファミリーコンピュータの登場

インベーダーゲームは利用者と産業の両面でゲーム文化の裾野を
大きく広げ，結果的にゲームセンターの「電気機械（エレメカ）か
ら電子機械（コンピュータ）への移行」を進めました（小山 2020; 川
﨑 2022）。しかし，子どものゲーム利用に対する教育者や PTA か
らの批判が相次ぎ，業界が自主規制と自粛を強いられるなど 1979
年末には流行は終息へ向かいます。これに対し，80 年代は本格的
な家庭用ゲーム機の時代を迎え，83 年には任天堂からファミリー
コンピュータ（ファミコン）が発売されます（図版）。

ファミコンは業務用の大型コンピュータとは異なり，家庭に浸透
していたテレビをコンピュータに接続することで「テレビという一
方通行的なコンテンツを，自分が選択した面白い双方向的な遊びに
変換」し，パソコンの普及に先立って新しい映像文化を身近な経験

にしました（上村ほか 2013: 16）。1985 年に販売された『スーパーマリオブラザーズ*』は熱狂的なブームを引き起こし（第 5 章**コラム 9**），87 年には本体の販売は 1000 万台を超え，家庭のテレビはファミコンに占拠されていきます。高性能のハードと工夫が凝らされたソフトの数々は 80 年代を通じて大ヒットし，家庭用ゲーム市場は映画の興行収入を上回る規模まで成長します（矢田 1996）。

▷ プラットフォーム企業としての任天堂

　上村雅之らは，ファミコンにおける「技術的革新」から「ビジネスとしての革新」への転換の背景に，プラットフォームビジネスの成立と拡大があったと指摘しています（上村ほか 2013）。イアン・ボゴストとニック・モンフォートは，アタリ社のビデオゲームを分析し，半導体と回路基盤，コントローラや周辺機器などパッケージ化されたハードウェアだけでなく，OS や他のソフトウェアまでを横断して構築されたアタリのシステムを，プラットフォームの代表的な事例として論じました（Montfort & Bogost 2009）。これに対し，任天堂はハードとソフトを横断するファミコンというプラットフォームから出発し，さらに戦略的なビジネスモデルを構築します。

　平野敦士カールとアンドレイ・ハギウは，経営戦略としてのプラットフォーム戦略を，「多くの関係するグループを『場』（プラットフォーム）に乗せることによって外部ネットワーク効果を創造し，新しい事業のエコシステム（生態系）を構築する戦略」（平野＆ハギウ 2010: 1-2）と説明しています。任天堂はハードの普及には充実したソフトの開発が不可欠と考え，外部のソフトメーカーの参入を積極的に支援します。結果として，ファミコンを中心にさまざまな企業と才能が集まり，良質なソフトが多数開発されることで，世界的な規模での産業の拡大につながりました（矢田 1996；上村ほか

2013)。さらに任天堂は 1989 年に携帯型のゲームボーイ，90 年に
はより高性能なスーパーファミコンを発売しています。

ゲームとメディアミックス 2.0

　ファミコンの流行と任天堂のオープンなプラットフォーム戦略は，
ゲームを中心とした新しい形のメディアミックスの展開をもたらし
ます。1980 年代にはゲーム専門誌やユーザーコミュニティから生
まれた攻略本が次々と出版され，漫画雑誌やテレビと連動した企画
も進みます。たとえば，小学館の『月刊コロコロコミック』とハド
ソンの連携による「高橋名人」シリーズや，集英社の『週刊少年ジ
ャンプ』とエニックスのコラボレーションによる人気ゲーム「ドラ
ゴンクエスト」の誕生など，「ゲーム・アニメ・漫画という日本型
のメディアミックス」（上村ほか 2013: 193）が展開します。

　1986 年には角川春樹の弟・歴彦が中心となって角川書店が手塚
治虫原作『火の鳥・鳳凰編』のファミコンゲーム化とビデオアニメ
（OVA＝original video animation）化を進めます。87 年には社内に
「メディアミックス室」が設置され，活字・映画・音楽中心の角川
映画からマンガ・アニメ・ゲーム中心のメディアミックスへ転換し
ます（佐藤 2007）。マーク・スタインバーグは，春樹と歴彦の 2 つ
の戦略は対象が異なるだけでなく，前者があくまで原作小説の映画
化を中心に据えたのに対し，後者は「オープンで無制限にメディア
をミックスするモデル」であり「メディアを横断する物語」を生み
出すことで，デジタル化以降のプラットフォーム文化の源流の 1
つとなったと指摘しています（スタインバーグ 2015）。

科学万博と新しい映像文化

　『スーパーマリオブラザーズ』が発売された 1985 年には，「人

図 9-6 コズミックホールの断面図

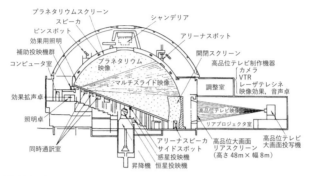

プラネタリウムスクリーン
スピーカ
ピンスポット
効果用照明
補助投映機群
コンピュータ室
プラネタリウム映像
マルチスライド映像
効果拡声卓
照明卓
同時通訳室
シャンデリア
アリーナスポット
開閉スクリーン
高品位テレビ制作機器
カメラ
VTR
レーザテレシネ
映像効果, 音声卓
調整室
高品位テレビ映像
リアプロジェクタ室
アリーナスピーカ
サイドスポット
惑星投映機
昇降機　恒星投映機
高品位大画面
リアスクリーン
(高さ48m×幅8m)
高品位テレビ
大画面投写機

(出所) 杉本・渡辺 1985。

間・居住・環境と科学技術」をテーマに国際科学技術博覧会（つく
ば万博[★]）が開催されます。19世紀から20世紀初頭の万博は基本的
には産業と技術の発展を示すモノの展示を中心にしてきましたが，
これに対し，20世紀後半とりわけ67年のモントリオール博覧会[★]以
降は，映像体験型の展示が主流になります。「映像万博」と呼ばれ
たつくば万博でも政府出展館に設置された「コズミックホール」の
大画面ハイビジョン映像（**図 9-6**）をはじめ，民間のパビリオンで
は28館のうち25館で映像が使用されました（吉見 2010; 江藤
2021）。また，会期中には仮設ではあるものの日本初の写真美術館
である「つくば写真美術館」が併設されています（粟生田・小林編著
2014）。

　つくば万博で導入された映像技術は，表面的にはテレビや映画と
類似していたため，「それまでの万博の焼き直し」「従来型のフィル
ムを使った映画街」などと揶揄されました。しかし「コンピュータ
が従来の裏方から主役として登場した初めての万博」（中嶋・安居院
1985: 622）と指摘されるように，その画面はコンピュータによる制

御やデジタル化した光ファイバーのネットワークと接続され，CG
が盛んに導入されるなど，従来のテレビや映画とは技術的に異なる
ものに変貌しつつあったのです。

▷ 映像通信とコンピュータグラフィックス

たとえば EXPO'85 日立グループ館に設置された「インターフェ
イスシアター」では，カラー・コンピュータグラフィックスによる
3D 映像が世界ではじめて劇場公開されています。また NEC C&C
パビリオンでは，コンピュータを使った双方向型の映像システムが
設置され，「ときには観客がスクリーンに登場し，また，ときには
一大ゲームマシンに変わるという具合に，いままでにない新しい映
像の世界」が提示されました（小倉 1985: 569）。

一方，KDD（現・KDDI）は万博内の会場とサンフランシスコの
スタジオをデジタル回線と衛星でつなぎ，デジタル方式のビデオ会
議システムを公開します。さらに万博会場には松下電器の「アスト
ロビジョン」，三菱電機の「オーロラビジョン」が設置され，大型
コンピュータや通信システムと接続された大型映像通信の可能性が
示されており，後に都市空間に配備されるデジタルサイネージの原
型となるようなさまざまなシステムの実験が行われました。

▷ ジャンボトロンと TV WAR

つくば万博で公開された映像技術のなかでもひときわ注目を集め
たのは，SONY が開発した 40 m×25 m の世界最大のカラーディス
プレイ「ジャンボトロン」でした（**図9-7**）。1980 年に新宿駅前の
スタジオアルタに設置された大型の「アルタビジョン」は，白熱電
球の光源で白黒の表示に限られていました。これに対しジャンボト
ロンは高輝度の発光素子を用いた CRT（ブラウン管）式投写型デジ

図 9-7　ジャンボトロンの構造図

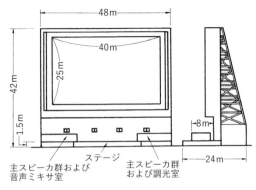

（出所）島田・渡辺 1985。

タルカラーテレビで，白昼でも視聴可能な明るさを達成し，会期中
は通常のテレビ放送のほか，イベントの中継やコンピュータゲーム
大会も開催されています。

　万博の最終日にはジャンボトロン前のステージで，浅田彰の企画，
坂本龍一の演奏，Radical TV の映像によるパフォーマンス「TV
WAR」が開催されました。これはビデオとシンセサイザーが可能
にした映像と音のサンプリングとリミックスに，さまざまな効果を
リアルタイムで加えるもので，当時の新しい技術によって映像表現
と音楽の可能性（第5章）を拡張する試みでした。浅田によれば，
テレビは 1980 年代にデジタル化しネットワーク化し，都市の全域
に拡張し遍在することで，かつてのテレビや映画とはまったく異な
る「TV」へと進化しつつありました。「TV WAR」は新しい TV＝
ジャンボトロンを使って，映像技術の進化をその先端でさらに加速
することを目指したのです（浅田 1987）。

コラム15　情報化未来都市の構想　つくば万博で実験的に試みられたさまざまな映像・情報のシステムは，その後の都市計画の構想に導入されていきます。1987 年に通産省機械情報産業局の「情報化未来都市構想検討委員会」は中間報告をまとめ，「第三次産業革命とも称すべき技術革新と情報革命」の胎動を背景として，「21世紀に対応する先進的な情報システムの先行的な導入を推進する」情報化未来都市の構想を 6 つのモデル地域，すなわち①東京港臨海部地区，②川崎市都心・臨海部地区，③千葉幕張新都心地区，④横浜みなとみらい 21 地区および関連開発地区，⑤大阪南港・北港地区，⑥関西新空港対岸前島地区に定めました。検討委員会は「21 世紀に向けての経済社会の新たな潮流は，都市を舞台にして実現する可能性が高い」として，都市機能の充実とともに「情報・文化創造の拠点機能」が必要だとしています。中間報告では，新たな情報や文化の創造として，ファッション・建築・造形デザインの創造，ソフトウェア・データベース等の形成，アニメ・音楽・映画の創造などが挙げられました（情報化未来都市構想検討委員会編1987: 3-6）。情報と文化が結びつく創造の舞台としての「情報化未来都市」は，その後の渋谷ビットバレー構想やエンターテインメントシティ構想（第 8 章）の原型ともいうことができるでしょう。

ポストメディア時代への入り口

　1970 年代後半から 80 年代には，一方で映画産業と撮影所システムが凋落し，これに対し角川書店やフジテレビが巨大な資本を背景に他業種から参入し，ぴあは自主映画の支援を通じて映画の新しい環境の構築を目指しました。また他方でコンピュータや通信技術の発達は，ゲームや CG，映像通信など新しい映像文化の登場を促し，さらに映画やテレビは新しい技術によって再編されていきます。ファミコンやつくば万博の映像技術はその現れだといえるでしょう。

　ジョナサン・クレーリーは 1984 年に，70 年代までに機能してい

たテレビは姿を変え，新しい遠隔技術やコンピュータのネットワークのなかで再構成されつつあると指摘しています（クレーリー 1987）。またフェリックス・ガタリは 86 年に，現代は「ポスト・メディア時代への入り口」であり，情報通信など最新の技術を自分たちの手に取り戻し，創造的な次元を拡大することが必要だと論じました（ガタリ 1987）。80 年代半ばには，新しい情報技術が登場し，従来の映画やテレビが再編されていくなかで，領域横断的な映像文化が形成され，それらを基盤とした創造と産業化のせめぎ合いもまた顕在化しつつあったのです。

/// Exercise 演習問題 *///*

9.1 1980 年代と現在の日本映画のメディアミックス戦略を比較した場合，共通点と差異はどこにあるといえるでしょうか。メディア環境の変化に注目して論じてください。

9.2 ファミコンはいかなる点で，1980 年代の映像文化に革新をもたらしたといえるでしょうか。同時期のテレビや映画と比較して論じてください。

/// Report assignment レポート課題 *///*

1980 年代以降の角川（KADOKAWA）とぴあ（ぴあ株式会社），TSUTAYA（CCC）の業態の変化を調査し，それぞれがメディア環境の変化にどのように対応したか比較，分析してください。

ハリウッドと
シリコンバレー

Quiz クイズ

Q10.1 コンピュータが構築した仮想空間を「サイバースペース」と
名づけた SF 小説は次のどれか。
a.『ブレードランナー』　**b.**『ニューロマンサー』
c.『バック・トゥ・ザ・フューチャー』
d.『スノークラッシュ』　**e.**『マトリックス』

Q10.2 1997 年の創業当時，ネットフリックスが行っていた事業は次
のどれか。
a. ビデオレンタル　**b.** 音楽配信　**c.** 映画配給
d. テレビドラマ制作　**e.** 通信販売

Q10.3 2017 年の全世界のインターネット・トラフィック（通信データ
量）のうち，動画の占める割合に最も近いものは次のどれか。
a. 35%　**b.** 55%　**c.** 75%　**d.** 95%

★本章の学習をサポートするウェブ資料は，右の QR コードよりご覧い
ただけます。

Answer クイズの答え

Q10.1 b.   Q10.2 a.   Q10.3 c.

Chapter structure 本章の構成

⬚▷ **2000年代の映画とメディア**

　2001年9月11日，ニューヨークの世界貿易センタービルにハイジャックされた2機の航空機が相次いで突入し，世界経済の象徴でもあった超高層のツインタワーが崩落します。同時多発テロ事件はリアルタイムでテレビ中継され，世界中の人々に衝撃を与えると同時に，その光景はしばしば「ハリウッド映画のようだ」と称されました。それは故なきことではありません。1990年代後半にハリウッドではデジタル化が進展し，97年の『タイタニック』や98年の『アルマゲドン』など，現実離れした規模の爆破や崩壊をコンピュータグラフィックス（CG）で出現させる大作映画が多数製作されるようになっていたからです。CGをはじめとするデジタル技術の導入は，映画の表現だけでなく，流通や産業の構造に大きな影響

を与えていきます。

　また2機目の航空機がタワーに突入する光景は，現場近くにいた多くのアマチュアによって撮影されました。動揺と恐怖を直接伝えるかのように大きく揺れる画面と途切れ途切れの音声，手持ちカメラによる主観的な映像は，テレビ局や報道記者とは異なる視点で現場のリアリティを伝えました。こうしたアマチュアの映像は，後にカメラ付き携帯電話やスマートフォンとSNSの普及により，広く流通することになります（第3章・第11章）。2000年代には映画の製作もまた，こうしたさまざまな形態の映像の流通とそれを前提とする観客の存在によって，大きく再編されていくことになるのです。

1　映画とコンピュータグラフィックス

▷　コンピュータグラフィックスの登場

　ジェイコブ・ガブリーによれば，CGの開発はコンピュータの歴史そのものと同じくらい古く，単に映画やテレビ，ゲームの視覚効果にとどまるものではありません（Gaboury 2021）。三井秀樹は現在のCGの原型となる技術として，(1) 1950年代末にアメリカ空軍が導入したグラフィックディスプレイ搭載の迎撃用防空システム（SAGE*; 図版）とフライトシミュレータ，(2) 60年にボーイング社とマサチューセッツ工科大学（MIT）が共同開発した航空機設計用のCAD（コンピュータ支援設計）システム，(3) 62年にMITのアイバン・サザランドが開発したペン入力式の双方向型画像処理システム「スケッチ・パッド*」を挙げています（三井 1988）。

　またガブリーは，1960年代にユタ大学でサザランドが進めた

「人間と機械の画像的なコミュニケーション」の研究プロジェクトの重要性を指摘しています。CGは単なるイメージや視覚効果ではなく，コンピュータによって世界を媒介し，シミュレートし，操作可能にする技術でもあるのです（Gaboury 2021）。

AI の HAL9000 を登場させた先駆的なスタンリー・キューブリック監督の『2001 年宇宙の旅』（1968 年）に続き，1970 年代後半から 80 年代にはジョージ・ルーカス監督『スター・ウォーズ』（77 年），スティーブン・スピルバーグ監督『E. T.』（82 年），リドリー・スコット監督『ブレードランナー』（82 年）など，冷戦期の宇宙開発と軍事開発の影響を強く受けた SF 映画が数多く製作されます。ルーカスは『スターウォーズ』のために，インダストリアル・ライト＆マジック（ILM）を設立し，コンピュータ制御のモーションコントロールカメラによる撮影など新しい特殊効果（SFX）の開発を進めます。

しかし当時の SFX は，リアプロジェクション，マットペインティング，ストップモーションなど実写と模型や絵画による技術が中心でした。1982 年にはついにディズニー映画『トロン』が，主人公のゲーム開発者がコンピュータ内部の仮想世界に転送されるシーンで，15 分のフル CG シーンを導入します。その画期的な映像表現は高く評価される一方，制作に多大なコストがかかり，多くのシーンではアニメーションや実写の背景合成が併用されました。

SAGE システムの制御室
（出所）Wikimedia Commons.

1980 年代には CG 制作に莫大な時間と費用が必要だったため，映画への導入は部分的にとどまります。一方この時期には，コンピュータの処理速度と現実をシミュレートする技術の向上により，VR や人工現実（Artificial Reality）の研究が注目を集めました。

1984 年には，ウィリアム・ギブスンが SF 小説『ニューロマンサー』でコンピュータが構築した仮想空間に「サイバースペース」という名前を与えます。またルーカスフィルムは『バック・トゥ・ザ・フューチャー』（85 年）と同時期に，マルチプレイヤー型オンライン仮想環境「ハビタット*」を開発します。ハビタットではアバター同士の会話や商品の購入が可能で，現在のオンラインゲームの原型ともいえます（ベネディクト 1994; 第 12 章）。89 年には都市開発シミュレーションゲーム『シムシティ』が発売されるなど，コンピュータ上の仮想空間や CG，VR の開発と映画や小説，ゲームで描かれる想像世界の構築が並行して進展します（ラインゴールド 1992; クルーガー 1991）。

1990 年代になると，コストダウンにより CG の大規模な導入が進みました。フル CG の恐竜を登場させたスピルバーグ監督『ジュラシック・パーク*』（93 年）が大ヒットし，興行収入の記録を塗り替えます。またディズニーはピクサー・アニメーション・スタジオと世界初の 3D 長編アニメ映画の配給契約を結び，『トイ・ストーリー*』（95 年）を公開，この年の興行収入 1 位を獲得。ピクサーのジョン・ラセター監督はアカデミー特別業績賞を受賞しました。

ILM から独立したピクサーは，ユタ大学でサザランドに学んだコンピュータ科学者エドウィン・キャットマル，パロアルト研究所に在籍したアルヴィ・レイ・スミス，そして Apple 創業者で当時経営陣との対立で一時退職したスティーブ・ジョブズなど，コンピ

ュータ開発の鍵となる人々により創設されています（プライス2009）。第二次世界大戦を通じて進んだ「映像技術（ハリウッド）と軍事技術（ペンダゴン）の結合」（吉見 2022: 65）により，軍事開発や機械設計の一環で研究が進展した CG は，冷戦終結後の 1990 年代に映画やゲームにおいて大規模な開発と応用が進み，ハリウッドとシリコンバレーの連携が促進されます。

▷ バーチャルシネマの出現

1995 年に MIT メディアラボのニコラス・ネグロポンテは，デジタル化によってアトム（物質）からビット（情報）への不可逆な変化が生じると論じました（ネグロポンテ 1995）。この頃には実写と CG，3D アニメーションが複雑に組み合わされた視覚効果（VFX）が大作ハリウッド映画の中心に浸透します。95 年にはデジタル編集された映画の本数がアナログ編集された映画を超えました。また 96 年には DVD の販売が開始し，97 年には CG で豪華客船とその沈没を再現した『タイタニック』，98 年には CG を多用し地球滅亡の危機を描いた『アルマゲドン』が大ヒットするなど，本格的なデジタル映画の時代が幕を開けます（池田 2012; 北野 2017）。

そして 1999 年公開のウォシャウスキー姉妹監督『マトリックス』は，コンピュータ化された映画製作の可能性をさらに拡張しました。たとえば「バレットタイム」と呼ばれる撮影手法は，約 100 台のカメラを使った高速連続撮影の技術で，高速で移動するカメラの視点に対し，被写体は静止またはスローモーションで動くように見えます。『マトリックス』ではバレットタイムで撮影された映像を，さらに CG 処理することで，時空間が急激に歪むかのような映像を作り出しています。

バレットタイムをはじめ，『マトリックス』が実現した手法は，

「バーチャルシネマ*」と呼ばれました。1990年代末には，写真や映画の一場面など実際に撮影した素材を処理し，その断片からコンピュータ上にデジタル化した仮想空間を構築することで，現実のカメラでは撮影できない角度や速度でコンピュータ上の視点を操作し，自在に編集することが可能になります。

　こうしたコンピュータでの操作が映画製作の中心になると，その作業はスタジオでの撮影よりも研究所や実験室での開発に近づきます。実際，『スター・ウォーズ エピソード1』（1999年）は65日の撮影に対し，ポストプロダクション（撮影後の編集作業）に2年以上かけ，95%のショットがコンピュータ上で作られました（マノヴィッチ 2013）。

▷ デジタル映画とカメラの消失

　CGの発展が映画表現に与えた大きな影響の1つは，「カメラの消失」にあるといえるでしょう。映画撮影は基本的にカメラのレンズとフィルム，撮影者の身体という物理的制約に縛られてきました。しかしコンピュータ上で構築されるバーチャルカメラはそうした制約から解放され，「過剰に奔放な空間移動と異常に長い長廻し」（加藤 2005: 46）が可能になります。たとえば『スパイダーマン*』（2002年）における空中での絶え間ない跳躍や落下，急激な方向転換のように，重力の軛を逃れて動き回るバーチャルカメラの運動自体が，2000年代以降の映画に驚きと魅力をもたらす要素となります。

　北野圭介は，こうした映画とアニメーション，CGが融合し，カメラの限界を超えた新たな表現を「進化したリアリズム」と呼んでいます（北野 2017: 322）。またレフ・マノヴィッチは，デジタル映画とは「ライヴ・アクションの素材＋絵画＋画像処理＋合成＋2D

コンピュータ・アニメーション＋3D コンピュータ・アニメーショ
ン」であり，表面的には実写のように見えたとしても，合成された
アニメーションの一形態になっていると指摘しました（マノヴィッ
チ 2013: 413）。

CG キャラクターの創造

デジタル映画における「進化したリアリズム」の特徴は，人や物
の現実の動きを記録する技術であるモーションキャプチャやそれを
応用した CG キャラクターの創造[*]に表れているといえるでしょう。
俳優の演技や表情の微細な動きが 3 次元で記録可能になったこと
で，それが CG の動作に反映され，より人間的で自然な動きが達成
されます。たとえば『ロード・オブ・ザ・リング／二つの塔[*]』
(2002 年) で俳優アンディ・サーキスのモーションキャプチャによ
り創造された架空の生物ゴラムは，その「演技」が評価され，放送
映画批評家協会「デジタル演技パフォーマンス賞」や MTV「バー
チャルパフォーマンス賞」を受賞しました（Bode 2017）。

デジタル技術によるゴラムの創造について，トム・ガニングは，
それが新しい効果であると同時に，映画史の起源や技術的想像力の
歴史に連なる現象だと指摘しています。たしかにゴラムの創造は，
モーションキャプチャや音声合成技術，3D アニメーションの複合
により可能になりました。しかし，ジョルジュ・メリエスの『月世
界旅行』（第 4 章）のように，映画は 100 年以上前から特殊効果に
より架空の生物のイメージを創造してきました。CG などの技術は，
映画の本質を変化させたというより，「長い伝統が最高潮に達した
もの」（ガニング 2021: 335）であり，現在のハリウッド映画の表現
は，フィルム時代の技法の蓄積とデジタル以降の技術，古くから神
話や物語で繰り返し語られてきた想像や空想の融合でもあるのです。

2 ハリウッドの再編と新しい観客

新しい王国の建設

CG が導入されていく 1980 年代は、ハリウッドの産業構造が大きく変化していく時期でもあります。すでに 60 年代からハリウッドとテレビ業界には相互依存的な関係が成立しており、ハリウッドは「テレビ番組の製作を不可欠な収入源として構造的に組み入れ、これによって商品の多様化と事業の多様化」を実現していました（古田 2009: 188）。70 年代末から 80 年代には映画界と関連業界のより多角的な連結が進み、大手映画会社で製作された映画はテレビ放映だけでなく、ケーブルテレビやローカル局、ビデオや DVD のレンタルとソフト販売、飛行機内での上映、テーマパーク、関連書籍やゲーム、玩具に至るまで、より多様な経路で流通し、それぞれの放映時期と使用料が細分化、管理され、全体のシステムに組み込まれていきます（北野 2017）。

北野によれば、結果としてハリウッドと関連企業群は、「多様な上映形態を弾力的に管理下において、新たなる垂直統合」（北野 2017: 244）へと変化します。この過程で映画産業は映画館興行中心から、製作した映画を多様な経路で流通させ利益を上げる構造に転換し、ハリウッドは配給を中心とした各種メディア・エンターテインメント産業の多角的連結による巨大な複合体（メガ・コングロマリット）へ変貌します。

VFX とハリウッドの新しい地政学

1990 年代以降の CG の導入とデジタル化は、ハリウッドとシリ

コンバレーというカリフォルニアの 2 大産業の融合を進めました。また映画製作における視覚効果の比重の増大は，新たな分業体制を生みます。アレン・スコットによれば，アメリカでは 90 年代半ばから VFX 制作会社の設立が相次ぎ，2002 年には 780 社以上に達します。その多くは小規模で，映画だけでなく CM，テレビ番組，ウェブデザイン，ゲーム，ミュージックビデオ（MV）の視覚効果を請負い，70% 近くがハリウッドのある南カリフォルニアに集積し，次いで約 7% がシリコンバレーのあるベイエリアに立地していました（Scott 2005; **図 10-1**）。

VFX 産業がハリウッド周辺に集積する一方で，同時期には，より人件費が安いカナダやオーストラリア，ニュージーランドへ制作の外注も進みます。たとえば『マトリックス』で使用された 3DCG ソフトはカナダのソフトイメージ社が開発しています。また『ロード・オブ・ザ・リング』3 部作の VFX はニュージーランドの WETA デジタルによって制作されました。2000 年代以降，VFX や 3DCG，アニメーション制作の外注は韓国や台湾，シンガポール，インド，中国などに及び，国際的な分業体制が進展します[*]。

CG による VFX を多用した超大作映画（ブロックバスター）は巨額の投資を必要とするようになり，国内市場のみならず，海外市場で大きく成功しなければ製作資金を回収するのが難しい規模にまで膨れ上がります。ハリウッドのグローバル化は急速に進み，スコットによれば，アメリカ国内の興行収入が 1986 年の 59.7 億ドルから 2001 年の 84.1 億ドルへ 41% 増だったのに対し，同時期の映画とレンタルビデオの輸出額は 16.8 億ドルから 93 億ドルへ 453% の急激な増加を記録しています（Scott 2005; **表 10-1**）。

図10-1 南カリフォルニア周辺の VFX 制作会社の集積 ─────────

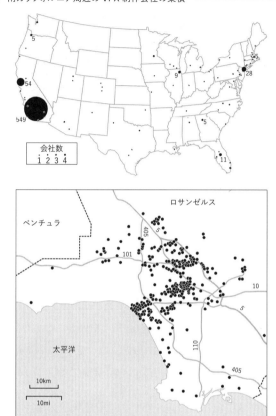

(出所) Scott 2005 をもとに作成。

▷ コンバージェンスと新しい観客性

　ハリウッドが映画館での興行から配給中心の産業構造へ転換した
ことは，映画がテレビやケーブルテレビ，ビデオや DVD によって
家庭での鑑賞を中心とする娯楽に転換したということでもあります。
映画のホーム・エンターテインメント市場へのシフトは，家庭のテ

表 10-1　アメリカからの映画とレンタルビデオの輸出額と地域別の割合

地域	1986 年	1991 年	1996 年	2001 年
ヨーロッパ（％）	60.3	66.5	64.9	62.8
アジア・太平洋地域（％）	22.1	18.3	19.3	17.1
南北アメリカ（％）	17.9	12.5	13.0	16.9
アフリカ（％）	—	1.0	1.2	1.0
中東（％）	—	0.5	0.8	1.1
世界（億ドル，名目）	10.71	19.62	49.82	93.04
世界（億ドル，実質）	16.28	24.00	52.90	93.04

（出所）Scott 2005 をもとに作成。

レビで番組や映画だけでなく映像や音楽関連のソフト，各種ゲームなどを横断的に楽しむような複合的な観客を重要なターゲットにすることを意味していました（エプスタイン 2006）。こうした状況はデジタル化によってさらに進展し，さまざまなメディアが技術的・産業的に相互の関連性を深化させていきます。

　ヘンリー・ジェンキンズは，2000 年代に顕著になった（1）複数のメディアプラットフォームにわたるコンテンツの流通，（2）多数のメディア企業の協働，（3）エンターテインメント体験を求めてメディア横断的に回遊するオーディエンス，という複合的な変化を「メディアコンバージェンス」と呼び，それが形成する「コンバージェンス文化」に注目しました（ジェンキンズ 2021）。ジェンキンズによれば，産業と技術の複合，すなわち 1980 年代後半以降の複合企業化とデジタル技術によるメディアの融合が合流した地点がコンバージェンスの世界であり，この世界で消費者やファンは活発にメディアを横断して回遊し，コンテンツや物語を追いかけ，散乱した情報をつなぎ合わせようとするのです。

　ジェンキンズは，こうしたコンバージェンス時代の作品として

『マトリックス』（1999年）を例に挙げています。『マトリックス』は，続編『マトリックス リローデッド』（2003年），『マトリックス レボリューションズ』（03年）のほか，短編アニメ集『アニマトリックス』（03年），ゲーム『ENTER THE MATRIX』（03年）『The Matrix Online』（05年）やコミックスを展開し，複数のメディアを横断して壮大な物語を作り上げます。コンバージェンスの時代には，メディアを横断して回遊する消費者に対応したトランス・メディア・ストーリーテリング（TMS）こそが，作品制作だけでなくマーケティングでも重要になるのです（ジェンキンズ 2021）。

▷ 世界構築の技法

　物語の断片が複数のメディアにまたがることで，より大きなスケールで物語を創造する TMS は，結果として個々の映画やフランチャイズ商品の展開を超えて，包括的な「物語世界の創造」「世界構築の技術」を目指すことになります（ジェンキンズ 2021；スタインバーグ 2015）。この「ワールドビルディング」の戦略を，北野は「全体世界の大域的な基盤をあらかじめ設計しておき，その上で，個別のエピソードを語る個別の映画作品を制作し世に送り出していく」手法と説明しています（北野 2017: 319-320；渡邉 2016）。

　こうした世界構築を指向する大作シリーズの代表といえるのが，マーベルコミックスのヒーローたちが登場し，複数の作品世界が相互に関連しながら展開する「マーベル・シネマティック・ユニバース（MCU）」といえるでしょう。MCU は 2008 年の『アイアンマン』から始まり，映画，テレビ，ストリーミングを横断して拡大し，その広大な世界を解説するガイドブックや事典，謎を解き明かす解説書なども多数出版されます。MCU だけでなく，続編が製作され続けている『スター・ウォーズ』やイギリスの小説から映画へと拡

コラム16　キャラクターの帝国とシネマティック・ユニバース

マーク・スタインバーグは，日本のメディア文化の特徴をキャラクターの中心化に見出しています。スタインバーグによれば，北米のTMSでは物語や世界観に揺らぎがないことが重視され，一元的で連続的な世界観の設計が求められる傾向にあります。それに対し，日本のメディアミックス作品ではキャラクターの存在のほうが重視される傾向があり，必ずしも物語の連続性を必要とせず，しばしば作品同士に矛盾が生じる場合もあります。これを単一の物語や世界観に収束する文化と，物語や世界観から離れて拡散する文化の違いということもできるでしょう（スタインバーグ 2015）。ただし，こうした類型化はTMSとメディアミックスの特徴をより明確にするためのものであり，またその差異をことさら北米と日本の文化差に還元する必要もありません。世界観中心型とキャラクター中心型のメディアミックスの2類型が，実際の映画やアニメーションにおいていかに働いているかを観察し分析することで，現代のメディア文化の特徴を捉えることができるかもしれません。

大した『ハリー・ポッター』，日本のゲームからアニメ，映画をはじめ，数々の関連商品へと展開した『ポケットモンスター』など，2000年代から10年代には巨大なエンターテインメント・シリーズが世界構築の技法と結びついて拡大していきます。

　TMSや世界構築の技法は，古代ギリシャや北欧の神話，世界各地の古来の叙事詩のような複合的な物語空間と広大なエンターテインメントの領域を創出する一方，フランチャイズ展開やキャラクタービジネスが中心となることで，個々の映画の作品性や創造性が損なわれる点が懸念されています。映画館よりもテーマパークが人気を集め，俳優よりもキャラクターが高い知名度を誇り，映画は親会社の複合企業体が利益を上げるさまざまな手段の1つになります。

ベン・フリッツによれば，「フランチャイズの時代」に，かつての
ハリウッドの独創性は失われるのです（Fritz 2018）。

▷ 映画館と映像経験の再設計

　2000 年代以降，映画はますます多様な経路で流通する一方，映
画館ならではの映画経験を再設計する動きも顕著になります。たと
えばジェームズ・キャメロン監督のデジタル 3D 映画『アバター』
(09 年)は，映画館で 3D メガネを着用することで体験可能になる
ダイナミックな映像が話題になりました。またティム・バートン監
督『チャーリーとチョコレート工場』(05 年)は一部の映画館でア
ロマトリックスという放香装置を使い，チョコレートの香りで臨場
感を高める演出を行います。09 年には韓国の 4DPLEX 社が 4DX
シアター[*]を開発し，映画の展開に合わせた座席の振動や，風雨，煙，
閃光など体感型の効果を実現しました。

　第 6 章で見たように，2000 年代から 10 年代には音楽のライブ市
場が拡大します。音楽のみならずエンターテインメント全般におい
てライブシフトが起こり，映画館も体験的なイベントの場としての
性質を強めます。たとえばディズニー映画『アナと雪の女王』(13
年)の主題歌「Let It Go」が世界中でヒットすると，歌詞字幕付き
で合唱可能な上映会が各国で開催されます[*]。一方，日本でも新海誠
監督の『君の名は。』(16 年)がヒットすると，応援，発声，コスプ
レが可能な上映会や，ロックバンドの RADWIMPS と東京フィル
ハーモニー交響楽団がライブ演奏を行う上映会が開催されます[*]。ま
た庵野秀明監督『シン・ゴジラ』(16 年)では，発声やコスプレ，
ペンライトの持ち込みが可能な上映会[*]が開催されています。

　第 4 章で論じたように，こうした映画のライブイベント化は，長
らく周縁化されていた初期映画時代の上映と視聴の形態が回帰して

いるようにも見えます。またライブ化した映画体験は，音楽ライブやフェスと同様，SNSで共有され，さらにイベント化されていきます。2010年代以降の映画館は，スポーツや演劇，音楽のライブビューイングが頻繁に開催され，映画に限らずイベントの映像を集まって楽しむ場所に変化しつつあります。映画館で集団的に視聴する映像やライブ配信は「イベントシネマ」と呼ばれ，その領域は拡大しています。

3 プラットフォームと映像事業の再編

▷ **2012年——映画の死？**

『フィルム・ヒストリー』誌のデジタル映画特集は2012年のアメリカ映画界の3大ニュースとして，(1) 世界初のフィルムメーカーであり，最大のフィルム事業者であったイーストマン・コダック社の倒産（第3章），(2) パナビジョンとアリフレックス社の35 mmフィルムの撮影装置の生産中止，(3) アメリカの主要配給会社による35 mmフィルム配給終了の宣言，を挙げています (Gaudreault & Marion 2015)。1980年代から進展し，90年代半ばに全面化した映画のデジタル化は，2010年代にフィルム時代の終焉をもたらします。映画を規定し続けていたフィルムからデジタルへの移行は，白黒からカラーへ，サイレントからトーキーへの移行に匹敵するような，大規模な技術的変化といえるでしょう。

マノヴィッチはデジタル化とコンピュータによる映画製作は「映画のアイデンティティの『危機』」（マノヴィッチ 2013）を帰結すると論じました。しかし同時に，それは「新しい映画の形態」の出現を促します。マノヴィッチはMVとコンピュータゲームを例に挙

げています。MV やゲームというジャンルは，コンピュータによって可能になった映像表現を探求する「実験室」として機能しており，「デジタル映画にとっての生きた教科書，つねに拡張していく教科書」（マノヴィッチ 2013: 424）でもあるのです。新しい映像表現の出現とアイデンティティの危機との狭間で，2010 年代以降，映画はさらなる変動にさらされていきます。

スマートフォンと動画配信サービス

　2012 年には映画界を揺るがすもう 1 つの出来事が起こります。それがネットフリックスの戦略の転換と急激な拡張です（**図 10-2**）。10 年代にはネットフリックスや Amazon Prime Video をはじめとする動画配信サービス（サブスクリプション型ビデオ・オン・デマンド＝SVOD）が拡大します。07 年発売の iPhone をはじめ，この時期にはスマートフォンが世界中で普及し，日常生活に浸透することで，映像の流通においても中心的な位置を占めるようになります。動画配信サービスの拡大は「既存秩序のゆるやかな破壊」（西田 2015）をもたらし，スマートフォンを中心とするコンテンツの消費が，映像の流通，産業の構造，映像表現の形式に影響を与えていきます。

　1997 年に創業したネットフリックスは，もともとはビデオレンタル事業の革新を目指していました。その点では同時期の TSUTA-YA の事業展開と類似しているといえるかもしれません。しかしながら，国土が圧倒的に広大なアメリカの場合，日本の都市部のように通勤・通学の途中で駅前の店舗でレンタルし返却するという生活は成立しません。そのためネットフリックスは定額制の郵送によるDVD レンタル事業を開始しています。2007 年にはパソコン向けのネットでの動画配信事業を展開しますが，この時点では数ある配信事業者の 1 つにすぎませんでした（西田 2015；キーティング 2019）。

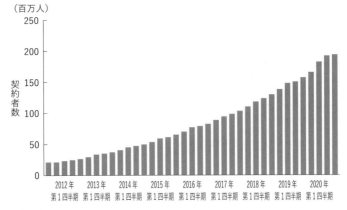

図 10-2 ネットフリックスの有料契約者数の推移（世界）

（百万人）

契約者数

2012 年	2013 年	2014 年	2015 年	2016 年	2017 年	2018 年	2019 年	2020 年
第1四半期	第1四半期	第1四半期	第1四半期	第1四半期	第1四半期	第1四半期	第1四半期	第1四半期

（出所）González-Chans et al. 2020.

ネットフリックスの拡大

しかしネットフリックスは 2012 年に大きく経営方針を転換し，他の配信サービスとの差別化のため，オリジナルコンテンツの製作を強力に推し進めます。13 年には製作総指揮にデヴィッド・フィンチャーという実力派の映画監督を迎え，ネット配信用のオリジナルドラマシリーズ『ハウス・オブ・カード』を製作，プライムタイム・エミー賞 9 部門にノミネート，3 部門受賞という快挙を成し遂げます。ネットフリックスは豊富な資金と才能あるスタッフを揃え，コンテンツ製作でも急激に実力をつけ，19 年にはネットフリックス製作，アルフォンソ・キュアロン監督の映画『ROMA/ローマ』がアカデミー賞 3 部門を受賞するに至ります。

ネットフリックスは定額制のため，短期的な視聴率や興行収入ではなく，長い期間，繰り返し視聴されるコンテンツが重視されます。そのため，映画や連続ドラマだけでなく，これまで映画館やテレビ

での成功が難しかったドキュメンタリーが重要なコンテンツとなり，自然環境や音楽，テクノロジーから政治経済まで多彩な作品が揃います。またネットフリックスに刺激される形で各社がコンテンツ強化に乗り出し，大手映画スタジオも配信用の映像製作へ参入しました。視聴率と広告に左右されるテレビやフランチャイズに縛られる大作映画に対し，定額制ネット配信ではより自由に実験的な試みを実現する環境が整い，俳優や監督，脚本家も次々と進出します（キーティング 2019）。

▷ ストリーミングの地政学

もう 1 つの大きな転換がグローバル市場への展開です。2010 年にカナダでサービスを開始して以来，ネットフリックスは 15 年までに中南米，西欧，オーストラリア，日本へと拡大し，16 年には新たに 130 カ国に事業を急拡大します。ラモン・ロバトが指摘するように，ネットフリックスは各国の状況に合わせて，作品リスト，言語，カテゴリー，支払いシステムを細かくローカライズし，好みや視聴習慣を追跡することで，地域ごとの戦略を立てており，19 年には 20 カ国語以上の字幕が提供されています（Lobato 2019）。

インターネットは世界中と瞬時につながるとはいえ，依然として各国の視聴者の好みや習慣，地域のインフラ，産業，法律は異なります。ネットフリックスはアメリカ中心のコンテンツが批判される一方，ユーザーの視聴データの解析とリストの更新，ローカル化を着実に進めます。日本でも大ヒットした『愛の不時着』（2020 年），『梨泰院クラス』（20 年）や，ネットフリックス史上最大のヒットを記録した『イカゲーム』（21 年）など韓国ドラマの流行は，ローカルコンテンツの開発とその世界展開が結びついた顕著な例といえるでしょう。

ネットフリックスは GAFA（Google, Amazon, Facebook, Apple）と並ぶ事業体に成長し，2017 年には「ハリウッドを呑み込むモンスター」と称され，GAFA にネットフリックス（Netflix）を加えた FAANG という呼称も登場するに至ります。

プラットフォームと映像事業の再編

　ネットフリックスなど映像配信事業の急拡大に象徴されるように，2010 年代にはインターネット事業の中心に映像関連サービスが位置するようになります。サービス開始当初，Google は検索エンジン，Amazon はネット書店，Facebook は SNS，Apple は情報端末というように主力サービスが異なっていました。しかし Google は 06 年に YouTube を買収，Amazon は同年に Prime Video を開始，Facebook は 12 年にインスタグラムを買収，Apple は 07 年に Apple TV と高性能のタッチ・スクリーンを備えた iPhone を発売し，17 年には「すべてがスクリーン」を打ち出した iPhone X で映像機能の強化を進めるなど（第 11 章），10 年代には各事業者ともに映像をサービスの柱の 1 つに据えています。また 17 年に中国のバイトダンス社が開発した動画アプリ TikTok は，世界中で流行し，急激にユーザー数を拡大しました。

　すでに 2017 年には全世界のインターネットで流通する情報量（インターネット・トラフィック）のうち 75% を動画が占めていましたが，22 年には 82% に達すると予測されています（Cisco 2019）。またネットフリックスの急速な拡大に加え，19 年にはディズニーが Hulu を買収し，定額制の配信サービス Disney+ を開始します。膨大なオリジナルコンテンツを保有し，テーマパークからキャラクタービジネスまで手がける巨大複合メディア企業の参入により，映像事業は 20 年代にさらなる再編を迫られています。

▷ アテンションエコノミー

2010 年代に映像の制作と流通は，巨大なプラットフォームが主導権を握るビジネスになりました。各社はスマートフォンに向けて大量の映像コンテンツを競って投入し，また日々膨大な数の写真や動画がネット上に投稿され続けています。ジーナ・キーティングは，プラットフォーム企業による競争と業界再編が続くとしたうえで，いかに各社が大金を注ぎ込み，大作ドラマを制作しても，1 日は 24 時間しかなく，食事や仕事，SNS の合間で「残った時間を各社で奪い合う競争」になると指摘しています（キーティング 2019）。マッチングや推奨機能など，プラットフォームは大量のコンテンツに円滑にアクセスするための仕組みを整備していますが，それでも人間の活動時間に限界があることには変わりがありません。

1997 年にマイケル・ゴールドハーバーはインターネットが発達した情報化の時代には，情報過多が常態化し，物質的な商品やその生産よりも，注意を獲得すること自体が経済的な価値をもつ「アテンションエコノミー」へ移行すると論じました（Goldharber 1997）。世界で生産されたインターネット・トラフィックは加速度的に増加しており（Cisco 2019; **表 10-2**），今や情報は供給過剰で，不足しているのは人間の注意なのです。こうした時代に，変化に富み刺激的な映像は，消費者／ユーザー／視聴者の注意を獲得し維持する手段としても機能しています。そのとき映像に求められるのは，内容や質以上に，注目を集めること，再生回数を上げ，人々のスクリーンタイムを占有することに他なりません。TikTok やインスタグラムのリール，YouTube の動画だけでなく，映画もまたスクリーンタイムの奪い合いに巻き込まれつつあります[★]。

表 10-2 インターネット・トラフィックの推移と予測 ━━━━━━━

年	世界のインターネット・トラフィック
1992	100 GB／日
1997	100 GB／時間
2002	100 GB／秒
2007	2,000 GB／秒
2017	46,600 GB／秒
2022	150,700 GB／秒（予測値）

（出所）Cisco 2019.

─────────────────────────────

映画の終焉と映画の拡張

アンドレ・ゴドローとフィリップ・マリオンは，デジタル以降の映画に対する相異なる2つの見解を紹介しています（Gaudreault & Marion 2015）。一方は，「かつての映画の形態の死」を嘆く立場です。この立場は，映画そのものの死ではなく，20世紀に代表的だった古典的な物語映画を，映画館の座席で見るという鑑賞形態が失われることを批判しました。そのとき無数の新しい映像表現は，「映画」ではなく，薄められた「映画的な経験」にすぎません。

もう一方は，「新しい形態の映画の拡張」を祝福する立場です。この立場は，映画がメディアを横断して流通し，多様なスクリーンや空間で視聴されることを歓迎します。この視点からすれば，映画はかつてなく活性化し，多様化し，遍在しているのです。

ゴドローとマリオンは，こうした終わりと始まり，凋落と拡張が交錯する「映画の危機」は映画史上ではじめての騒動でない点に注意を促します。たとえばトーキー映画の登場（第4章）やワイドスクリーンの導入は，それまでの映画の形態を変化させ，製作や流通，受容の各局面を変容させました（Gaudreault & Marion 2015）。「デジタル革命」もまた，大きな変動をもたらすとはいえ，こうした技術

コラム17　アメリカ同時多発テロとCG　　ハリウッド映画のようだと称された2001年のアメリカ同時多発テロは，この時期にCGが，単なる映画のSFXにとどまらず，私たちの世界の深部にまで浸透したことの表れでもあります。ハイジャックされたボーイング767型の2機の航空機は，1980年代にCGの応用技術であるCAD（コンピュータ支援設計）によって製造されています。また航空機のパイロットとテロリストはともに，やはりCGの応用技術であるフライトシミュレータによって大型航空機の操縦訓練を行っていました。その意味で，同時多発テロは，CGという技術がなければ現実化しなかったといえるかもしれません。

　しかし忘れてはならないのは，その被害者の救出や消防活動のシミュレーション，そして廃墟となったワールドトレードセンター跡地の再建計画もまた，CGによって可能になったという事実です。2001年の出来事はつまり，私たちの世界がコンピュータの視覚によってより深い次元で媒介されつつあり，CGによって日々構築され，破壊され，そして再建されていることを明るみに出したといえるでしょう。またそれは「テロとの戦い」の大義のもと，アメリカで衛星やカメラ，携帯電話，通信インフラを通じた監視が強化されていく契機にもなります（第11章）。

的な変容の1つといえます。デジタル化やCGの導入，映像配信の拡大は，映画の終焉やデジタル以前／以後の大分水嶺をもたらすというよりも，現在進行中の長期的な映画の移行と変容を生み出すさまざまな要素の1つなのです（Denson & Leyda 2016; Chateau & Moure 2020; 渡邉 2022）。

　映画の混淆性と越境的な映像文化

　ガニングも指摘するように，19世紀末に新しいテクノロジーとして登場した映画は，メディアとして明確な特徴を備えていたわけ

ではなく，電話や蓄音機，X線といった記録や伝達のための新しい発明品のごた混ぜのなかから生まれた「驚くべき混淆性」を備えた装置でした。「映画は常に（その起源においてだけでなく）競合的なメディア環境のうちに生じているのである。どれが最も適合して残存するかは競争状態にあり，その結果が常に明瞭であったわけではない」。したがって，「映画が1つのものであったことなど一度もない」のです（ガニング 2021: 154-155）。

　マノヴィッチがいうように，デジタル映画の加工技術は，映画以前の幻燈スライドの手彩色にも近い特徴があります（マノヴィッチ 2013）。またTikTokやインスタグラムで人気を集める短いループ動画は，ゾートロープやソーマトロープといった映画以前の娯楽装置のループ動画を再演しているようにも見えます。現在のVFXはモーションキャプチャや3DCG，アニメーションの複合体ですが，初期映画の特殊効果もまた，メリエスの映画のように，ステージマジックや舞台演出，幻燈や絵画の伝統にも根ざしていました（第4章）。映画というきわめて混淆的なメディアは今も長期的な変容の只中にあり，同時代の越境的な映像文化や産業のなかで再編され，スマートフォンの画面にうごめく無数の表現をも取り込みながら，新たな形態へ生成変化を遂げつつあるのです。

/// *Exercise* 演習問題 ///

10.1 今後も映像とスクリーンの中心化が進むと考えますか。それとも別のメディアの展開が起こり，映像とスクリーンへの依存度が低下する可能性があるでしょうか。

10.2 個々の作品を超えた「世界構築」「世界観設計」が行われていると考えられる最近の映画や映像文化，エンターテインメントの事例を挙げてください。

　「映画館」という空間と「映画館で映画を見る」という経験は今後どのように変化すると考えられるでしょうか。映画や映画館の歴史，映像技術の変化などを踏まえて論じてください。

移動体通信とデータ主導型社会

第 **11** 章 *Chapter*

Quiz クイズ

Q11.1 日本の『情報通信白書』が「スマートフォン社会の到来」を宣言したのはいつか。
a. 2002 年　**b.** 2007 年　**c.** 2012 年　**d.** 2017 年

Q11.2 日本の携帯電話の契約者数が，固定電話の契約者数を逆転したのはいつか。
a. 1970 年　**b.** 1980 年　**c.** 1990 年　**d.** 2000 年
e. 2010 年

Q11.3 2005 年の時点でスマートフォンを発売していた企業をすべて選択すること。
a. Apple　**b.** ノキア　**c.** モトローラ
d. ブラックベリー（RIM）

★本章の学習をサポートするウェブ資料は，右の QR コードよりご覧いただけます。

Answer クイズの答え

Q11.1　d.　　Q11.2　d.　　Q11.3　b. c. d.

Chapter structure 本章の構成

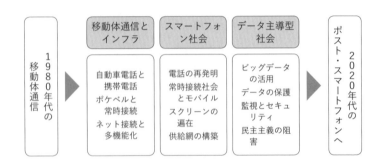

	移動体通信と インフラ	スマートフォ ン社会	データ主導型 社会	
1980年代の移動体通信	自動車電話と携帯電話 ポケベルと常時接続 ネット接続と多機能化	電話の再発明 常時接続社会とモバイル スクリーンの遍在 供給網の構築	ビッグデータの活用 データの保護 監視とセキュリティ 民主主義の阻害	2020年代のポスト・スマートフォンへ

▷　**スマートフォンとビッグデータ**

　初代 iPhone の発売から 10 年後の 2017 年，iPhone X が発売されました。同年，日本では総務省の『情報通信白書』が「スマートフォン社会の到来」を宣言します。10 年には 1 割に満たなかったスマートフォンの普及率は 13 年には 6 割に達し，17 年には 20 代と 30 代の個人所有率が 9 割を超えています。10 年間でインターネット上の情報量は急激に増大し，またスマートフォンと SNS の社会基盤化と常時接続により，検索履歴や位置情報，消費や行動の履歴，場合によっては趣味趣向や政治信条に至るまで個人データが蓄積，収集，解析され，広告のターゲティングや検索のパーソナライズなど，さまざまなサービスに利用されていきます。

　また 2017 年の白書では「ビッグデータ利活用元年」が掲げられ，

ビッグデータや個人データが新たなサービスやアプリの開発を通じた経済成長の源泉に位置づけられる一方で，10 年代にはプライバシーの侵害や大規模な監視とセキュリティ，偽情報の拡散や政治的分断などの問題が次々と指摘されるようになります。またポスト・スマートフォンの模索は，さらなる革新的な端末やシステムの開発と，それに基づく社会の構想を駆動していきます。新しい情報技術と結びついた未来社会のイメージは，しかし同時に古くからの遠距離通信の夢や過去の情報社会の構想，忘れられた装置やインフラの開発の長い積み重ねのうえに成立しているのです。

1 　移動体通信と情報インフラ

▭ 1883 年の「未来の電話」

　携帯電話（移動体通信）の歴史を振り返るとき，1970 年の日本万国博覧会で展示された「未来の電話」であるワイヤレステレホン（携帯無線電話）が，しばしばその原点とされます（田中 1970）。しかし遡れば 49 年のアメリカで，すでに車載型の無線電話（自動車電話）が実現していました*。また無線によって双方向の通話を可能にする技術の開発は，19 世紀の無線通信の発明と同時期まで遡ることができます。

　電気や電波による遠隔通信の黎明期だった 1883 年には，アルベール・ロビダの SF 小説『20 世紀』のなかで，広告やニュースを音声と文字，映像により巨大スクリーンへと送信する携帯型の移動通信端末「テレフォノスコープ」のアイデアが登場します（ロビダ 2007; 図版）。新しい通信や情報技術が生活を変え，革新的な社会をもたらすという夢の原型がここに描かれているといえるでしょう。

『20世紀』の挿絵「テレフォノスコープ」
(出所) ロビダ 2007。

実際に無線通話の原型は，20世紀初頭に有線電話や電信が使用できない海峡間や船舶で実用化されており，その意味で最初の移動体通信は海上で実現されたといえます。日常的な利用には安定性の高い有線電話が普及し，無線電話はもっぱら子機やトランシーバーなど近距離通話と，消防，防災，警察，交通管理や航空管制などの業務用通話，船舶や航空機，列車や自動車などの移動体通信に用いられてきました。固定電話の後に移動体通信が普及したと考えがちですが，無線の移動体通信は有線の電話と並行して普及し，陸海空の交通網とともに発達しました（吉川 1981; 泉・関 1981）。したがって 1970 年のワイヤレステレホンはまったく新しい発明というよりは，用途によって分かれて発達してきた2つの技術とネットワークを統合するものだったといえるかもしれません。

▷ **1980 年代の携帯電話**

日本では 1979 年に第 1 世代（1G）のアナログ移動体通信である自動車電話のサービスが開始されます。これは有線の電話回線の信号を基地局で無線信号に変換し，自動車の端末との間で無線通話を可能にするものでした。85 年には自動車電話を持ち運び可能にした「ショルダーホン*」と呼ばれる端末が発売されます。しかしこの端末はバッテリーを含め 2〜3 kg の重量があり，通信料や本体価格

が高価で通話エリアも限られたため，一般には普及しませんでした。同じ 85 年には電気通信事業法の施行により通信事業が自由化され，民間事業者が新規参入し，第二次世界大戦後に長らく通信事業を独占していた日本電信電話公社（電電公社）は民営化され NTT となります。

1987 年には NTT が自動車電話を小型化した第 1 世代の「携帯電話」を発売しました。当時の CM には携帯電話を持ってバイクで一人旅をする女性が登場します。本体重量は 750～900 g とショルダーホンよりは軽量化しますが，現在からするとそれでも巨大です。80 年代に携帯電話の小型化と低価格化，通信エリアの拡大が進められますが，本格的な普及は 90 年代半ば以降となります。この時期にはすでに全国の街中に公衆電話が配備されており，通信エリアが限定され，高価で重量のある携帯電話を持ち運ぶメリットは少なかったといえます（松田 2012）。このように中心的な技術が開発されたとしても，実用化され普及するまでには，装置やインフラの整備，バッテリーや伝送技術の改善，コストダウンや小型化，標準化など長いプロセスが必要となります。

▷ 1984 年の未来予想

1984 年に電波技術審議会がまとめた「電波利用の長期展望——高度情報社会の発展をめざして」によれば，2000 年の移動体通信の需要の推定値は，コードレス電話が 700 万台，ポケットベル（ポケベル）が 600 万台，自動車電話が 450 万台に対し，携帯電話は120 万台にすぎず，海事衛星電話が 10 万台，船舶電話が 5 万台，列車と航空機電話が 0.1 万台と予想されています（電波技術審議会編1984）。この時期にはあくまで有線電話が主役で，携帯電話は自動車電話やポケベルとともに補助的な装置にとどまると予測されてい

図 11-1 自動車・携帯電話のサービスエリア

サービスエリア
（黒い部分）

（出所）中嶋 1991。

ました。

「長期展望」ではデジタル化による「統合移動通信」の可能性が論じられていますが，1980 年代には自動車電話を基幹として，各種移動体通信を統合するという構想もありました。実際，この時期の自動車電話と携帯電話のサービスエリアは主要都市とそれを結ぶ幹線道路に沿って分布しています（中嶋 1991，**図 11-1**）。移動体通信には当時，さまざまな開発の可能性があったのです。

1984 年の予想に顕著なように，私たちはメディアの未来を，しばしばその時点の技術や発想の延長に位置づけます。実際には携帯電話の契約者数は 90 年代後半から急激に増加，2000 年には 5100 万人に達し，固定電話の契約者数を逆転するとともに，コミュニケーション手段全体のなかで中心的な位置を獲得するに至っています（総務省 2020）。

▷ **常時接続のメディア**

1984 年の長期展望は 2000 年の移動体通信の第 2 位はポケベルと予想しました。実際 1990 年代前半まで移動体通信の中心を担ったのはこの端末です。

ポケベルは 1968 年に電電公社が開始したサービス※で，当初は固

第1世代の携帯電話（左）とポケットベル（右）
（写真提供）株式会社 NTT ドコモ。

定電話から端末の番号にかけると，呼び出し音が鳴るという簡単な仕組みで，主に外回りのサラリーマンや医師の呼び出しなど労務管理に使われていました。80年代後半にディスプレイ式の機種が登場し（図版右），呼び出し音だけでなく，電話の番号入力を利用して文字メッセージを送信することが可能になります。現在からすれば不便な通信手段に見えますが，当時の携帯電話（図版左）に比べれば小型軽量，本体・通信料ともに圧倒的に低価格で，90年代には急速に普及し，ピーク時の96年には10代から20代の若者を中心に1000万人ほどの利用者がいました（**図11-2**）。ポケベルでは，同時代のパソコン通信とともに，短い文字情報で感情を表現するためにさまざまな顔文字が登場するなど「新しい文字文化」を生み出します（富田 2009）。

　電話や無線通話を起点に置く発想から離れるならば，「メディアを常時携帯する」経験は，ポケベルにより一般化したといえるでしょう。1980年代から90年代前半には好調な半導体産業を背景とした集積回路の高度化・低価格化により，小型の音楽再生プレイヤー，「ゲームボーイ」や「たまごっち」など携帯型ゲーム機など，モバイルメディアが日常に浸透し始めていました（第5章・第9章）。ま

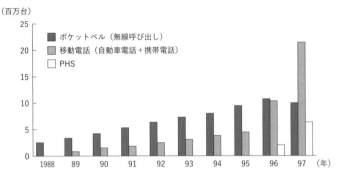

図11-2 ポケットベル・移動電話・PHS 加入数の推移

（百万台）

凡例:
- ポケットベル（無線呼び出し）
- 移動電話（自動車電話＋携帯電話）
- PHS

（注）ポケベルは1996年11月から，加入（固定）電話も97年初頭から，加入者数が減少傾向にある。これは携帯電話とPHSの急激な普及に関係があるといわれている。
（出所）富田ほか1997をもとに作成。

たポケベルもニュース配信型やペン型，腕時計型の機種など，現在のウェアラブル端末にもつながる多様な形態がありました。後にその機能はスマートフォンに集約されますが，この時期のモバイル端末にもさまざまな発展の可能性があったのです。

◻ **デジタル化と多機能化**

1993年に携帯電話はデジタル方式の第2世代移動通信（2G）へと移行し，端末だけでなく基地局も小型化し，サービス全体が低価格化します。また第2世代の後半（2.5G）からデータ通信が可能になり，データ通信を利用したさまざまなサービスが携帯電話に統合されました。97年にはNTTドコモが携帯電話でショートメールサービス（SMS）を開始，J-Phone（現・ソフトバンクモバイル）もメール機能「スカイウォーカー」を開始します。双方向の文字メッセージの統合を起点に，携帯電話の多機能化が進展します。

1999年にはNTTドコモが携帯電話によるインターネット接続サ

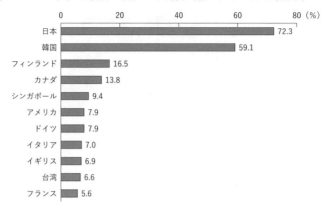

図 11-3 2001 年末の主要国・地域における携帯電話のインターネット対応比率 ──

日本	72.3
韓国	59.1
フィンランド	16.5
カナダ	13.8
シンガポール	9.4
アメリカ	7.9
ドイツ	7.9
イタリア	7.0
イギリス	6.9
台湾	6.6
フランス	5.6

(注) 数値は各国・地域の主要な事業者における携帯電話加入者に占める携帯インターネットの
　　加入数の割合である。
(出所) 総務省 2015 をもとに作成。

ービス「i-mode*」を開始し，各社が EZweb や J スカイなど同様の
サービスを提供しました。当時の NTT ドコモの CM では，東京に
出張したサラリーマンが時刻表や路線検索を駆使して移動する姿が
描かれます。CM の最後に海外のビジネスマンに i-mode を見せて
驚かせるシーンがあるように，デスクトップによるネット利用が標
準だった 90 年代末に，日本では世界に先駆けてモバイルメディア
経由のネット接続が普及しました。実際，2001 年末には携帯電話
経由のインターネット接続率は，諸外国と比べて日本が顕著に高く
(**図 11-3**)，モバイル・インターネット先進国といえる状況にあった
のです。

　もう 1 つ日本の携帯電話が先駆けていたのは，カメラ機能の搭
載です。第 3 章で紹介したとおり，2000 年には J-Phone がカメラ
付き携帯電話を発売し，翌年には撮影した写真をメールで送信する

「写メール」のサービスを開始します。携帯電話1台で，写真の撮影，保存，共有が可能になり，映像が移動体通信の重要な要素に加わります。

　デジタル化とデータ通信による携帯電話の多機能化は，端末の普及率が飽和した後のサービス拡大戦略として，また2000年代にいち早く進んだ第3世代（3G）の高速データ通信への移行により進展し，決済（「おサイフケータイ」）や音楽の再生（「着うたフル」；第6章），各種ネットサービスも統合されます。世界標準から外れる形で発展した携帯電話は後に「ガラパゴス携帯」と揶揄されますが，この時期の日本では多機能化した携帯電話とネット接続により，スマートフォンの普及以前に，多様なサービスを享受することが可能だったのです（Steinberg 2019）。

▷　移動体通信とインフラ

　携帯電話の多機能化は，それを可能にするインフラの整備とともに進展します。1979年から電電公社は第1世代の自動車電話と携帯電話のために，カバーエリアの小さい基地局を多数設置するアナログセルラー方式のネットワーク構築を開始します。この通信網は世界に先駆けて東京で実現し，幹線道路沿いから各地へと拡大しました。さらにNTTはデジタル化とデータ通信に対応して85年から光ファイバーケーブルの整備を進め，90年には通信のマルチメディア化と高速・広域化を目指す次世代通信網「VI&P構想」を掲げ，全国の家庭を光ファイバーでつなぐ計画を進めました。これはアメリカよりも早く，NTTの構想に影響を受けて93年にビル・クリントン政権はアル・ゴア副大統領を中心に「情報スーパーハイウェイ構想」を立ち上げています。

　携帯電話経由のネット接続は，光ファイバーや基地局の整備だけ

でなく，コンビニエンスストアの情報端末や ATM など都市空間のインフラ整備とともに進展します。この時期にコンビニはオンライン決済や i-mode と連動した端末を店内に設置し，各種サービスの利便性を高めています。物流とメディアをつなぐ「循環のネットワークの重要な結節点」（スタインバーグ 2018）であるコンビニは，オンラインと実店舗でのサービス，携帯電話経由のネット接続をつなぎ，「ウェブ上でのみ決済や宅配を進めるのではなく，リアルとヴァーチャルな世界を結ぶ，信頼性をもったターミナルとして機能」（五十嵐 2001: 300）しました。この時期の日本では，多機能化する携帯電話とネット接続，コンビニの端末など都市空間の情報インフラが一体となった独自の生態系が成立していたといえます。

　これに対しアメリカでは 2001 年のドットコムバブルの崩壊（第 8 章）を経て，04 年に Google 社が株式を上場し，Facebook 社が起業，05 年には YouTube がサービスを開始し，国内のインフラを超えたインターネット・ベースの巨大なグローバルビジネスを展開します。そして 07 年，満を持して Apple が iPhone を市場に投入します。

2 スマートフォン社会の到来

▷ iPhone と電話の再発明

　2007 年に Apple 社のスティーブ・ジョブズは，「すべてを変えてしまう革命的な製品」として，携帯電話と音楽再生装置，通信端末の 3 つを統合する「電話の再発明」である iPhone を発表します。ジョブズによれば，既存のスマートフォンは十分にスマートではありません。実際，この時期にはモトローラ，ブラックベリー

ジョブズによる iPhone のプ
レゼンテーション（2007 年）
（出所）AFP＝時事。

（RIM），ノキアなどからすでにネット
接続やメールが可能なスマートフォン
が発売されていました。しかし既存の
端末は本体の 40% ほどをキーボード
式の入力ボタンで占められていました。
これに対し，iPhone は端末全体を覆
うスクリーンとタッチ入力のユーザー
インターフェイスを実現します。また
高性能の OS により，デスクトップ並
みのアプリケーションとネット接続を
可能にしました。

　2007 年のジョブズのプレゼンテー
ション（図版）は，発売前にもかかわ
らず iPhone の特徴を過不足なく説明し，しかもその後の影響を予
見しているように見えます。実際，iPhone と iTunes，iPod の成
功により 11 年に Apple 社は時価総額の世界 1 位を記録し，20 年
に iPhone は累計出荷台数 20 億台を突破しています。

　しかし iPhone ははじめて一般に普及したスマートフォンといえ
ますが，まったくの新発明ではありません。遡ればすでに 1994 年
に IBM 社はタッチスクリーン式の小型コンピュータに無線機能を
搭載し，GPS 機能や地図，株価などのアプリを備えた携帯電話
「サイモン」を発売しています（製造は三菱電機）。

　また先述したように，1990 年代から 2000 年代初頭にはさまざ
まな形態のモバイルメディアやネット接続可能な多機能端末が開発
されていました。これらの技術やデザインは直接・間接に iPhone
に影響を与えています。その意味で iPhone は「既存技術の集合
体」であり，「優れたパッケージング」を適切な時機に市場に出し

成功したといえるかもしれません（マーチャント 2019）。

▷ 第4世代通信と常時接続社会

iPhone はまずアメリカで発売され，2008 年の iPhone 3G はヨーロッパ，オーストラリア，香港など世界 22 地域で販売が開始されます。日本ではソフトバンクが販売し，発売日には長蛇の列ができるなど話題を集めました。

その一方，絵文字や電子決済など日本の携帯電話で可能だったサービスの一部が利用できず，フラットな長方形の筐体は集音部が口元から離れ電話しづらいといった難点もありました。また初代 iPhone のカメラの性能は，当時の携帯電話の平均的水準に満たず（第3章），基本アプリは 16 個に固定されていました。スマートフォンは急激に普及したとされがちですが，先述のように，実際には 2010 年の段階での日本での普及率は 1 割を切っています。

しかし，2012 年の iPhone 5 から第4世代の高速無線通信 4G LTE に対応し，3G に比べ約 8 倍の高速通信が可能になり，これがスマートフォンのもつ能力を最大限発揮し，既存の携帯電話との違いを明瞭にします。また 13 年の iPhone 5S から国内の主要キャリアすべてが iPhone に対応するようになったことでスマートフォンの普及は本格化し，13 年には普及率が 6 割に達し，20 代に限れば個人所有率 8 割と急速に一般化します。この間，第3世代通信までは携帯電話とスマートフォン販売において圧倒的なシェアを誇っていた北欧を中心とするヨーロッパと日本の企業は，数年の間に世界市場でのシェアを急速に失っていきます（**図 11-4**）。

あくまで通話とメールが中心だった携帯電話に対し，スマートフォンはさまざまなアプリや SNS，写真撮影や動画の視聴などネットを介したあらゆる情報の入り口となります。シェリー・タークル

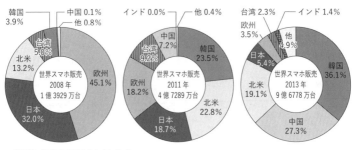

図 11-4 スマートフォン販売シェア（企業国籍別）

（出所）総務省 2014 をもとに作成。

は，スマートフォンが実現した常時接続の社会では「これまでになかったほどつながっているが，同時に，それぞれが 1 人」（タークル 2018: 53）だと論じています。常時接続を可能にする装置は，手元にないと接続から切り離され，孤独や不安を増幅する装置にもなるのです。

　これに対しアンソニー・エリオットとジョン・アーリは，モバイルメディアと遠距離通信，交通の発達によって，新しい「遠距離の親密性」や「モバイルな関係」が生まれていることを指摘しました。スマートフォンと SNS の普及は，遠距離で移動しながら即時に連絡を取り合い，親密性を維持する経験をより日常化していきます。しかしそれは同時に，「『移動中』を生きながら成熟した感情的結びつきを維持するのがどれほど難しいことか」を日々実感させることにもなるのです（エリオット＆アーリ 2016: 145-46）。

▷　**すべてがスクリーン**

　初代 iPhone から 10 年を経た 2017 年，「スマートフォンの未来」を託された iPhone X が発売されます。キャッチコピーは「未来を

コラム 18　過去の CM・MV とメディアの夢　　現在では 1980 年代から 2000 年代のポケベルや携帯電話の CM の多くを YouTube で見ることができます。こうした CM が興味深いのは，過去のモバイルメディアやその利用法について知ることができるだけでなく，当時新しかったメディアが可能にする生活やコミュニケーションに対する理想や夢を垣間見ることができるからです。技術は新しくなっても，私たちは今も意外と同じ夢を次のメディアに託しているのかもしれません。

　同様にミュージックビデオ（MV）にも当時のモバイルメディアを取り上げたものがあります。たとえば RADWIMPS の『携帯電話』(2010 年) とキュウソネコカミの『ファントムヴァイブレーション』(2013 年) の MV を比較すると，たった 3 年の間に起きたスマートフォンの普及率の上昇とその若者への影響をうかがい知ることができるとともに，常時接続のモバイルメディアを携帯する経験の連続性と差異についても改めて考えることができるでしょう。MV に描かれた生活は，私たちの今と地続きに見えるでしょうか，それとも異なる経験に見えるでしょうか。より広範な戦後文化史と CM 研究の方法については，吉見 (2016) が参考になります。

その手に」そして「すべてがスクリーン」でした。スマートフォン本体とスクリーンの間にはほとんど継ぎ目がなく，全体が 1 つの滑らかな表面を構成しています。光源には反応速度や発色性に優れた OLED（有機 EL）が採用され，動画やゲーム，AR（拡張現実）への対応を強化し，4K ビデオ撮影と顔認証が可能なカメラが搭載されています。

　この端末はいまだ「Phone」と呼ばれていますが，電話の機能は広告にはほとんど登場しません。携帯電話と音楽再生，通信端末を統合する「電話の再発明」として出発した iPhone は，10 年の時を経て，さまざまな機能を集約するメタ・メディアとしてのスクリ

ーンの開発と洗練へと収斂していきました。かつて携帯電話は「かける」ものでしたが，この間にスマートフォンを「見る」という言い方が定着していきます。開発者とユーザーの双方にとって，スマートフォンは実質的に映像メディアの1つとなったといえるでしょう（第3章・第10章）。

　実際，スクリーンとカメラ機能の中心化，映像の重要性の拡大は，スマートフォンによってもたらされた顕著な特徴の1つです。第10章で紹介したように，2017年には全世界のインターネットの情報量の75％を動画が占め，22年には82％に達すると予測されており（Cisco 2019），巨大プラットフォーム事業者はスマートフォンに向けて大量の映像コンテンツを競って投入し続けています。

　2001年にすでにレフ・マノヴィッチは，現在はコンピュータに連結されたスクリーンがあらゆる情報に対する主要なアクセス手段となった「スクリーンの社会」だと指摘しました（マノヴィッチ2013; 第4章）。10年代にスマートフォンは，常時接続のスクリーンを遍在させることで，この傾向を加速したといえます。

▷ サプライチェーンの構築

　iPhone成功の要因は，ジョブズの才能やタッチスクリーンなどデバイスの革新性に求められがちです。しかしその前提には，世界中で製品を製造し，即時（ジャストインタイム）で供給する大規模で効率的なサプライチェーン（SC）の構築があります。

　1997年にApple社に復帰したジョブズはSCの革新を目標の1つに掲げ，社外から後に後継者となるトマス・クックを迎え，2000年代から10年代を通じて，「原料を調達する場所から，製品のデザイン，エンジニアリング，製造，リサイクル，さらにはロジスティクス，販売，サポート機能」（Apple 2021: 12）までを含む広

大で精緻な SC を構築しました。「サプライヤー責任に関する年次報告書」によれば 19 年には 49 カ国以上で 100 万人以上の従業員が Apple 製品の製造に携わっています（Apple 2020: 9）。

iPhone の最大規模の組立工場の 1 つは中国の深圳（シンセン）にあり，台湾の鴻海（ホンハイ）工業傘下のフォックスコンが運営しています。また電子部品や半導体の製造工程の一部は，インドやベトナム，マレーシアなど東南アジアが担っています。表面を覆うガラスはアメリカのケンタッキー州や韓国牙山（アサン）の工場で製造され，バッテリーに使用されるリチウムは主に中国から，錫はインドネシアを中心にブラジルやペルー，ルワンダなどから，レアメタルの 1 つであるタンタルは中国やブラジルなどの製錬所・精製所から供給されています。手のひらに収まる最新機器は，世界中の労働者の手によって作られており，地球規模の精密な供給網の存在が，精巧な装置を各地域で即時に供給することを可能にし，スマートフォン社会の基盤を支えているのです（第 12 章）。

スマートフォン社会と移動体通信の四半世紀

iPhone X の発売と同じ 2017 年，総務省の『情報通信白書[★]』は「スマートフォン社会の到来」を宣言します。全世界でスマートフォン利用台数は 40 億に達し，日本でも個人保有率が 16 年に 56.8％，20 代と 30 代に限れば 9 割を超えます（**図 11-5**）。また SNS の利用率も上昇し，16 年には 71.2％，20 代では 97.7％ がいずれかの SNS を利用しており，「この世代ではスマートフォンや SNS が各個人と一体ともいえる媒体」となり，総じて「SNS はスマートフォンとともに社会の基盤といえるツールになりつつある」と報告されています（総務省 2017: 6, 8）。

同年に公開されたソフトバンクの CM「Super Student 宣言編」

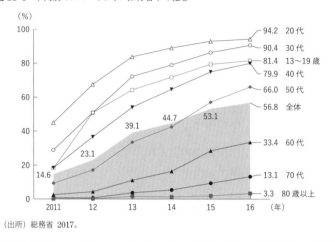

図 11-5 年代別のスマートフォン保有者率の推移

(%)

- 94.2 20代
- 90.4 30代
- 81.4 13〜19歳
- 79.9 40代
- 66.0 50代
- 56.8 全体
- 33.4 60代
- 13.1 70代
- 3.3 80歳以上

14.6　23.1　39.1　44.7　53.1

2011　12　13　14　15　16　(年)

(出所) 総務省 2017。

では，冒頭で高校生が「どうやら世界は大きく変わり始めている」と語りかけます。「当たり前のようにスマホと生きている」2017年の高校生は，「私たちは今までの大人の後輩なんかじゃない。私たちはスマホと大人になっていく，たぶんはじめての人類だ」と宣言します。実際，1990年代にポケベルを始めた世代（ミレニアル世代）は，携帯電話やその多機能化を経てスマートフォンへと段階的な変化を経験したのに対し，2010年代後半以降の高校生（Z世代）はスマートフォンとSNSが一体となった時点から出発します。これはたしかに新しい経験であり，この世代が20年代の文化や社会を形成していくことになります。

その一方でスマートフォン世代の経験は，2010年代までに築かれた移動体通信の装置やインフラ，それに基づくコミュニケーションの積み重ねのうえに成立しています。同じ17年にNTTドコモは25周年のCM[★]で，ポケベルから始まる移動体通信の歴史を，親

子 2 代にわたるコミュニケーションの持続の視点から描き出しています。1992 年にポケベルを持った高校生として出会った両親は，歳を重ねるにつれ，小型化し多機能化する携帯電話とともに過ごします。2 人が離れて過ごす時間をつないだのは携帯電話であり，そのなかに思い出の写真や音楽，メッセージが保存されています。子どもが生まれ成長する過程は携帯電話のカメラで撮影され，中学生から高校生になる頃にはスマートフォンを持つようになります。つまり 25 年分のモバイルコミュニケーションの積み重ねのうえに，新しい世代の経験が成立しており，この変化と持続の両面がスマートフォン社会の日常を形成しているのです。

3　データ主導型社会と民主主義

▷　データ主導型社会とスマートフォン

　スマートフォン社会の到来を宣言した 2017 年，『情報通信白書』はビッグデータの活用がもたらす「データ主導型社会」の実現が必要だと論じています。データ量の飛躍的増大や官民データ活用推進基本法の制定（16 年），改正個人情報保護法の施行による環境整備の進展により，17 年は「ビッグデータ利活用元年」と位置づけられました。スマートフォン社会の到来とデータ主導型社会の実現が同じタイミングで議論されるのは偶然ではありません。スマートフォンへの各種サービスの集約と社会基盤化は，ユーザーの行動履歴や位置情報，閲覧履歴や消費行動，映像の視聴や音楽の聴取，SNSのフォローや投稿などのデータを効率的に収集，解析するための環境が整備されることを意味するからです。

　スマートフォンや SNS を通じたデータの収集とビッグデータの

利活用により，「経済成長やイノベーションの促進」（総務省 2017: 52）が期待される一方，個人データの取り扱いをめぐってプライバシーやセキュリティの問題が繰り返し指摘されるようになります。第 2 章では検索や広告を取り上げましたが，ここでは 2010 年代に大きな転換点となった個人データの保護と大規模な監視，政治的な分断の問題を取り上げます。プラットフォーム企業の成長の陰で，技術と産業が主導する個人データの利用によって隠蔽されてきた問題が，さまざまな形で露呈するようになっています。

▷ 忘れられる権利と GDPR

　転換点の 1 つは 2012 年に EU が示した「データ保護規則案」と「忘れられる権利」（消去権）の明文化です。インターネットは日々膨大なデータが蓄積される巨大なアーカイブになっており，データは一度公開されれば容易に複製や検索が可能です。しかし一度拡散されると，そのデータを個人が完全に削除することはきわめて困難です。これに対し EU の「データ保護規則案」では，個人が検索エンジンやウェブサービスの管理者に対して個人データを削除させる権利，データの拡散を停止させる権利，第三者に対してデータのリンク，コピー，複製を削除させる権利が定められました。

　2010 年に Facebook（現・Meta）のマーク・ザッカーバーグは「プライバシーはもはや社会規範ではない」と発言し，物議を醸しました。ユーザーが常時ネットワークに接続し，スマートフォンと SNS を操作し，個人データが蓄積されるほどターゲティングや消費行動の予測は精度を増し，データの解析はますますシリコンバレーに巨額の富をもたらします。しかしその過程で「わたしたちのデジタルアイデンティティは自身のコントロールから離散し，自分自身の所有物ではなくなった」ことが問題視されるようになったので

す[*]（武邑 2018: 111）。

2016 年に EU は「一般データ保護規則（GDPR）」を発行し，18年に施行します。GDPR では，名前，写真，メールアドレス，銀行口座や診察記録，SNS の投稿や IP アドレス，位置情報，遺伝情報から思想信条に至るまでさまざまな個人情報が「個人データ」と定義され，その管理や保護の厳格化が求められることになりました。GDPR は EU 域内だけでなくヨーロッパ市民に関する個人データを扱うすべての企業に適用されるため，その影響は全世界に及ぶことになります。「忘れられる権利」と並んで重要なのは，GDPR において「デザインによるデータ保護」と「デフォルトによるデータ保護」が定められた点にあります。これにより，サービスの設計や初期設定の段階からプライバシー保護が求められるようになりました（武邑 2018）。

監視とセキュリティ

GDPR の制定は，シリコンバレー主導で進められてきた個人データの資源化とビッグデータの利用に対し，明確な軌道修正を迫るものでした。加えて，2013 年にはもう 1 つ大きな転換点となる出来事が起きます。この年，アメリカの防衛関連企業の従業員だったエドワード・スノーデンが，国家安全保障局（NSA）がアメリカ国内外の携帯電話や通話記録，メール，写真，動画などの内容を日常的に監視していたことを示す機密文書の存在を暴露しました。01年の同時多発テロ以降，NSA は法律や令状の手続きをとらずに民間企業から個人データを収集し，さらに各地のデータセンターや光海底ケーブルの傍受を行っていたことが明らかになったのです（スミス&ブラウン 2020; 土屋 2015）。

スノーデンによる暴露は，国家の安全保障とセキュリティ，個人

データの保護について非常に重大で複雑な問題を突きつけました。ブラッド・スミスとキャロル・アン・ブラウンが指摘するように，犯罪者やテロリストの探索に有効な通信記録や位置情報などの多くは，現在では巨大 IT 企業のデータセンターに記録されています。しかしながら，データの所有権は顧客のものであり，企業はその管理を行っているにすぎません。したがって，たとえ NSA や FBI からの要請であっても顧客に無断でデータを提供すれば信頼を失うことになります。このため Microsoft は，信頼性と透明性の確保のため，政府機関からデータの開示命令が届いた場合，必ず顧客に事前に通知することを発表しました（スミス&ブラウン 2020）。

サイバー攻撃と選挙キャンペーン

GDPR が施行された 2018 年には，さらにアメリカ国内外に衝撃をもたらす事実が明らかになります。オックスフォード大学と分析会社グラフィカが主要な SNS を分析した結果，ロシアのインターネット・リサーチ・エイジェンシー（IRA）が 15 年から 17 年にかけてアメリカにサイバー攻撃を仕掛け，偽情報の拡散により有権者を分断したことが立証されたのです。さらに同年，選挙コンサルティング会社ケンブリッジ・アナリティカが Facebook の個人データを不正に収集し，有権者に対し 16 年の大統領選挙でドナルド・トランプへの支持を働きかけるターゲティング広告を行ったことが明らかになりました（スミス&ブラウン 2020）。

SNS の情報や個人データは広告のターゲティングや消費行動の促進だけでなく，特定の政治行動の誘導や分断の煽動に利用される場合があることが露呈したのです。アメリカは言論の自由の擁護と企業活動の促進のため，1996 年に制定された通信品位法 230 条に見られるように，伝統的にネット企業や SNS の規制には慎重な立

場をとってきました。しかし 2018 年に露呈した 2 つの事実と GDPR は，規制の必要性を広く認識させる契機になります。かつて従来型のプライバシーの死を語ったザッカーバーグも，大統領選挙の問題で謝罪に追い込まれ，規制の必要性を認めました。また同年カリフォルニア州では消費者プライバシー法（CCPA）が制定され，日本国内でも個人データ保護が進みつつあります。

▷ フィルターバブルと集団分極化

　もともと軍事技術として始まったコンピュータとインターネットの開発は，民間企業に開放されることで，新しい製品やサービス，産業を生み出し，資本主義を牽引するとともに，情報の共有や公開を促進し，自由で開かれた民主主義の実現に貢献することが期待されてきました。しかし技術と産業が発達し，スマートフォンと SNS の社会基盤化が進むにつれ，民主主義が阻害され，妨害される危険性が相次いで指摘されることになります。イーライ・パリサーは，ネット上の個人データを利用したパーソナライゼーションの進展は，一見すると個人の興味関心に最適化された快適な世界を作り出す一方，ユーザーをフィルターバブルのなかに囲い込み，他者から分断された偏った情報を供給することで，民主主義を阻害すると指摘しました（パリサー 2016）。

　またキャス・サンスティーンは，特定の傾向をもつ個人を結びつけ新しい集団を形成するインターネットの特性を認めつつも，それが「集団分極化」すなわち「集団の成員がもともと偏向していた方向に，より過激な立場へと向かう」傾向を促進すると指摘しています（サンスティーン 2018: 103）。複雑な議題や選択が困難で確信がもてない問題に対して，通常は多くの人が急速な判断を留保し，暫定的で穏健な見解をとりますが，集団が細分化され，考えの似た成員

ばかりで議論するようになると，互いの見解に自信を強め，もともとの傾向がより過激化し，偏向はさらに進みます。SNS はこうした集団分極化の温床となるのです。

　サンスティーンは，熟議民主主義を機能させるには，自分で選ぶつもりのなかった情報にさらされる必要があり，異質な議論の土台となる幅広い経験の共有が必要だと指摘し，分極化をもたらす SNS ではなく，多様な意見をもつ人々が時間をかけて議論する場をネット上に構築することを提案しています（サンスティーン 2018）。

▷ ポスト・スマートフォンの行方

　2017 年には，他方で『情報通信白書』がポスト・スマートフォンの動向を紹介しています。10 年代後半にはスマートフォンが世界中で普及するにつれて，急速な伸び率を示していた出荷台数は鈍化します（図 11-6）。ゼロから端末が普及していく段階を超え，この時期にはバージョンアップと買い替えのサイクルに入ったのです。この段階からスマートフォン以後の生活密着型の端末の開発と実用化が始まっており，『情報通信白書』では AI スピーカー（スマートスピーカー），AR/VR（拡張現実とバーチャルリアリティ），モノのインターネット（IoT）などが例に挙げられ，それが実現する未来社会は「Society 5.0」と呼ばれています（総務省 2017）。

　2016 年の「第 5 期科学技術基本計画」は ICT の発展が先導する「第 4 次産業革命」を背景に，「サイバー空間とフィジカル空間（現実世界）を融合させた取り組みにより，人々に豊かさをもたらす『超スマート社会』」である「Society 5.0」を，世界に先駆けて実現することを目標に掲げました（内閣府 2016: 10-11）。さらに Web3.0，メタバース，ブロックチェーン，量子情報技術など，10 年代後半から新たな技術開発とその実装が次々と進められます。

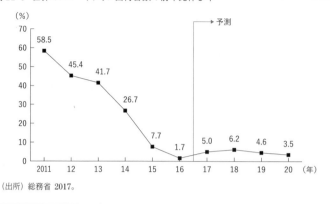

図 11-6 世界のスマートフォン出荷台数の前年比伸び率

（出所）総務省 2017。

　しかしそれは同時に，情報化社会，高度情報社会（第9章），高度情報通信社会，IT 社会，データ主導型社会など時代とともにさまざまに名づけられてきた，さらに遡れば19世紀のSF小説に描かれたような，情報技術によって新しい社会を目指す構想の延長に構築されようとしているのです。その意味で，佐藤俊樹が指摘するように，19世紀の産業社会の時代から，社会は情報化の夢を見続けてきたのであり，最先端技術に託して無限の発展やユートピアの希望を語り続けてきたのです（佐藤 2010）。

▷　情報社会の考古学

　Apple や Google，Amazon，Facebook（現・Meta），Microsoft といったプラットフォーム企業，あるいはテンセント，ファーウェイ，アリババといった急成長した中国のテック企業は，個人データとその膨大な集積を資源として拡大し，新しい市場を作り出し，経済を牽引してきました。しかしその一方で，少数のプラットフォーム事業者が利益を総取りする状況や個人データの取得や監視，SNS

コラム19　メディア考古学の視点　最新のメディアが最善とは限りません。過去の忘れられたメディアにこそ，まだ見ぬ可能性が埋もれているかもしれません。こうした視点を強調するのがメディア考古学です。エルキ・フータモによれば，メディア考古学は非主流の装置や忘れ去られたメディア，実現されなかった構想に注目することで，現代のメディア文化を相対化し，既存のメディア史を描き直します（フータモ 2015）。

　現在当たり前で揺るがないように見えるメディアの発展も，開発当初はさまざまな展開や技術開発の可能性があり，採用されずに終わった構想や企画，実現しなかった製品，普及せずに埋もれた装置で溢れています。時期や条件が少し異なるだけで，開発や普及の方向が大きく変わることもあります。また，私たちは最新の技術が最善であり，その延長に未来も発展していくと考えがちですが，しばしば新しい技術を使って古い夢を繰り返し見ていることがあります。あるいは古いメディアのなかに，現在の技術とは異なる「新しさ」を見出すことができる場合もあります。トム・スタンデージは19世紀の電信を「ヴィクトリア朝時代のインターネット」と呼びました（スタンデージ 2011）。またキャロリン・マーヴィンによれば，「われわれの先祖が，彼らが夢見た未来が実際はどうなったかを知って驚くであろうのと同じくらいに，過去はわれわれを驚かせる」のです（マーヴィン 2003）。

による偽情報の拡散や集団分極化など，民主主義を脅かす危険性が指摘されています。インターネットは水平的でオープンなネットワークを生み出すと論じられてきましたが，実際には集中と格差を強化することになり，データの利用やその仕組みの多くはブラックボックス化しています。

　ここまで見てきたように，新しい情報技術は長い時間をかけて相互に結びつき，私たちの日常生活に浸透していきました。しかしそ

の過程で，必ずしも開発当初に夢見られていた未来が実現されているわけではなく，現実となった私たちの日常の傍には，新たな可能性とともに，実現しなかった構想の残骸や予期しなかった問題が山積しています。かつて見田宗介は，情報化と消費化がもたらす現代社会の魅力と未来に開かれた可能性を肯定する一方で，そのシステムの原理自体が環境や資源，エネルギー問題，対立や貧困を生み出していることを正面から見据える必要があると論じました（見田1996）。情報社会がもたらした「光の巨大」と「闇の巨大」の双方が大きく露呈した後で，その次の段階をいかに設計していくか，そしてどのような新しい文化を築いていくかが改めて問われています。

/// Exercise 　演習問題 ///

11.1　モバイルメディアの普及により常時インターネットへの接続が可能になった生活の利点と弊害を具体的に挙げてください。

11.2　インターネットが開発されなかった世界を想像してください。もしインターネットが普及しないまま 2020 年代を迎えたとすれば，私たちの生活はどのようなものになったでしょうか。

/// Report assignment 　レポート課題 ///

　今後スマートフォンへの各種機能の集約がさらに進むのか，それとも新しい端末や通信手段（あるいはまったく別のシステム）への転換が起きるのでしょうか。予想とその理由を説明してください。

感染症と
新しい日常

Quiz クイズ

Q12.1 WHO が新型コロナウイルス感染症（COVID-19）のパンデミックを宣言したのはいつか。
a. 2018 年　**b.** 2019 年　**c.** 2020 年　**d.** 2021 年

Q12.2 WHO が年次報告書で「感染症のグローバルな危機の瀬戸際に立たされている」と警告したのはいつか。
a. 1985 年　**b.** 1996 年　**c.** 2002 年　**d.** 2016 年

Q12.3 2021 年の「第 6 期 科学技術・イノベーション戦略」がパンデミック後に移行を目指すとした社会像は次のどれか。
a. 情報化社会　**b.** 高度情報社会　**c.** 高度情報通信社会
d. IT 社会　**e.** ネットワーク社会　**f.** スマートフォン社会
g. データ主導型社会　**h.** Society 5.0　**i.** メタバース
j. Web 3.0　**k.** e-Japan　**l.** 電子立国

★本章の学習をサポートするウェブ資料は，右の QR コードよりご覧いただけます。

Answer クイズの答え

Q12.1　c.　　Q12.2　b.　　Q12.3　h.

Chapter structure 本章の構成

パンデミックとメディア　グローバル化と気候変動

ウイルスの可視化
- インフォデミック
- 感染状況の視覚化
- 流行曲線と制御
- 追跡とセキュリティ

供給網の混乱
- 半導体の供給不足
- データセンターの電力
- 不均衡の拡大
- モデレーションの労働

新しい日常と非日常
- 非接触の光景
- ストリーミングの拡大
- オンラインライブの伸張
- バーチャルシティの構築

感染症と新しい日常　2020年代の新しいメディアへ

▭▷　**パンデミックとメディアの再編**

　2019 年 12 月に中国・武漢市で原因不明の肺炎が報告され，瞬く間に中国大陸から世界各地へと感染が拡大します。翌年 1 月にはWHO が「国際的に懸念される公衆衛生上の緊急事態」を宣言，3月 11 日には新型コロナウイルス感染症（COVID-19）のパンデミック（汎世界的流行）が確認されました。急速な感染拡大とそれに続く都市封鎖や外出制限，未知の感染症への対策において，メディアは重要な役割を果たします。感染状況が随時報道され，感染者数やワクチン接種率，病床使用率が可視化され，SNS は先の見えない隔離生活での経験の共有に欠かせないものとなりました。遠隔会議ツールが仕事や教育に導入され，街中や店舗には非接触の決済や検温の技術が急速に普及します。また移動や集会が制限されるなか，

動画サイトやストリーミングの再生が顕著に増加し，さまざまなオンラインライブの実験が行われます。

　日常生活に遍在するメディアは，遠隔での情報や感情の共有，外出制限下での安心やケアをもたらすと同時に，感染症やワクチンについての誤情報を拡散します。また公衆衛生のためのデータの収集や行動制限は，緊急事態において個人の自由を抑制し，政府による介入や規制を強化しました。パンデミックで加速したオンライン化とプラットフォーム企業の拡大は，安全や利便性を提供する一方で，既存の格差と不均衡をさらに深刻化することにもつながります。

1 感染症とウイルスの可視化

▷ 新興感染症と人の移動，気候変動

　1996 年に WHO は年次報告書[*]において，新興感染症の流行に対し警告を発しています。抗生物質とワクチンの開発が進み，世界中で予防接種が定着したことで，20 世紀後半には一時的に「感染症制圧の長い闘いは終わりに近づいたとの楽観論」がありました（WHO 1996: 1）。しかし同報告書によれば，近年正体不明のウイルスによる新しい疾患が相次いで出現し，有効な治療法も確立されていません。感染症制圧の闘いは終わりどころか重大な局面に差しかかっており，「私たちは感染症のグローバルな危機の瀬戸際に立たされている。どの国も安全ではなく，その危険を無視することはできない」と指摘されています（WHO 1996: v）。

　大陸を越えた観光と貿易，人の移動と物流の拡大は，致命的な病原がより速く，より遠距離に伝播することを可能にします。また地球規模の気候変動は，病原を媒介する動物の分布や感染症の伝播様

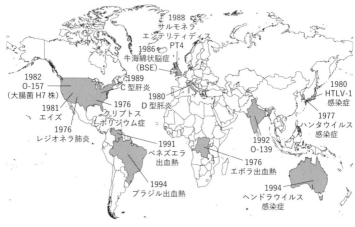

図 12-1 1976 年以来出現したヒトや動物の新しい感染症

1988
サルモネラ
エンテリティディス
PT4

1986
牛海綿状脳症
(BSE)

1989
C 型肝炎

1982
O-157
（大腸菌 H7 株）

1980
HTLV-1
感染症

1976
クリプトス
ポリジウム症

1980
D 型肝炎

1981
エイズ

1977
ハンタウイルス
感染症

1976
レジオネラ肺炎

1991
ベネズエラ
出血熱

1992
O-139

1976
エボラ出血熱

1994
ブラジル出血熱

1994
ヘンドラウイルス
感染症

（出所）WHO 1996 をもとに作成。

式を変え，新たな感染拡大をもたらします（**図 12-1**）。実際 1990
年代以降も，エボラ出血熱，O-157，SARS，鳥インフルエンザな
どの感染拡大が相次ぎ，2013 年にはコウモリを自然宿主とするコ
ロナウイルス（MERS-CoV）の感染がサウジアラビアで確認されて
います。新型コロナウイルス（SARS-CoV-2）の感染拡大は，新興
感染症の発生と警告が繰り返されるなかで起きた出来事だったので
す。

パンデミックとインフォデミック

2019 年 12 月に中国・武漢市で原因不明の肺炎が報告され，翌年
1 月には WHO が公衆衛生上の緊急事態を宣言，20 年 3 月にテド
ロス・アダノム事務局長は新型コロナウイルス感染症のパンデミッ
クを表明するとともに，その前月にはインフォデミックの危険性に

ついて警告を発しています。

インフォデミックは，information と epidemic を組み合わせた造語で，正確で信頼性の高い情報とそうでない情報が混淆し，過剰に氾濫することで，人々が必要なときに信頼できる情報源を発見することが困難な状態を指します（WHO 2020; 総務省 2020）。新興感染症の拡大は，未知の病原や症状に対する不安と恐怖から，憶測や偏見，誤情報の拡散を招きます。地球規模のパンデミックは，人や物の流通の拡大によって促進されましたが，メディアの発達による情報流通の拡大は，大規模なインフォデミックを加速します。

新型コロナウイルスの感染は，それが二重，三重の意味で「見えない」ことによって拡大したといえるでしょう。ウイルスは人間の肉眼では知覚できないミクロな存在であり（病原の不可視性），顕著な症状がないまま増殖し感染を拡大させる場合があり（感染の不可視性），新興感染症であるため対策やワクチンの効果，収束の時期を明確に見通すことができません（予測の不可視性）。幾重にも「見えない」ウイルスの伝播は，不安や恐怖を拡大し，憶測や偏見を助長します。このため初期段階から，病原と感染状況を可視化し，その影響に見通しを与えることが重要な課題となりました。

ウイルスを可視化する

メディアで最も流通した SARS-CoV-2 の図像は，2020 年 1 月にアメリカ疾病予防管理センターのアリッサ・エッカートとダン・ヒギンズを中心に制作されました（図版）。この図像は，医学的知識と美術・デザインの視点，画像処理技術の融合であり，タンパク質の立体構造モデルのデータベースから取得した画像に，新たな 3D モデルを追加し，実際のウイルスにはない色彩と照明効果，質感を加えています（Berlin 2020）。

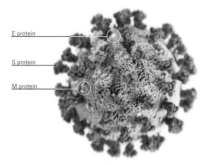

E protein
S protein
M protein

新型コロナウイルス (SARS-CoV-2) の図像

（出所）Centers For Disease Control and Prevention: CDC, Public Health Image Library.

　3D モデルの作成には，映画やアニメーション，ゲーム制作にも使用される 3DCG ソフトウェア「3ds MAX」が使われています。ウイルスや生体分子モデルの作成，その動的なシミュレーションは，研究者とバイオテック企業，アニメーターやソフトウェア開発者の協働による，高度な映像製作の舞台となっているのです（Ghosh 2020）。とくに特徴的な棘は強調のために赤で着色されています。新型コロナウイルスの特徴は人間の細胞と結合する可能性がきわめて高いこの棘（コロナ＝冠）にあり，着色はその構造と注意すべき点を際立たせることで，警告と同時に教育的な効果をもちます（Davis 2020）。

　エッカートとヒギンズの図像は，医学的に正確な情報を伝えるとともに「ウイルスの顔を必要としている」人々の欲求に応えるものだったといえます（Berlin 2020）。かつて黒死病と呼ばれた中世のペストは，しばしば死神として図像化され，不安と恐怖を喚起しました。これに対し，科学的な手法で不可視のウイルスを可視化し，適切な「顔」を与えることは，複雑な状況にも具体的な要因があることを明確にし，科学的に対処可能だという信頼を与えます。

　日本では 2020 年 2 月から 5 月の感染拡大期に，江戸時代に描かれた疫病除けの妖怪アマビエの絵が SNS で拡散され，漫画家やイラストレーター，アマチュアによる二次創作やグッズを生み，厚生労働省の感染防止キャンペーンにも使用されました。これは科学的

> **コラム20　DeepMind 社とタンパク質の構造予測**　第3章で紹介した AI 開発の DeepMind 社は，2020年11月に深層学習を利用した AI システム「AlphaFold V2」により精度の高いタンパク質の立体構造予測に成功したことを発表しました（DeepMind 2020）。これにより，新薬の開発プロセスの速度が飛躍的に向上するだけでなく，将来のパンデミックへの対応に役立つ可能性が指摘されています。AlphaFold V2 は構造が不明だった新型コロナウイルスのいくつかのタンパク質構造を予測し，実験で確認された構造と高い精度で一致しました。つまり，今後未知のウイルスの感染拡大が起こった場合，有効なワクチンの開発がより迅速に進む可能性があるのです。さらにタンパク質の構造予測の技術は，現在知られていない何億ものタンパク質の探索を可能にし，医療だけでなく，生物学にとって広大な未知の領域に光が当てられることが期待されています。

方法とは異なりますが，未知の状況を過去の疫病とキャラクターに仮託することで，理解可能で馴染みある形に変換する行為だといえるでしょう。

公衆衛生と感染状況の可視化

　新型コロナウイルスのもう1つの特徴は，感染力がきわめて高いにもかかわらず，多くの感染者が無症状のままウイルスを増殖させ感染を拡大する点にあります。このため感染状況を可視化し，拡大を防止するさまざまな技術が普及しました。

　たとえば陽性者の早期発見のため，発熱を可視化するサーモグラフィ（第3章）が各地の街中や店舗に設置されます。また日本で JX 通信社のアプリ「NewsDigest」が提供した「新型コロナウイルス最新感染状況マップ」は，国内の自治体や企業が公開した感染情報

ジョンズホプキンス大学の「COVID-19 ダッシュボード」2022 年 10 月 23 日
（出所）COVID-19 Dashboard by the Center for Systems Science and Engineering (CSSE) at Johns Hopkins University.

を，ユーザーの位置情報をもとに現在地周辺の地図上に表示し，感染リスクの回避を促進しました。

　感染状況を可視化するメディアのなかで最も大規模なものが，2020 年 1 月にジョンズホプキンス大学のローレン・ガードナーが中心となって立ち上げた「COVID-19 ダッシュボード[*]」であるといえるでしょう（図版）。この「ダッシュボード」は，地域ごとの感染者数，死者数，ワクチン接種者数などのデータをオンラインで随時視覚化するもので，WHO や政府・自治体の報告だけでなく，オンラインニュースや Twitter のフィードなどのデータを集約し，研究者による確認と更新を経て公開されています（Dong et al. 2020）。「ダッシュボード」の迅速な立ち上げが可能になった背景には，10 年代までに進展した医療データ収集の組織化，感染症の数理モデル化，データ視覚化とビッグデータ解析の技術があります。

　また「ダッシュボード」では，アメリカ各州の年齢，人種，エスニシティ，性別／ジェンダーの分類ごとに，感染者数や死者数，ワ

クチン接種率などを比較することが可能です。たとえば黒人居住者はワシントン DC の人口の半数以下ですが，パンデミックから 1 年後には症例の過半数を占めました。こうした不均衡の発見は，脆弱なコミュニティへの支援に重要な役割を果たします。「ダッシュボード」による感染の可視化は，現状の把握だけでなく，予測と対策を可能にする，公衆衛生上の意思決定のメディアとして機能するのです（Hoof 2020）。

▷ 流行曲線と制御の技術

これまで大規模な災害や感染の報道には，しばしば煽情的な報道写真が使用されてきました。しかしビッグデータ時代のパンデミックの報道では，急上昇する数字やグラフ，感染者数の推移を時間軸で示した「流行曲線（epidemic curve）」がメディアを席巻します（Parks & Walker 2020）。こうした流行曲線は，単に感染状況を示すだけでなく，予測と制御，対策の立案のために操作されたイメージである点には注意が必要です。感染症の視覚的表現は，データを可視化するだけでなく，数学的なモデル化と予測に使用され，また人々を説得し行動に介入するためのツールでもあるのです（図12-2）。感染の急拡大を示す急傾斜のグラフは，「曲線を平坦にする」ために行われる対策や行動変容の要請の一部になっています（Sampson & Parikka 2020; Jones & Helmreich 2020）。

一般に流行曲線やそれに基づく感染状況の予測は，ピークが高く勾配が急な曲線として視覚化されます。なぜなら，それがアウトブレイク（集団発生）の徴候を示すだけでなく，人々に警告を発し感染拡大を回避するよう行動の制御を促すことが目指されているからです。これに対し，経済活動の再開を急ぐ立場のメディアや評論家は，しばしばピークや曲線の勾配をより矮小化したグラフを示しま

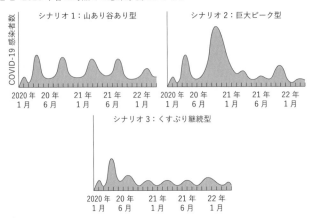

図 12-2 2020 年春の時点での感染予測のシナリオ

COVID-19 感染者数

シナリオ1：山あり谷あり型

シナリオ2：巨大ピーク型

2020 年　20 年　21 年　21 年　22 年
1 月　　6 月　　1 月　　6 月　　1 月

2020 年　20 年　21 年　21 年　22 年
1 月　　6 月　　1 月　　6 月　　1 月

シナリオ3：くすぶり継続型

2020 年　20 年　21 年　21 年　22 年
1 月　　6 月　　1 月　　6 月　　1 月

（出所）Centers for Infectious Disease Research and Policy 2020 をもとに作成。

した。流行曲線と予測の視覚化は，複数のデータを操作し 1 つの曲線へと抽象化したものであり，その背後にある複雑な操作を覆い隠し，単純化する危険が伴います（Bowe et al. 2020）。

医療データの収集とセキュリティ

　パンデミックにおいて感染状況の把握と予防のために個人データの大規模な収集が進んだことは，公衆衛生のためとはいえ，どのようなデータがどのように使用されるべきか「パンデミック監視」についての広範な議論を引き起こしました（Lyon 2022）。また医療データの重要性の高まりや感染対策の情報化は，もう 1 つの深刻な問題を帰結します。

　2020 年 9 月，アメリカ，イギリス，プエルトリコなどで 400 以上の病院を運営する UHS はランサムウェア攻撃を受け，施設のネットワーク使用を停止しました。ランサムウェア攻撃とは，対象と

なる組織のシステムをマルウェア（コンピュータウイルスなど悪意あるソフトウェア）に感染させ，その解除に身代金（ランサム）を要求するものです。医療機関には重要な個人データが集約し，システムの停止は人命の危機に直結します。このため非情にもコロナ禍の混乱に乗じて，セキュリティ対策が不十分な医療機関が集中的に狙われたのです。

　アメリカ保健福祉省によれば，2020年に医療機関への攻撃は顕著に増加し，とくに9月10月は前年に比べ87%増加しています。アメリカは最も被害の多い国の1つでしたが，世界中で医療機関を狙った攻撃が報告されました（HHS 2021）。度重なる攻撃に対し，NATOは「医療サービス，病院，研究機関など，パンデミックへの対応に不可欠な仕事をしている人々に対して向けられた悪意あるサイバー攻撃」を非難する声明を発表します（NATO 2020）。皮肉なことに，感染防止のための医療サービスの高度化や個人データの集約は，もう1つのウイルス，すなわちコンピュータウイルスの感染に対する脆弱性を高める結果になったのです。

2　気候変動とサプライチェーン

▷　サプライチェーンの混乱

　2021年12月，iPhoneをはじめとするApple製品の供給の遅れが報じられました。原因の1つはコロナ禍による半導体や部品の供給不足とサプライチェーンの混乱です。iPhoneの組み立てを行う深圳（シンセン）の工場は，供給制約や電力不足で稼働を一時的に停止します。またベトナムのロックダウンはカメラモジュールの生産に影響を与え，マレーシアの電子部品の供給にも遅れが生じます（『日本経済新

聞』2021年12月8日）。感染拡大に伴う供給網の混乱は，手のひらに収まる端末が，巨大で複雑な地球規模の相互依存のネットワークのなかにあることを改めて明るみに出しました（第11章）。

　新型コロナウイルスの感染震源地となった中国は，地球規模に拡大した供給網の最も大きな結節点の1つです。iPhone の最大の組み立て工場が立地する深圳は「世界の工場」であるだけでなく，2020年の世界港湾別コンテナ取り扱い個数ランキングの4位に位置し，また上位10のうちの7を中国の港湾が独占しています（国土交通省港湾局 2020）。2000年代以降の深圳港は，コンテナ輸送と無人搬送車，自動スタッキングクレーンなどによって高度にコンピュータ化，自動化された物流の集積拠点となっており，防疫対策の強化や港湾作業員の新型コロナウイルス感染による輸送の遅れは，世界中に影響を与えることになります。その一方で，大規模な都市封鎖と工場の稼働や物流の抑制により，20年には8割以上の国で大気汚染の軽減[*]が報告されています（『CNN』2021年3月16日）。

▷　気候変動と半導体産業

　コロナ禍が明るみに出した地球規模の相互依存を象徴的に表すのが，台湾の水不足に端を発する世界的な半導体の供給不足です。1990年代後半に日本の半導体産業が衰退して以降，2000年代から急速に台頭したのが台湾の半導体産業であり，とくに新竹（シンジュー）科学工業園区を中心に産業クラスターを形成しています（岸本 2017）。感染拡大が進行する21年5月，台湾は56年ぶりの干ばつに襲われ（図版），新竹市も取水制限や断水が行われました。半導体は製造工程で大量の水を必要とするため，台湾の深刻な水不足は製造中止に直結します。

　さらに酷暑のなかの感染拡大は，在宅時の電力消費を急上昇させ，

5月には台湾全土で大規模停電が発生し，大量の電力を消費する半導体工場も危機にさらされます。加えて部品製造の委託先であるベトナムやインドの工場が閉鎖や減産に追い込まれ，供給が遅延します。感染拡大による供

台湾中部・南投の水不足の様子
（写真）ロイター/アフロ。

給網の混乱に加え，3月には台湾・長栄海運の大型コンテナ船がスエズ運河で座礁し，物流の停滞とコンテナ不足や輸送価格の高騰が深刻化しました（『日経新聞』2021年5月25日）。

　気候変動，電力不足，感染拡大，座礁事故が幾重にも重なり，情報機器に必要な半導体の世界的な供給不足が生じたのです。地球規模の相互依存とは，人・モノ・情報のグローバルな流通だけでなく，それらが気候変動やウイルスの伝播など自然環境とも複雑な相互連関を形成していることを意味します。「台湾の水不足がiPhoneの供給を遅らせる」という事態は，上述した連関の網の目のなかで生じているのです。パンデミックの混乱のなかで，供給網の安全性や回復力を高めるために，地域内調達，生産へと転換する動きも拡大します。

▷ **電力消費とデータセンター**

　台湾の半導体産業と並び，コロナ禍における地球規模の相互依存を顕著に示したのが，アイルランドのデータセンター（DC）の事例です。アイルランドは英語圏で教育水準が高く税制優遇措置があ

ることから，1980年代以降多くのテクノロジー企業が拠点を設置し，2010年代には世界最大規模のDCの集積地になります。理由の1つは寒冷な気候です。DCは大量の情報処理のために大規模な電力を消費し，サーバーが発熱します。アイルランドはDCの運用に理想的な気候で，夏も冷却の必要がなく，冬はサーバーの熱でビル内暖房が可能です。EU加盟国で一般データ保護規則（GDPR）をはじめ個人データ保護やセキュリティへの対策も高い評価を得ています（スミス＆ブラウン 2020）。18年には「企業戦略におけるデータセンターの役割に関する政府声明」が発表され，「アイルランドをヨーロッパにおけるデジタル経済のホットスポットにする」戦略の中心にDCが位置づけられました。

　しかし同時に，DCの集中は電力消費を加速的に増大させます。パンデミックは，企業活動のオンライン化やビデオストリーミング，ネット取引の拡大によるクラウド需要を高め，DCの電力消費をさらに加速します。2021年9月にアイルランド国営の電力会社EirGridは，深刻な電力不足の可能性を警告しました。これに対し公営事業規制委員会（CRU）は，これまでの方針を転換し，国の電力網に接続するDCに対し電力量を抑制するための規制を導入することを発表します。CRUは，「このセクターによる電力需要の成長は，過去100年にアイルランドが経験してきたものとはまったく異なっている」と報告しています（CRU 2021）。アイルランドは今後，新たな気候行動計画のなかで，優先的に脱炭素化に取り組むセクターの1つにDCを位置づけ，電力の抑制と再生可能エネルギーへの転換を進める方針を打ち出しています。

▷　**感染症とプラットフォームの拡大**

　パンデミックは，地球規模の相互依存に変動をもたらし，半導体

や電力の不足，サプライチェーンの混乱を招きます。情報機器や自動車部品の製造を担う工場の停止や廃業，サプライヤーの倒産も相次ぎました。しかしその一方でプラットフォーム企業にはコロナ禍で行き先を失った投資が集中し，むしろ業績を急拡大します。Apple 社の時価総額は 2022 年 1 月には世界ではじめて 3 兆ドルを超え，Apple, Microsoft, Alphabet（Google の親会社），Amazon, Meta（旧・Facebook）の 5 社を合わせた時価総額は 21 年はじめの 7 兆 5000 億ドルから年末には 10 兆ドルを超えています。プラットフォーム企業の業績と株価は感染拡大のなかで急激に上昇します[*]。

2000 年代以降，FAANG（Facebook, Amazon, Apple, Netflix, Google）や中国の BAT（バイドゥ，アリババ，テンセント）のような巨大プラットフォーム企業は，映画館や書店，新聞や広告代理店，百貨店や飲食店，タクシーやホテル業をオンラインサービスに置き換え，日常的なコミュニケーションの仲介者になりました。しかしパンデミックでプラットフォーム企業は単に「利便性」を提供するだけでなく，行動制限のなかで日常生活を維持し，仕事や教育をオンラインで継続するための必要不可欠な基盤となっていきます（Nerves & Steinberg 2020）。

ナオミ・クラインは，コロナ危機の最中に個人情報とプライバシーの問題，ソーシャルメディアの悪影響や民主主義に対する脅威，不平等や富の不均衡の拡大に対する懸念が忘れ去られ，プラットフォーム企業が教育や医療といった公共性の高い分野に次々と進出したことを「パンデミック・ショック・ドクトリン」（感染拡大の危機に乗じた急進的改革）と呼んで批判しています。Zoom のようなオンライン会議ツールが公教育に導入され，Apple や Google の技術を使った追跡アプリは医療や防疫に不可欠になりました。また Amazon による医療品や生活必需品の配達がライフラインとなった地域

もあります。以前から進んでいた傾向が，コロナ禍で「慌ただしく建設中の未来」において「ワープするような速度で加速」されていったのです（Klein 2020）。

▷ **ギグワークとコンテンツ・モデレーション**

　ジョシュア・ナーヴスとマーク・スタインバーグは，こうしたコロナ危機とプラットフォーム企業の緊密な結びつきが不平等を加速させる危険性を指摘しています（Nerves & Steinberg 2020）。それは一部の利用者に利便性を与える一方で，一部の労働者を危険と感染リスクにさらします。プラットフォーム企業への依存を強めることは，安全で隔離された自宅で利便性を享受することを可能にする一方，医療や福祉，インフラの維持を担うケアワーカーやエッセンシャルワーカー，倉庫労働や配送業務を担う不安定なギグワーカー（インターネットや SNS を介して短期の仕事を請け負う人）に感染リスクの高い活動を押し付けることを意味しており，その経済的・社会的格差を不可欠なものとして固定する危険性をもつのです。

　また，外出制限のなかで動画サイトの利用時間が増え，各種ソーシャルメディアへの投稿が増加しました。SNS 上の映像コンテンツが増大するなかで見過ごされてきたのが，コンテンツ・モデレーター^{*}と呼ばれる人々の存在です。SNS に日々アップロードされる投稿から有害なコンテンツを判定する仕事は，自動化されたアルゴリズムと AI だけでなく，ガイドラインに沿って訓練された人々が担っています。この仕事は世界各地の企業に委託され，一時雇用の低賃金労働者が，暴力やポルノ，違法または非倫理的なコンテンツを実際にその目で見て，判定を行います。それはスクリーンの裏側に隠された，暗く見えない労働です（Roberts 2019）。2020 年には Facebook（および Instagram）だけで世界中に 1 万 5000 人のモデ

レーターを抱え，彼らは1日何百もの違法な投稿にさらされ，その多くは深刻なPTSDの危険に直面しています（Barret 2020）。

コロナ禍であってもモデレーターの仕事は，プライバシー保護とセキュリティの観点から容易に遠隔勤務に切り替えることはできません。2020年3月にFacebook, YouTube, Twitterは一時的に人間による判定を減らし，AIによる自動審査への依存度を高めることを発表しました。しかし結果として過剰な投稿の削除や不適切なコンテンツ量が顕著に増加し，人間による判定が再度必要になったのです。ソーシャルメディアを適切な環境に保つためにはモデレーターの存在が不可欠であり，今後は各プラットフォーム企業が問題を解決するために，判定業務のアウトソーシングをやめ，正規雇用化とケアの拡充を進める必要性が指摘されています（Barret 2020）。

3 新しい日常と失われた日常

▷ 非接触の光景

新型コロナウイルスの感染拡大は，とりわけ観光や飲食店，娯楽産業の一部に壊滅的なダメージを与えます。国内では2020年1月から最初の緊急事態宣言が解除される5月まで，サービス産業のなかでもとりわけ「生活娯楽関連サービス」の活動が顕著に停滞しました。経済産業省によれば，とくに有観客試合が中止されたプロスポーツ，各種旅行業やホテル業など観光関連，休業要請の対象となった遊園地・テーマパークや映画館，フィットネスクラブや結婚式場，各種飲食業，また生活娯楽以外では，航空旅客運送業，映画製作が大きな打撃を受けました（経済産業省 2020）。

これに対し，在宅時間の増加やテレワーク★，遠隔授業の拡大はイ

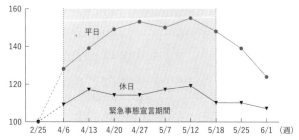

図 12-3 緊急事態宣言期間における昼間通信量の推移

(注) 2020 年 2 月 25 日の週を 100 とした通信量の比率。
(出所) 総務省 2020 をもとに作成。

ンターネット利用の増加をもたらし，とくに緊急事態宣言期間の昼間通信量が顕著に増加し（**図 12-3**），2020 年に国内の通信量は前年比 5 割以上と急増します。『令和 3 年版 情報通信白書』は，「デジタル活用による消費行動の変化」として，オンライン消費の増加，オンラインによる番組・イベント配信の増加，オンラインによる観光の 3 つを挙げ，さらに消費者アンケートの結果から，20 年 4 月 5 月の緊急事態宣言下で利用したデジタルサービスは，インターネットショッピング（57.1%），電子マネー・電子決済・QR コード決済（44.0%），ネット動画配信（39.9%），非接触型の検温（34.7%）の順だったと報告しています（総務省 2021）。

▷ ストリーミングの伸長と映画館の苦境

パンデミック下の在宅時間の増加により，各国で動画配信サービス（SVOD）の利用率や動画サイトの視聴時間が増加しました。ネットフリックスは 2020 年に過去最高の 3700 万人の新規契約者を獲得し，営業利益は 76% 増の 46 億ドルに達します（Netflix 2021）。日本でも緊急事態宣言下で韓国ドラマ『梨泰院クラス』や『愛の不

時着』などがヒットします。

　また新作の製作が困難になると，動画配信サービスは過去作のアーカイブの役割を拡大します。ネットフリックスは 2020 年 4 月にフランスの配給会社と提携し過去の名作の提供を開始します。またディズニーは劇場公開やソフト販売に休止期間を設け，作品の希少性を維持してきましたが，Disney+ による過去作の配信はこの戦略を転換させます（Verheul 2020）。

　動画配信サービスが拡大する一方，緊急事態宣言で休業要請の対象となった映画館は大きな打撃を受けました。2020 年に国内の年間興行収入は過去最高だった前年比 45% 減の 1433 億円，入場者数も半減に近い 1 億 613 万人にとどまります（映画製作者連盟 2021）。多様な映画文化を支えてきた中小規模の映画館や配給会社が苦境に立たされ，岩波ホール★など著名なミニシアター（第 9 章）の閉館が相次ぎました。

▷ メガヒットの誕生

　映画館と映画業界が苦境に立たされる一方，コロナ禍で歴史的なメガヒットが誕生します。2020 年 10 月に公開された『劇場版「鬼滅の刃」無限列車編★』は日本歴代興行収入 1 位を記録するだけでなく，同年公開の映画のなかで総興行収入世界 1 位を達成します。3D アニメーションやキャラクターの造形などをその要因として指摘できますが，世界中で映画館が壊滅的な打撃を受けた時期だったことを踏まえると，『鬼滅の刃』のヒットは作品単独の力を超えた現象だったといえるでしょう。

　吾峠呼世晴による原作は 2016 年 2 月に『週刊少年ジャンプ』で連載が開始されます。19 年 4 月からテレビアニメ第 1 期が放送され，同時に各動画配信サービスにより全国で視聴可能になったこ

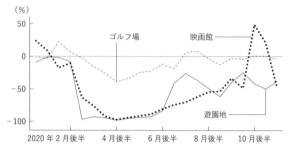

図 12-4　映画館の消費動向指数の推移

（注）前年比，クレジットカードの利用動向をもとに算出。
（出所）『日経新聞』2020 年 12 月 19 日。

とで，人気に火がつきました。オープニングテーマの LiSA『紅蓮
華』はビルボード・ジャパンのダウンロード数部門で週間 1 位，
19 年の Twitter トレンド大賞アニメ部門を「＃鬼滅の刃」が受賞
し，漫画の発行部数は 19 年 4 月の 350 万部から，アニメ放送終了
の 9 月に 1200 万部，連載終了の 20 年 5 月には累計 6000 万部に達
します。映画以前に，雑誌連載と単行本，アニメ放送と配信，主題
歌や SNS，グッズ，イベントの展開が相乗効果をあげ，幅広いフ
ァンを獲得していたのです。

　原作の連載が終盤を迎える時期に起きたパンデミックは，在宅時
間に原作やアニメの配信を後追いで一気に視聴することを促し，フ
ァンの裾野をさらに広げます。そしてまん延防止等重点措置の解除
直後の劇場版公開は，「映画館で映画を見ること」自体を特別なイ
ベントに変えました。実写映画の製作中止により新作の本数が減少
するなか，行動制限や自粛の抑圧を解放するかのように観客が殺到
し，公開初日から 3 日間の興行成績は歴代最高の観客動員数 342
万人，興行収入 46 億円を突破します。『鬼滅の刃』のヒットに後

図 12-5 「鬼滅の刃」検索回数の推移

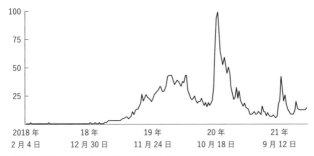

（注）縦軸は最高値を 100 とした場合の検索数の相対値。
（出所）Google Trend をもとに作成。

押しされて，映画館の消費動向指数も，同時期の他の娯楽に比べ顕著に増加しました（**図 12-4**）。

　Google Trend で「鬼滅の刃」の検索回数の推移を見ると，2019年 4 月のアニメ放送開始から徐々に増加し，パンデミックが確認された 20 年 1 月から緊急事態宣言の期間に関心を維持し，5 月の連載終了時に一度ピークを迎えた後，10 月の劇場版公開前後で急激に上昇したのがわかります（**図 12-5**）。ストリーミングを中心としたアニメの流通の拡大とメディアミックスの戦略，パンデミックが結びつき，驚異的なヒットが生み出されたといえるでしょう。

▷ オンラインライブの展開

　一方，音楽産業もまた大きな変化に直面します。ぴあ総研によれば，2019 年に過去最高の 6295 億円を記録した国内のライブ・エンターテインメント市場（第 6 章）は，20 年は前年比 82.4％ 減の 1106 億円にまで落ち込み，とくに音楽フェスは前年比 97.9％ 減と壊滅的な打撃を被りました（ぴあ総研 2021a; **図 12-6**）。順調に成長

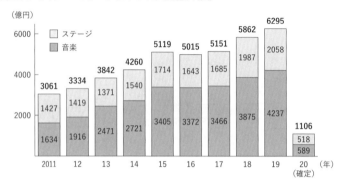

図 12–6 ライブ・エンターテインメント市場規模の推移

(億円)

- ステージ
- 音楽

	2011	12	13	14	15	16	17	18	19	20 (確定)
合計	3061	3334	3842	4260	5119	5015	5151	5862	6295	1106
ステージ	1427	1419	1371	1540	1714	1643	1685	1987	2058	518
音楽	1634	1916	2471	2721	3405	3372	3466	3875	4237	589

(出所) ぴあ総研 2021a をもとに作成。

してきた音楽のライブ市場は一転して危機に陥るだけでなく，感染拡大を引き起こす要因として批判にさらされます。

　一方，ぴあ総研によれば，有料型オンラインライブ市場が 2020 年 5 月頃から急速に立ち上がり，年間 448 億円規模に急成長しました（ぴあ総研 2021b）。たとえば，サザンオールスターズや嵐など大規模なファンを抱えるグループの場合，オンラインライブでは会場の収容人数を超えて観客を獲得することが可能になり，公演当たりの収益はむしろ拡大します。また BTS は，メンバーとのライブチャットや Zoom を使った大規模なファンミーティングなど，オンラインならではのファンとの交流を世界中で進めました。

　これに対し，独自の表現形式としてのオンラインライブの模索も行われます。2020 年 2 月に政府の感染症対策本部の要請により，ライブツアー最終日の東京ドーム公演を中止した Perfume は，9 月にオンラインフェスを企画し，開催されるはずだったライブを仮想空間内で再現しました。単なるライブのオンライン化ではなく，

失われた公演を別の形で再起動したのです。またサカナクションは，21年11月に音楽だけでなく，舞台表現，映像を組み合わせたオンラインのライブイベント「アダプト」を配信し，配信映像にリアルタイムで視覚効果を加えるなど新たなライブ経験を追求しました*。「ライブかオンラインか」という対立ではなく，オンラインだからこそ可能な新しいライブ形式の模索が進められたのです。

▷ **オンライン化と失われた日常**

　コロナ禍で試みられたもう1つのライブの実験がオンラインゲームとの融合です。トラヴィス・スコットは2020年4月に登録者数3億人を超えるオンラインゲーム『フォートナイト』でバーチャルライブを開催しました*。3DCGで構築された壮大な仮想空間内で，プレイヤーは海底から宇宙空間まで移動しながらライブを体験します。ゲーム空間でのライブは以前から試みられていましたが，トラヴィス・スコットのライブは接続者数1200万人と破格の規模に拡大しました。ポール・サンデンはゲーム空間でのライブのように，実際のライブをオンラインで配信するのとは異なり，実在はしないが，メディアに媒介されることではじめて構築されるライブ性を「バーチャルなライブ性」と呼んでいます（Sanden 2019）。

　また，コロナ禍ではゲーム市場自体が拡大し，たとえば任天堂はNintendo Switchの販売台数の増加や2020年3月発売の『あつまれ　どうぶつの森*』のヒットにより20年度の営業利益が前年比81.8％増の6406億円に達します。松井広志によれば，『あつまれ　どうぶつの森』は「プレイヤーが家族・友人，さらには見知らぬ他者との（インターネットを介して）コミュニケーションを行う」（松井 2021：21）という特性をもち，こうしたコミュニケーション指向のソーシャルゲームは，パンデミックで失われた日常や人間関係を代

替する機能を果たしたと指摘されています。

▷ バーチャルシティの構築

SNS やゲーム空間での交流が活発化する一方,「濃厚接触」「三密」による感染の危険は, 多様な人々が集まり交流する場である都市の魅力をリスクに変えました。2010 年代に大規模再開発が進んだ渋谷でも, 長期化したパンデミックと活動制限により, チェーン店, 飲食店, ライブハウスなどが閉店し, 渋谷スクランブルスクエアや PARCO, MIYASHITA PARK のテナントの撤退, 原宿の竹下通りのアパレルブランドの路面店や飲食店の閉店が相次ぎます。

これに対し KDDI, 渋谷未来デザイン, 渋谷区観光協会を中心とする「渋谷 5G エンターテイメントプロジェクト」は, 当初予定されていた都市空間を使った VR イベント企画を変更し, 2020 年 5 月に渋谷区公認の配信プラットフォーム「バーチャル渋谷*」を立ち上げます。これはデジタル空間にもう 1 つの渋谷を構築したもので, 利用者はアプリを使ってアバターを操作し空間内を移動することが可能です。三密が回避されるなか, クリスマスやハロウィンなどのイベントはバーチャル渋谷で開催されました。21 年 11 月には KDDI, 東急, みずほリサーチ＆テクノロジーズ, 渋谷未来デザインが「実在都市と仮想空間が連動し, ともに発展していく新たなまちづくり」と「日本発メタバース」を目指し,「バーチャルシティコンソーシアム」を発足します (KDDI ほか 2021)。

▷ 都市空間の再編とメタバース

パンデミックにより, 当初 VR イベントだった企画はバーチャルシティの構築へと急展開し, さらには日本発のメタバース (オンライン上の 3D 仮想空間) の構想へ発展します。2021 年 10 月には

Facebookがサービスの中心をSNSからメタバースの構築に移行することを宣言し，社名をMetaへと変更しました。『フォートナイト』や『あつまれ どうぶつの森』のようなゲームの空間を含め，コロナ禍において仮想空間の構築と拡張がさまざまに試みられました。しかしその発想自体は，第8章や第10章で見たとおり，1980年代のサイバースペースや仮想環境「ハビタット」，90年代の「QFRONT電脳プロジェクト」などにも繰り返し観察されるものといえるでしょう。

　コロナ禍において，サーモグラフィや電子決済，GPSによる人流測定などがさらに浸透し，都市空間にはカメラとセンサー，計測技術が張り巡らされる一方，都市機能はますますネットワーク上に移行します。こうした都市のメディア化とメディアの都市化が相補的に引き起こす変化は，遍在するデジタル技術によって新しい自由を手にする可能性と，より高度な監視や制御を帰結する危険性の両面をもちます（McQuire 2008）。コロナ禍はこの二面性をより顕在化させた出来事だったといえるでしょう。

▷　**ロスト・イン・パンデミック**

　コロナ禍でさらに加速したオンライン化は，仕事や教育を遠隔化し，音楽や映画を配信可能にし，都市機能の仮想空間への移行も，一部はたしかに実現される段階に入りました。日本では2021年3月に「第6期 科学技術・イノベーション基本計画」（内閣府 2021）が閣議決定され，パンデミック後の「世界秩序の再編」と「Society 5.0への移行」が模索されています。

　オンライン化の技術やプラットフォーム企業の発達がなければ，行動制限が求められるなかでの生活や感染対策はより厳しいものとなったでしょう。こうした変化は以前から準備されており，パンデ

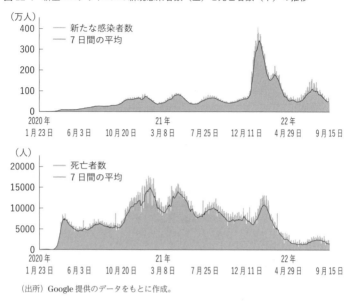

図 12-7 新型コロナウイルスの新規感染者数（上）と死亡者数（下）の推移 ────

（出所）Google 提供のデータをもとに作成。

ミックはその流れを加速し圧縮しました。その意味で 2010 年代まで
でのメディアの展開が 20 年代のコロナ禍の生活を支え，新しい日
常を構築することを可能にしたといえるでしょう。しかしパンデミ
ックで失われた日常の多くは，オンライン化によって代替されたの
ではなく，なし崩し的にまったく別のものに置き換えられました。

　2022 年 9 月，WHO のテドロス・アダノム事務局長は，新型コ
ロナウイルスによる死者数が 20 年 3 月以来最も低い水準になった
と述べ，パンデミックの終息が視野に入ったことを宣言しました*
（**図 12-7**）。しかしながら，「終息」には明確な基準はなく，全貌を
見通すことができるようになるまでには，まだ長い時間が必要とな
るでしょう。19 年末の最初の症例の報告から，感染の拡大ととも

に瞬く間に生活に浸透していった非日常と，急速に築かれていった新しい日常の間で，パンデミックで失われた無数のものを記憶し，その痕跡を記録にとどめておくことは，20年代以降の新たな変化を展望するうえでも，その重要性を増しているのです。

/// *Exercise* 演習問題 ///

12.1 音楽，映像，都市の3つの領域に対して，新型コロナウイルスの感染拡大はいかに作用したといえるでしょうか。またそれぞれの領域で起きた変化の共通点や影響の違いを，メディアに注目して比較してください。

12.2 もし新型コロナウイルスの感染拡大が1980年に起こっていたとしたら，その影響はどのように現れたといえるでしょうか。また2000年に起こっていた場合はどうでしょうか。各メディアの普及率などを踏まえて予想してください。

/// *Report assignment* レポート課題 ///

- 2021年の「第6期 科学技術・イノベーション基本計画」を読み，それが目指す未来像を分析したうえで，その構想の可能性と課題について論じてください。

- （1）2020年に開発された新型コロナウイルス接触確認アプリ「COCOA」と，（2）2021年に開催された「東京2020オリンピック競技大会」について調査し，現在の視点からそれらがいかに評価できるか論じてください。

- これからのメディアやメディア文化の行方を展望するために，あなたならどのような対象やテーマを調査しますか。これまでの章を振り返りながら，研究テーマを考えてください。新しいメディア表現や制作，サービスの設計，企画をしてもかまいません。

読 書 案 内

第1章

マーシャル・マクルーハン＆クエンティン・フィオーレ『メディアはマッサージである──影響の目録』門林岳史訳，河出書房新社，2015年
　マクルーハンの主張を言葉とグラフィックで圧縮して伝える1冊。メディア論は単なる理論ではなく，デザインや編集の実践を含む横断的な試みであったことがわかる。

宮澤淳一『マクルーハンの光景 メディア論がみえる』みすず書房，2008年
　論文「外心の呵責」の精読を出発点に，マクルーハンの生涯，メディア論の中心的な概念，その歴史的な背景や同時代的な影響関係を平明な言葉で解説している。

水越伸・飯田豊・劉雪雁『新版 メディア論』放送大学教育振興会，2022年
　メディア論の歴史と現在，地域的な広がり，実践的なメディアリテラシーの視点がバランスよく紹介されている。また本書が放送と一体となった教育実践である点も重要である。

吉見俊哉『メディア文化論──メディアを学ぶ人のための15話 改訂版』有斐閣，2012年
　私たちの現実がメディアによって深く媒介されていることを前提に，「政治学」「経済学」「社会学」といった個別の専門領域を横断して作動するメディア研究の可能性を構想している。

第2章

石田佐恵子・岡井崇之編『基礎ゼミ メディアスタディーズ』世界思想社，2020年
　近年のメディア研究の基礎を，CMやK-POP，フェイクニュースといった具体的なテーマに引きつけて紹介している。レポートや報告のテーマに迷ったら，まず手に取るとよい。

高野光平・加島卓・飯田豊編著『現代文化への社会学── 90年代と「いま」を比較する』北樹出版，2018年
　ショッピング，ファッション，アートなど文化の変容が論じられるだけでなく，同時代の音楽や映像，モバイルメディアとの関連を歴史的に捉える視点を得ることができる。

門林岳史・増田展大編著『クリティカル・ワード メディア論──理論と歴史から〈いま〉が学べる』フィルムアート社，2021年
　主に英語圏の新しいメディア研究の動向を網羅的に紹介するだけでなく，その歴史も新たな視点から解説されている。常に更新中の研究領域としてのメディア論が一望できる。

伊藤守編著『ポストメディア・セオリーズ――メディア研究の新展開』ミネルヴァ書房，2021 年
　　ポスト・マクルーハン的な新しいメディア理論と研究の動向を紹介する論集。その先の展開については，本書の議論から出発して，2010 年代以降の英語論文を読み進めてほしい。

⬜⟩ 第 3 章

長谷正人編『映像文化の社会学』有斐閣，2016 年
　　映像文化の歴史から現在まで，映画や写真，アイドル文化から医療や軍事における映像まで縦横に取り上げた論集。映像に取り憑かれてきた人間と社会の姿が浮かび上がる。

前川修『イメージを逆撫でする――写真論講義 理論編』東京大学出版会，2019 年
　　変容し続ける写真とは何か。いかに論じうるのか。古典から現代まで，これまでの写真論を総覧できるだけでなく，メディア論との接点についても豊富に解説されている。

レフ・マノヴィッチ『インスタグラムと現代視覚文化論――レフ・マノヴィッチのカルチュラル・アナリティクスをめぐって』久保田晃弘・きりとりめでる訳・編著，ビー・エヌ・エヌ新社，2018 年
　　ソフトウェア研究の実践。本書は主にデザインの視点からの分析が中心だが，今後はむしろ徹底したマーケティングの手段となったインスタグラムの分析が必要になるだろう。

⬜⟩ 第 4 章

加藤幹郎『映画館と観客の文化史』中央公論新社，2006 年
　　映画作品や監督ではなく映画館と観客の歴史を，ドライブインシアターからシネコン，テーマパークの映画館に至るまでたどり，現代の多様な映像の流通と観客性の前史を描き出す。

トム・ガニング『映像が動き出すとき――写真・映画・アニメーションのアルケオロジー』長谷正人編訳，みすず書房，2021 年
　　映画の核心にある動きに焦点を当て，連続写真やコミックス，パノラマ，アニメーション，マジックや視覚玩具などとの相互交流の歴史や現代の映像文化との関連を論じる。

チャールズ・マッサー『エジソンと映画の時代』岩本憲児編・監訳，仁井田千絵・藤田純一訳，森話社，2015 年
　　エジソンとそのラボの分析や，演劇など他のメディア・文化との関係から映画史を描き直す。現在のメディア横断的な映像文化につながる論点を多く含む論集。

⬜⟩ 第 5 章

林進・小川博司・吉井篤子『消費社会の広告と音楽――イメージ志向の感性文

化』有斐閣，1984 年

　消費社会における広告と音楽，企業と現代文化の相互作用に焦点を当てた共同研究に基づく論集。1980 年代までのテレビ広告や文化イベントを総合的に分析する。

長谷正人・太田省一編著『テレビだョ！全員集合——自作自演の 1970 年代』青弓社，2007 年

　1970 年代のテレビ番組の面白さを「自作自演」をキーワードに分析した論集。バラエティやドラマ，CM だけでなく，歌番組と『ザ・ベストテン』についても取り上げられている。

烏賀陽弘道『J ポップとは何か——巨大化する音楽産業』岩波書店，2005 年

　豊富な事例とデータから音楽・広告・映像の産業複合体としての J-POP 成立を描く。ポピュラー音楽のみならず 1990 年代の日本のメディア文化研究としても重要な論点を示す。

▷ 第 6 章

谷口文和・中川克志・福田裕大著『音響メディア史』ナカニシヤ出版，2015 年

　ポピュラー音楽の変化を考えるうえで基礎となる蓄音機やシンセサイザー，レコードや CD，ボーカロイドまで音響メディアの基本的な仕組みと歴史を解説する。

小川博司・小田原敏・粟谷佳司・小泉恭子・葉口英子・増田聡『メディア時代の広告と音楽——変容する CM と音楽化社会』新曜社，2005 年

　メディア，広告，音楽の結節点である広告音楽に注目し，2000 年代までの映像と音楽の関係，制作過程の変化，多様化する受容の局面などを分析する共同研究の成果。

柴那典『ヒットの崩壊』講談社，2016 年

　CD の売上という共通の指標が失われた 2000 年代以降の J-POP の変化を，SNS の普及やライブ市場の拡大に注目し，当事者へのインタビューを交えて考察する。

毛利嘉孝『増補 ポピュラー音楽と資本主義』せりか書房，2012 年

　製造業中心だった時代から現代までのポピュラー音楽の歴史を，個人のコミュニケーション能力や創造力に依拠する情報・メディア産業への構造転換の視点から描き出している。

▷ 第 7 章

吉見俊哉『都市のドラマトゥルギー——東京・盛り場の社会史』河出書房新社，2008 年

　東京の盛り場の変遷を，明治期の上野，1920 年代の浅草，銀座から戦後の新宿，70 年代以降の渋谷へとたどり，上演論的パースペクティヴから日本の近代史を描き出す。

難波功士『族の系譜学——ユース・サブカルチャーズの戦後史』青弓社，2007 年

　戦後日本の若者文化の変遷を「族から系へ」という視点で概観する。西武グループや PARCO の広告やイメージ戦略の分析は，同著者の『「広告」への社会学』

（世界思想社，2000年）も参照。

北田暁大『増補 広告都市・東京——その誕生と死』筑摩書房，2011年
　1980年代までに成立したマスメディアと一体となった都市開発の論理が，90年代後半以降，携帯電話を介したコミュニケーションにより解体されていく過程を分析する。

近森高明・工藤保則編『無印都市の社会学——どこにでもある日常空間をフィールドワークする』法律文化社，2013年
　強い個性はないが，コンビニとショッピングモールがある安心・安全で過ごしやすい街へ。ジェネリックシティの議論を出発点に2000年代以降の都市の変化を論じる。

▷ 第8章

田中大介編著『ネットワークシティ——現代インフラの社会学』北樹出版，2017年
　見過ごされがちなコミュニケーションや交通の物質的なインフラに注目して都市を分析するための多様な視点を示す教科書。渋谷スクランブル交差点も分析の俎上に載せられる。

藤田結子・成実弘至・辻泉編『ファッションで社会学する』有斐閣，2017年
　社会学的な視点からファッションを分析するためには何が必要か。流行やメディア，都市やストリートとの関係が論じられるとともに，調査方法についても簡潔に解説されている。

若林幹夫編著『モール化する都市と社会——巨大商業施設論』NTT出版，2013年，三浦展・藤村龍至・南後由和『商業空間は何の夢を見たか——1960〜2010年代の都市と建築』平凡社，2016年
　渋谷のみならず，日本の都市開発のなかで大きな役割を果たしてきた複合型商業施設を，歴史的に検証し，現代社会の特徴を分析するための重要な対象であることを示す2冊。

町村敬志『都市に聴け——アーバン・スタディーズから読み解く東京』有斐閣，2020年
　東京の現在を読み解き，未来を考えるためのガイドブック。とくに2000年代以降の大規模再開発で変容する東京の光と影から，今後を構想するための多様な素材が集められている。

▷ 第9章

マーク・スタインバーグ『なぜ日本は〈メディアミックスする国〉なのか』大塚英志監修，中川譲訳，角川書店，2015年
　メディアミックスに溢れる日本の光景に驚いた著者が，キャラクター中心の日本と，物語や世界観中心の北米型のトランス・メディア・ストーリーテリングの比較分析を行う。

ヘンリー・ジェンキンズ『コンヴァージェンス・カルチャー——ファンとメデ

ィアがつくる参加型文化』渡部宏樹・北村紗衣・阿部康人訳，晶文社，2021 年
デジタル化以降のアメリカの消費文化において，メディア横断的にコンテンツを
受容するファンと参加型文化の重要性を論じる。日本のメディア文化と比較する
と興味深い。

上村雅之・細井浩一・中村彰憲『ファミコンとその時代──テレビゲームの誕
生』NTT 出版，2013 年
テレビとコンピュータ，映像と音楽が交錯する独特のメディアであるファミコン
がもたらしたインパクトを，ゲーム史を超えた多角的な視点から明らかにする。

▷ 第 10 章

北野圭介『新版 ハリウッド 100 年史講義──夢の工場から夢の王国へ』平凡
社，2017 年
産業，技術，表現の分析を往還しながら，ハリウッド映画の歴史を概観する。と
くに 1980 年代以降，産業複合体として巨大化しデジタル化が進展したハリウッド
の分析が重要。

ミツヨ・ワダ・マルシアーノ『デジタル時代の日本映画──新しい映画のため
に』名古屋大学出版会，2010 年
ポスト撮影所時代に現れた新しい日本映画の動向を，デジタル技術の浸透とメデ
ィアの収束，トランスナショナルな映画の流通と想像力の形成に注目して分析し
ている。

池田純一『デザインするテクノロジー──情報加速社会が挑発する創造性』青
土社，2012 年
1990 年代半ばのインターネットや 2000 年代半ばのソーシャルメディアの普及と，
2000 年代のアメリカの映画とテレビドラマ・シリーズの関係やその思想的，社会
的背景を論じる。

光岡寿郎・大久保遼編『スクリーン・スタディーズ──デジタル時代の映像／
メディア経験』東京大学出版会，2019 年
デジタル化以降，必ずしもテレビや映画をモデルとしない多様な形態の映像文化
が無数に出現した。映像の基体であるスクリーンに注目して横断的な映像文化の
分析を目指す論集。

▷ 第 11 章

松田美佐・土橋臣吾・辻泉編『ケータイの 2000 年代──成熟するモバイル社
会』東京大学出版会，2014 年，岡田朋之・松田美佐編『ケータイ社会論』有斐
閣，2012 年
電話でもスマートフォンでもない，1990 年代から 2000 年代の日本で発達した独
自のメディアであり文化でもある携帯電話（ケータイ）の特徴と可能性が浮かび
上がる 2 冊。

ブライアン・マーチャント『THE ONE DEVICE ザ・ワン・デバイス──iP-
hone という奇跡の "生態系" はいかに誕生したか』倉田幸信訳，ダイヤモン

ド社，2019 年

　iPhone 誕生までの開発史や，使用されている鉱物資源，工場労働の実態など詳細が報告されている。ポスト・スマートフォンがいわれるなかで改めて iPhone を考えるために重要な 1 冊。

橋元良明編『日本人の情報行動 2020』東京大学出版会，2021 年

　東京大学大学院情報学環（旧・社会情報研究所）が 1995 年から 5 年ごとに実施している調査報告。メディアと利用者の変化が総覧でき，『情報通信白書』と併読することで理解が深まる。

吉見俊哉『ポスト戦後社会——シリーズ日本近現代史〈9〉』2009 年，『平成時代』2019 年，岩波書店

　メディアと文化の変化をより広いポスト戦後の現代史に位置づけ，無数の失敗や課題が明確になった後で，これからのメディアと社会を構想する視点を歴史から照射する 2 冊。

▷ 第 12 章

WHO『*The World Health Report 1996: Fighting Disease, Fostering Development*』（https://apps.who.int/iris/handle/10665/36848）

　1996 年に WHO は新興感染症の世界規模の感染拡大に対して警告を発した。本報告書から，当時，感染症の原因やリスク，対策がいかに論じられていたか詳細を知ることができる。

早稲田大学坪内博士記念演劇博物館監修・後藤隆基編『ロスト・イン・パンデミック——失われた演劇と新たな表現の地平』春陽堂書店，2021 年

　感染拡大のなかで中止になった公演や，疫病を主題とした過去の演劇の資料を中心に開催された展覧会のカタログ。演劇のみならずパンデミックと文化の優れた記録となっている。

南田勝也・木島由晶・永井純一・平石貴士『コロナ禍のライブをめぐる調査レポート（聴衆・観客編）』NextPublishing Authors Press，2021 年

　日本ポピュラー音楽学会「新型コロナウイルスと音楽産業 JASPAM 緊急調査プロジェクト 2020」をもとにまとめられた，コロナ禍でのライブ参加者への貴重な調査報告書。

見田宗介『現代社会の理論——情報化・消費化社会の現在と未来』岩波書店，1996 年

　メディアと結びついた新自由主義的なグローバル化が，分断や格差の問題，気候変動と感染症によって大きく問い直された後で，改めて検討すべき論点が示されている。

参 考 文 献

▭▷ 第 1 章

Ang, Ien, 1985, *Watching Dallas: Soap Opera and the Melodramatic Imagination*, Routledge.

ボイド, ダナ, 2014, 野中モモ訳『つながりっぱなしの日常を生きる――ソーシャルメディアが若者にもたらしたもの』草思社

ブランド, スチュアート, 1988, 室謙二・麻生九美訳『メディアラボ――「メディアの未来」を創造する超・頭脳集団の挑戦』福武書店

Brand, Stewart ed., 1969, *Whole Earth Catalog*, Spring.

カステル, マニュエル, 2009, 矢澤修次郎・小山花子訳『インターネットの銀河系――ネット時代のビジネスと社会』東信堂

カラン, ジェームズ＆朴明珍編, 2003, 杉山光信・大畑裕嗣訳『メディア理論の脱西欧化』勁草書房

フィッシャー, クロード, 2000, 吉見俊哉・松田美佐・片岡みい子訳『電話するアメリカ――テレフォンネットワークの社会史』NTT 出版

フラー, リチャード・バックミンスター, 2000, 芹沢高志訳『宇宙船地球号 操縦マニュアル』筑摩書房

古田尚輝, 2009, 『「鉄腕アトム」の時代――映像産業の攻防』世界思想社

Hall, Stuart, 1973, "Encoding and Decoding in the Television Discourse," Discussion Paper, University of Birmingham.

フータモ, エルキ, 2015, 太田純貴訳『メディア考古学――過去・現在・未来の対話のために』NTT 出版

石田英敬, 2016, 『大人のためのメディア論講義』筑摩書房

石田佐恵子・岡井崇之編, 2020, 『基礎ゼミ メディア・スタディーズ』世界思想社

伊藤守編著, 2015, 『よくわかるメディア・スタディーズ（第 2 版）』ミネルヴァ書房

門林岳史・増田展大編, 2021, 『クリティカル・ワード メディア論――理論と歴史から〈いま〉が学べる』フィルムアート社

ケイ, アラン, 1992, 浜野保樹監修・鶴岡雄二訳『アラン・ケイ』アスキー

喜多千草, 2005, 『起源のインターネット』青土社

キットラー, フリードリヒ, 1998a, 原克ほか訳『ドラキュラの遺言――ソフトウェアなど存在しない』産業図書

キットラー, フリードリヒ, 1998b, 長谷川章訳「都市はメディアである」『10＋1』13 号

キットラー, フリードリヒ, 2006, 石光泰夫・石光輝子訳『グラモフォン・フィルム・タイプライター』上, 筑摩書房

Kittler, Friedrich, 2009, *Optical Media*, Polity.

レビンソン, マルク, 2019, 村井章子訳『コンテナ物語――世界を変えたのは「箱」の革命だった（増補改訂版）』日経 BP

マノヴィッチ, レフ, 2013, 堀潤之訳『ニューメディアの言語――デジタル時代の

アート，デザイン，映画』みすず書房

マーヴィン，キャロリン，2003，吉見俊哉・水越伸・伊藤昌亮訳『古いメディアが新しかった時——19世紀末社会と電気テクノロジー』新曜社

McCarthy, Anna, 2001, *Ambient Television: Visual Culture and Public Space*, Duke University Press.

McLuhan, Marshall, 1969, "The Playboy Interview: Marshall McLuhan," *Playboy Magazine*, 16(3).

マクルーハン，マーシャル，1986，森常治訳『グーテンベルクの銀河系——活字人間の形成』みすず書房

マクルーハン，マーシャル，1987，栗原裕・河本仲聖訳『メディア論——人間の拡張の諸相』みすず書房

マクルーハン，マーシャル，1991，井坂学訳『機械の花嫁——産業社会のフォークロア』竹内書店新社

マクルーハン，マーシャル＆カーペンター，エドマンド編著，1967，大前正臣・後藤和彦訳『マクルーハン入門——コミュニケーションの新しい探求』サイマル出版会

マクルーハン，マーシャル＆フィオーレ，クエンティン，2015，門林岳史訳『メディアはマッサージである——影響の目録』河出書房新社

宮澤淳一，2008，『マクルーハンの光景——メディア論がみえる』みすず書房

水越伸，2014，『21世紀メディア論（改訂版）』放送大学教育振興会

Morley, David, 1980, *The 'Nationwide' Audience*, British Film Institute.

ネグロポンテ，ニコラス・P.，1984，吉成真由美訳『ヒューマンインターフェース——コンピュータとの交遊未来学』日本経済新聞社

Parks, Lisa, 2005, *Cultures in Orbit: Satellites and the Televisual*, Duke University Press.

佐藤卓己，2018，『現代メディア史（新版）』岩波書店

シヴェルブシュ，ヴォルフガング，2011，加藤二郎訳『鉄道旅行の歴史——19世紀における空間と時間の工業化（新装版）』法政大学出版局

スコット，デイヴィッド・ミーアマン＆ジュレック，リチャード，2014，関根光宏・波多野理彩子訳『月をマーケティングする——アポロ計画と史上最大の広報作戦』日経BP

Sharma, Sarah, 2022, "Introduction: A Feminist Medium is the Message," Sharma, Sarah & Singh, Rianka eds., *Re-Understanding Media: Feminist Extensions of Marshal McLuhan*, Duke University Press.

スピーゲル，リン，2000，山口誠訳，「家庭の理想型と家族の娯楽」吉見俊哉編『メディア・スタディーズ』せりか書房

Steinberg, Marc & Zahlten, Alexander eds., 2017, *Media Theory in Japan*, Duke University Press.

タークル，シェリー，1998，日暮雅通訳『接続された心——インターネット時代のアイデンティティ』早川書房

タークル，シェリー，2018，渡会圭子訳『つながっているのに孤独——人生を豊かにするはずのインターネットの正体』ダイヤモンド社

梅田拓也・近藤和都・新倉貴仁編，2021，『技術と文化のメディア論』ナカニシヤ出版

ウィリアムズ，レイモンド，2020，木村茂雄・山田雄三訳『テレビジョン——テクノロジーと文化の形成』ミネルヴァ書房

吉見俊哉，1994，『メディア時代の文化社会学』新曜社

吉見俊哉，2012，『メディア文化論——メディアを学ぶ人のための 15 話』有斐閣

▷ 第 2 章

Alexander, Neta, 2016, "Catered to Your Future Self: Netflix's 'Predictive Personalization' and the Mathematization of Taste," Smith-Rowsey, Daniel ed., *The Netflix Effect: Technology and Entertainment in the 21st Century*, Bloomsbury.

Apple, 2020,「iPhone 12 Pro 製品環境報告書」（URL＝https://www.apple.com/jp/environment/pdf/products/iphone/iPhone_12_Pro_PER_Oct2020_J.pdf）

Apple, 2021,「Google アプリ App のプライバシー」Apple Store（URL＝https://apps.apple.com/jp/app/id284815942）

Benjamin, Ruha, 2019, *Race After Technology: Abolitionist Tools for the New Jim Code*, Polity.

ブランド，スチュアート，1988，室謙二・麻生九美訳『メディアラボ——「メディアの未来」を創造する超・頭脳集団の挑戦』福武書店

Bratton, Benjamin H., 2015, *The Stack: On Software and Sovereignty*, MIT Press.

チェニー＝リッポルド，ジョン，2018，高取芳彦訳『WE ARE DATA——アルゴリズムが「私」を決める』日経 BP

クレーリー，ジョナサン，2015，岡田温司監訳・石谷治寛訳『24／7——眠らない社会』NTT 出版

ユーバンクス，ヴァージニア，2021，ウォルシュあゆみ訳『格差の自動化——デジタル化がどのように貧困者をプロファイルし，取締り，処罰するか』人文書院

Fischer, Barry, 2020, "Where the Internet Lives: A Podcast about Data Centers"（URL＝https://blog.google/inside-google/infrastructure/ where-the-internet-lives-new-podcast/）

Forti, Vanessa, Baldé, Cornelis Peter, Kuehr, Ruediger, & Bel, Garam, 2020, *The Global E-waste Monitor 2020: Quantities, Flows, and the Circular Economy Potential*, United Nations University (UNU)/United Nations Institute for Training and Research (UNITAR) −co-hosted SCYCLE Programme, International Telecommunication Union (ITU) & International Solid Waste Association (ISWA).

Gabrys, Jennifer, 2011, *Digital Rubbish: A Natural History of Electronics*, University of Michigan Press.

伊藤守編著，2021，『ポストメディア・セオリーズ——メディア研究の新展開』ミネルヴァ書房

加島卓，2018，「ネット広告の功罪——監視社会と消費行動への自由」辻泉・南田勝也・土橋臣吾編『メディア社会論』有斐閣

北田暁大，2004，『〈意味〉への抗い——メディエーションの文化政治学』せりか書房

北野圭介編，2018，『マテリアル・セオリーズ——新たなる唯物論にむけて』人文書院

マノヴィッチ，レフ，2013，堀潤之訳『ニューメディアの言語——デジタル時代の
アート，デザイン，映画』みすず書房

Manovich, Lev, 2013, *Software Takes Command: Extending the Language of New Media*, Bloomsbury.

マノヴィッチ，レフ，2014，大山真司訳「カルチュラル・ソフトウェアの発明——
アラン・ケイのユニバーサル・メディア・マシン」伊藤守・毛利嘉孝編『アフター・テレビジョン・スタディーズ』せりか書房

マノヴィッチ，レフほか，2018，久保田晃弘・きりとりめでる訳・編著『インスタグラムと現代視覚文化論——レフ・マノヴィッチのカルチュラル・アナリティクスをめぐって』ビー・エヌ・エヌ新社

Mitchell, Robert, 2010, *Bioart and Vitality of Media*, University of Washington Press.

Noble, Safiya, 2018, *Algorithms of Oppression: How Search Engines Reinforce Racism*, New York University Press.

Parikka, Jussi, 2012, "New Materialism as Media Theory: Medianatures and Dirty Matter," *Communication and Media/Cultural Studies* 9(1), 95-100.

Parikka, Jussi, 2014, "Cultural Techniques of Cognitive Capitalism: Metaprogramming and the Labour of Code," *Cultural Studies Review* 20(1), 30-52.

Parikka, Jussi, 2015, *A Geology of Media*, University of Minnesota Press.

Parks, Lisa, 2020, "Field Mapping: What Is the 'Media' of Media Studies?," *Television & New Media* 21(6), 642-49.

Parks, Lisa & Starosielski, Nicole, 2015, "Introduction," Parks, Lisa & Starosielski, Nicole eds., *Signal Traffic: Critical Studies of Media Infrastructures*, University of Illinois Press.

Pasquale, Frank, 2015, *The Black Box Society: The Secret Algorithms That Control Money and Information*, Harvard University Press.

Peters, John Durham, 2015, *The Marvelous Clouds: Toward a Philisophy of Elemental Media*, University of Chicago Press.

Reichert, Ramón & Richterich, Annika, 2015, "Introduction. Digital Materialism," *Digital Culture & Society* 1(1), 5-17.

スミス，ブラッド＆ブラウン，キャロル・アン，2020，斎藤栄一郎訳『Tools and Weapons——テクノロジーの暴走を止めるのは誰か』プレジデント社

Starosielski, Nicole, 2019, "The Elements of Media Studies," *Media + Environment* 1(1).

Starosielski, Nicole & Walker, Janet eds., 2016, *Sustainable Media: Critical Approaches to Media and Environment*, Routledge.

吉見俊哉編，2000，『メディア・スタディーズ』せりか書房

▷ 第3章

Batchen, Geoffrey, 2001, *Each Wild Idea: Writing Photography History*, MIT Press.

Batchen, Geoffrey, 2004, *Forget Me Not: Photography and Remembrance*, Princeton Architectural Press.

Batchen, Geoffrey, 2005, "Electricity Made Visible," Chun, Wendy Hui Kyong &

Keenan, Thomas eds., *New Media, Old Media: A History and Theory Reader*, Routledge.

バッチェン, ジェフリー, 2010a, 前川修・佐藤守弘・岩城覚久訳『写真のアルケオロジー』青弓社

バッチェン, ジェフリー, 2010b, 『時の宙づり——生・写真・死』Izu Photo Museum

Batchen, Geoffrey, 2021, "Electricity Made Visible," Batchen, Geoffrey, *Negative/Positive: A History of Photography*, Routledge.

バザン, アンドレ, 2015, 野崎歓訳「写真映像の存在論」野崎歓・大原宣久・谷本道昭訳『映画とは何か』上, 岩波書店

ブルデュー, ピエール監修, 1990, 山縣熙・山縣直子訳『写真論——その社会的効用』法政大学出版局

Brusius, Mirjam, Dean, Katrina, & Ramalingam, Chitra eds., 2013, *William Henry Fox Talbot: Beyond Photography*, Yale Center for British Art.

ブットマン, ギュンター, 2009, 中崎昌雄・角田玉青・日本ハーシェル協会訳『星を追い, 光を愛して——19 世紀科学界の巨人, ジョン・ハーシェル伝』産業図書

Canales, Jimena, 2021, "Fantasy of a World Without Humans," Hillnhuetter, Sara, Klamm, Stefanie, & Tietjen, Friedrich eds., *Hybrid Photography: Intermedial Practices in Science and Humanities*, Routledge.

Chesher, Chris, 2016, "Between Image and Information: The iPhone Camera in the History of Photography," Farman, Jason ed., *Foundations of Mobile Media Studies: Essential Texts on the Formation of Field*, Routledge.

CRDS, 2020, 『AI×バイオ——DX 時代のライフサイエンス・バイオメディカル研究』国立研究開発法人科学技術振興機構 研究開発戦略センター

ダストン, ロレイン／ギャリソン, ピーター, 2021, 瀬戸口明久・岡澤康浩・坂本邦暢・有賀暢迪訳『客観性』名古屋大学出版会

Dean, Jeff & Ng, Andrew, 2012, "Using Large-scale Brain Simulations for Machine Learning and A. I."（URL＝https://blog.google/ technology/ai/using-large-scale-brain-simulations-for/）

Estrin, James, 2015, "Kodak's First Digital Moment," *New York Times*, Aug. 12, 2015.（URL＝https://archive.nytimes.com/lens.blogs.nytimes.com/2015/08/12/kodaks-first-digital-moment/）

ユーバンクス, ヴァージニア, 2021, ウォルシュあゆみ訳『格差の自動化——デジタル化がどのように貧困者をプロファイルし, 取締り, 処罰するか』人文書院

Evans, Damian, 2016, "Airborne Laser Scanning as a Method for Exploring Long-term Socio-ecological Dynamics in Cambodia," *Journal of Archaeological Science* 74, 164-75.

フライヤー, サラ, 2021, 井口耕二訳『インスタグラム——野望の果ての真実』NewsPicks パブリッシング

福島康仁, 2020, 『宇宙と安全保障——軍事利用の潮流とガバナンスの模索』千倉書房

Gabrys, Jennifer, 2016, *Program Earth: Environmental Sensing Technology and the Making of a Computational Planet*, University of Minnesota Press.

ガニング，トム，2021，長谷正人訳「瞬間に生命を吹き込むこと——アニメーションと写真の間の秘められた対称性」長谷正人編訳『映像が動き出すとき——写真・映画・アニメーションのアルケオロジー』みすず書房

Hall, Amy Cox, 2020, "Introduction," Amy Cox Hall ed., *The Camera as Actor: Photography and the Embodiment of Technology*, Routledge.

長谷正人編，2016，『映像文化の社会学』有斐閣

平田紀之，2002，「コロンブスの林檎——商品開発物語（31）写メール（携帯電話サービス）J‐フォン」『エコノミスト』80(5)，72-3.

Jenkins, Reese V., 1976, *Images and Enterprise: Technology and the American Photographic Industry 1839 to 1925*, Johns Hopkins University Press.

JTB 総合研究所，2015-2019，『スマートフォンの利用と旅行消費に関する調査』JTB 総合研究所

久保友香，2019，『「盛り」の誕生——女の子とテクノロジーが生んだ日本の美意識』太田出版

Le, Quoc V., Ranzato, Marc'Aurelio, Monga, Rajat, Devin, Matthieu, Chen, Kai, Corrado, Greg S., Dean, Jeff, & Ng, Andrew Y., 2012, "Building High-level Features Using Large Scale Unsupervised Learning" Langford, John & Pineau, Joelle eds., *Proceedings of the 29th International Conference on Machine Learning*, 8595-98.

ルカン，ヤン，2021，松尾豊監訳・小川浩一訳『ディープラーニング 学習する機械——ヤン・ルカン，人工知能を語る』講談社

MacKenzie, Adrian & Munster, Anna, 2019, "Platform Seeing: Image Ensembles and Their Invisualities," *Theory, Culture & Society* 36(5), 3-22.

前川修，2020，『イメージのヴァナキュラー——写真論講義 実例編』東京大学出版会

マノヴィッチ，レフ，2013，堀潤之訳『ニューメディアの言語——デジタル時代のアート，デザイン，映画』みすず書房

マノヴィッチ，レフほか，2018，久保田晃弘・きりとりめでる訳・編著『インスタグラムと現代視覚文化論——レフ・マノヴィッチのカルチュラル・アナリティクスをめぐって』ビー・エヌ・エヌ新社

ミッチェル，ウィリアム J.，1994，伊藤俊治監修・福岡洋一訳『リコンフィギュアード・アイ——デジタル画像による視覚文化の変容』アスキー

Munir, Kamal A. & Philips, Nelson, 2005, "The Birth of the 'Kodak Moment': Institutional Entrepreneurship and the Adoption of New Technologies," *Organization Studies* 26(11), 1665-87.

Paglen, Trevor, 2016, "Invisible Images (Your Pictures Are Looking at You)," The New Inquiry (URL=https://thenewinquiry.com/ invisible-images-your-pictures-are-looking-at-you/)

Parikka, Jussi, 2021, "On Seeing Where There's Nothing to See: Practices of Light beyond Photography," Dvorák, Tomáš & Parikka, Jussi eds., *Photography Off the Scale: Tecnologies and Theories of the Mass Image*, Edinburgh University Press.

Perry, Tekla S., 2017, "Happy Birthday, Camera Phone! Your Papa Is Very Proud of You," IEEE Spectrum (URL=https://spectrum.ieee.org/happy-birthdaycamera-phone-your-papa-is-very-proud-of-you)

Pinson, Stephen C., 2012, *Speculating Daguerre: Art and Enterprise in the Work of L. J. M. Daguerre*, University of Chicago Press.

Ring, Francis, 2016, "The Herschel Heritage to Medical Thermography," *Journal of Imaging* 2(2), 13.

総務省, 2020, 『令和2年版 情報通信白書』総務省

高尾慶二ほか, 2003, 「挑戦 インタビュー 商品企画『写メール』」『宙舞——中部支部報』52, 69-73.

タルボット, ウィリアム・ヘンリー・フォックス, 2016, 青山勝訳『自然の鉛筆』赤々舎

富田英典, 2009, 『インティメイト・ストレンジャー——「匿名性」と「親密性」をめぐる文化社会学的研究』関西大学出版部

アーリ, ジョン&ラースン, ヨーナス, 2014, 加太宏邦訳『観光のまなざし（増補改訂版）』法政大学出版局

Yoshida, Junko, 2019, "How camera phones changed the world," The EE Times (URL=https://www.eetimes.com/how-camera-phones-changed-the-world/?utm_source=eetimes&utm_medium=networksearch)

Zylinska, Joanna, 2017, *Nonhuman Photography*, MIT Press.

⬜> 第4章

ブルネッタ, ジャン ピエロ, 2010, 川本英明訳『ヨーロッパ視覚文化史』東洋書林

クレーリー, ジョナサン, 2005, 遠藤知巳訳『観察者の系譜——視覚空間の変容とモダニティ』以文社

クレーリー, ジョナサン, 2015, 岡田温司監訳, 石谷治寛訳『24/7——眠らない社会』NTT出版

Elsaesser, Thomas, 2016, *Film History as Media Archaeology: Tracking Digital Cinema*, Amsterdam University Press.

Galloway, Alexander R., 2022, "Golden Age of Analog," *Critical Inquiry* 48(2).

Gaudreault, André, 2011, Barnard, Timothy trans., *Film and Attraction: from Kinematography to Cinema*, University of Illinois Press.

Gunning, Tom, 2003, "Loïe Fuller and the Art of Motion: Body, Light, Electricity, and the Origins of Cinema," Allen, Richard & Turvey, Malcolm eds., *Camera Obscura, Camera Lucida: Essays in Honor of Annette Michelson*, Amsterdam University Press.

ガニング, トム, 2003, 中村秀之訳「アトラクションの映画——初期映画とその観客, そしてアヴァンギャルド」長谷正人・中村秀之編『アンチ・スペクタクル——沸騰する映像文化の考古学』東京大学出版会

Gunning, Tom, 2004, "Phantasmagoria and the Manufacturing of Illusions and Wonder: Towards a Cultural Optics of the Cinematic Apparatus," Gaudreault, André, Russell, Catherine, & Véronneau, Pierre dir., *Le cinématographe, nouvelle technologie du XXe siècle*, Payot, 31-44.

Gunning, Tom, 2007, "To Scan a Ghost: The Ontology of Mediated Vision," *Grey Room* 26, 94-127.

Gunning, Tom, 2009, "The Long and Short of It: Centuries of Projecting Shadows,

From Natural Magic to the Avant-garde," Douglas, Stan & Eamon, Christopher eds., *Art of Projection*, Hatje Cant, 23-35.

Gunning, Tom, 2012, "We are Here and Not Here: Late Nineteenth-Century Stage Magic and the Roots of Cinema in the Appearance (and Disappearance) of the Virtual Image," Gaudrault, André, Dulac, Nicolas, & Hidalgo, Santiago eds., *A Companion to Early Cinema*, Wiley-Blackwell.

ガニング，トム，2021a，長谷正人訳「瞬間に生命を吹き込むこと——アニメーションと写真の間の秘められた対称性」長谷正人編訳『映像が動き出すとき——写真・映画・アニメーションのアルケオロジー』みすず書房

ガニング，トム，2021b，松谷容作訳「視覚の新たな闘——瞬間写真とリュミエールの初期映画」長谷正人編訳『映像が動き出すとき——写真・映画・アニメーションのアルケオロジー』みすず書房

ハンセン，ミリアム，2000，瓜生吉則・北田暁大訳「初期映画／後期映画——公共圏のトランスフォーメーション」吉見俊哉編『メディア・スタディーズ』せりか書房

ホルクハイマー，マックス＆アドルノ，テオドール W.，2007，徳永恂訳『啓蒙の弁証法——哲学的断想』岩波書店

フータモ，エルキ，2015，太田純貴訳「愉快なスロット，困ったスロット——アーケードゲームの考古学」『メディア考古学——過去・現在・未来の対話のために』NTT 出版

Huhtamo, Erkki, 2016, "The Four Practice?: Challenges for an Archaeology of the Screen," Chateau, Dominique & Moure, José eds., *Screens*, Amsterdam University Press, 116-24.

Huhtamo, Erkki, 2017, "Screenology; or, Media Archaeology of the Screen," Monteiro, Stephen ed., *The Screen Media Reader: Culture, Theory, Practice*, Bloomsbury, 77-123.

Jenkins, Reese V., 1976, *Images and Enterprise: Technology and the American Photographic Industry 1839 to 1925*, Johns Hopkins University Press.

Karpenko, Lara, 2019, "'The Inanimate Becomes Animate': Loie Fuller, Speculative Feminist Aesthetics, and Posthuman Embodiment," *Nineteenth-Century Contexts* 41(5), 565-84.

加藤幹郎，2006，『映画館と観客の文化史』中央公論新社

Kessler, Frank, 2010, "Mériès, George," Richard Abel ed. *Encyclopedia of Early Cinema*, Routledge.

Krukowski, Damon, 2017, *The New Analog: Listening and Reconnecting in a Digital World*, MIT Press.

Lamotte, Jean-Marc, 2010, "Lumière, Auguste and Louis," Richard Abel ed. *Encyclopedia of Early Cinema*, Routledge.

マルテット＝メリエス，マドレーヌ，1994，古賀太訳『魔術師メリエス——映画の世紀を開いたわが祖父の生涯』フィルムアート社

Mannoni, Laurent, 2001, Crangle, Richard trns., *The Great Art of Light and Shadow: Archaeology of the Cinema*, University of Exeter Press.

マノヴィッチ，レフ，2013，堀潤之訳『ニューメディアの言語——デジタル時代のアート，デザイン，映画』みすず書房

Musser, Charles, 1990, *The Emergence of Cinema: The American Screen to 1907*, University of California Press.

マッサー，チャールズ，2015a，藤田純一訳「映画の始まり──トーマス・A・エジソンとキネトグラフによる動く写真」岩本憲児編・監訳『エジソンと映画の時代』森話社

マッサー，チャールズ，2015b，仁井田千絵訳「ニッケルオデオン時代の幕開け──ハリウッド表現様式の枠組みの成立」岩本憲児編・監訳『エジソンと映画の時代』森話社

Poter, Laraine, 2019, "Music, Gender, and the Feminisation of British Silent Cinema, 1909-1929," Barton, Ruth & Trezise, Simon eds., *Music and Sound in Silent Film: From the Nickelodeon to The Artist*, Routledge.

サドゥール，ジョルジュ，1992，丸尾定・村山匡一郎・出口丈人・小松弘訳『映画の発明──諸器械の発明 1832-1895』国書刊行会

サドゥール，ジョルジュ，1993，丸尾定・村山匡一郎・出口丈人・小松弘訳『映画の発明──諸器械の発明 1895-1897』国書刊行会

サドゥール，ジョルジュ，1994，丸尾定・村山匡一郎・出口丈人・小松弘訳『映画の先駆者たち──メリエスの時代 1897-1902』国書刊行会

サックス，デイビッド，2018，加藤万里子訳『アナログの逆襲──「ポストデジタル経済」へ，ビジネスや発想はこう変わる』インターシフト

Scott, Allen J., 2005, *On Hollywood: The Place, The Industry*, Princeton University Press.

Spehr, Paul, 2008, *The Man Who Made Movies: W.K.L. Dickson*, John Libbey Publishing.

スタフォード，バーバラ M.，1997，高山宏訳『アートフル・サイエンス──啓蒙時代の娯楽と凋落する視覚教育』産業図書

Usai, Paolo Cherchi, 2012, "Early Films in the Age of Content: or, 'Cinema of Attractions' Pursued by Digital Means," Gaudreault, André, Dulac, Nicolas, & Hidalgo, Santiago eds., *A Companion to Early Cinema*, Wiley-Blackwell, 527-49.

第 5 章

阿久悠，2007，『夢を食った男たち──「スター誕生」と歌謡曲黄金の 70 年代』文藝春秋

浅田彰，2000，「「J 回帰」の行方」『VOICE』2000 年 3 月号（URL＝http://www.kojinkaratani.com/criticalspace/old/special/asada/voice0003.html）

Auslander, Philip, 2008, *Liveness: Performance in a Mediatized Culture*, 2nd ed., Routledge.

藤井丈司，2019，『YMO の ONGAKU』アルテスパブリッシング

藤原功達・伊藤守，2005，「生活世界とテレビ視聴」田中義久・小川文弥編『テレビと日本人──「テレビ 50 年」と生活・文化・意識』法政大学出版局

日高良祐，2021，「フォーマット理論──着メロと着うたの差異にみる MIDI 規格の作用」伊藤守編著『ポストメディア・セオリーズ──メディア研究の新展開』ミネルヴァ書房

細川周平，1981，『ウォークマンの修辞学』朝日出版社

飯田豊，2017，「インターネット前夜——情報化の〈触媒〉としての都市」大澤聡編
　　著『1990 年代論』河出書房新社

岩渕功一，2016，『トランスナショナル・ジャパン——ポピュラー文化がアジアをひ
　　らく』岩波書店

増田聡，2005，「広告音楽とその作り手たち」小川博司ほか『メディア時代の広告と
　　音楽——変容する CM と音楽化社会』新曜社

増田聡，2008，「『音楽のデジタル化』がもたらすもの」東谷護編著『拡散する音楽
　　文化をどうとらえるか』勁草書房

三原康博・テレビ美術研究会編，2012，『ザ・ベストテンの作り方——音楽を絵にす
　　る仕事』双葉社

宮入恭平，2015，『J-POP 文化論』彩流社

Moorefield, Virgil, 2005, *The Producer as Composer: Shaping the Sounds of
　　Popular Music*, MIT Press.

毛利嘉孝，2012，『ポピュラー音楽と資本主義（増補）』せりか書房

NHK 放送文化研究所編，2008，『現代社会とメディア・家族・世代』新曜社

小川博司，1984，「広告音楽の戦後史」林進・小川博司・吉井篤子『消費社会の広告
　　と音楽——イメージ志向の感性文化』有斐閣

小川博司，2010，「戦後流行歌のオーディエンス」吉見俊哉・土屋礼子編『大衆文化
　　とメディア』ミネルヴァ書房

小川博司ほか，2005，『メディア時代の広告と音楽——変容する CM と音楽化社会』
　　新曜社

岡田道哉，1978，「現在から未来へ」日本舞台テレビ美術家協会編集『日本のテレビ
　　美術』日本舞台テレビ美術家協会

大野良雄，1977，「"ゆれる、まなざし"の場合」『ブレーン』17(5)，35-39.

太田省一，2007，「視るものとしての歌謡曲——七〇年代歌番組という空間」長谷正
　　人・太田省一編著『テレビだョ！全員集合——自作自演の 1970 年代』青弓社

佐藤卓己，1992，「カラオケボックスのメディア社会史——ハイテク密室のコミュニ
　　ケーション」アクロス編集室編『ポップ・コミュニケーション全書——カルト
　　からカラオケまでニッポン「新」現象を解明する』PARCO 出版局，112-43.

総務省，2014，『平成 26 年版 情報通信白書』総務省

谷口文和，2015，「デジタル時代の到来」谷口文和・中川克志・福田裕大『音響メデ
　　ィア史』ナカニシヤ出版

『Tetsuya Komuro Interviews 1』2013，リットーミュージック

トリンスキー，ブラッド＆ディ・ペルナ，アラン，2018，石川千晶訳『エレクトリ
　　ック・ギター革命史』リットーミュージック

烏賀陽弘道，2005，『J ポップとは何か——巨大化する音楽産業』岩波書店

烏賀陽弘道，2008，『カラオケ秘史——創意工夫の世界革命』新潮社

輪島裕介，2015，『踊る昭和歌謡——リズムからみる大衆音楽』NHK 出版

山田修爾，2011，『ザ・ベストテン』新潮社

吉井篤子，1984，「現代人の音楽生活」林進・小川博司・吉井篤子『消費社会の広告
　　と音楽——イメージ志向の感性文化』有斐閣

吉見俊哉，2009，『ポスト戦後社会』岩波書店

吉見俊哉，2010，「テレビを抱きしめる戦後」吉見俊哉・土屋礼子編『大衆文化とメ
　　ディア』ミネルヴァ書房

⬜▷ 第 6 章

Auslander, Philip, 2008, *Liveness: Performance in a Mediatized Culture*, 2nd ed., Routledge.

Bartmanski, Dominik & Woodward, Ian, 2015, *Vinyl: The Analogue Record in the Digital Age*, Bloomsbury.

Couldry, Nick, 2004, "Liveness, 'Reality', and the Mediated Habitus from Television to the Mobile Phone," *Communication Review* 7(4), 353-61.

Drott, Eric A., 2018, "Music as a Technology of Surveillance," *Journal of the Society for American Music* 12(3), 233-67.

Friedlander, Joshua P., 2020, Mid-Year 2020 RIAA Revenue Statistics (URL= https://www.riaa.com/wp-content/uploads/2020/09/Mid-Year-2020-RIAA-Revenue-Statistics.pdf)

Gauvin, Hubert Léveillé, 2017, "Drawing Listener Attention in Popular Music: Testing Five Musical Features Arising from the Theory of Attention Economy," *Musicae Scientiae* 22(3), 291-304.

Goldman Sachs Group, 2016, "Music in the Air: Stairway to Heaven" (URL= https://www.goldmansachs.com/insights/pages/infographics/music-streaming/stairway-to-heaven.pdf)

Goldschmitt, K. E. & Seaver, Nick, 2019, "Shaping the Stream: Techniques and Troubles of Algorithmic Recommendation," Cook, Nicholas, Ingalls, Monique M., & Trippett, David eds., *The Cambridge Companion to Music in Digital Culture*, Cambridge University Press.

濱野智史, 2015, 『アーキテクチャの生態系――情報環境はいかに設計されてきたか』筑摩書房

日高良祐, 2021, 「フォーマット理論――着メロと着うたの差異にみる MIDI 規格の作用」伊藤守編著『ポストメディア・セオリーズ――メディア研究の新展開』ミネルヴァ書房

Hogan, Marc, 2017, "Uncovering How Streaming Is Changing the Sound of Pop," Pitchfork (URL=https://pitchfork.com/ features/article/uncovering-how-streaming-is-changing-the-sound-of-pop/)

細馬宏通, 2021, 『うたのしくみ（増補完全版）』ぴあ

IFPI, 2021, Global Music Report 2021 (URL=https://www.ifpi.org/ifpi-issues-annual-global-music-report-2021/)

金成玟, 2018, 『K-POP――新感覚のメディア』岩波書店

岩渕功一, 2016, 『トランスナショナル・ジャパン――ポピュラー文化がアジアをひらく』岩波書店

Manovich, Lev, 2013, *Software Takes Command: Extending the Language of New Media*, Bloomsbury.

増田聡, 2008, 「『音楽のデジタル化』がもたらすもの」東谷護編著『拡散する音楽文化をどうとらえるか』勁草書房

見田宗介, 1983, 『近代日本の心情の歴史――流行歌の社会心理史』講談社

永井純一, 2017, 「音楽フェス――インターネットが拡張するライブ体験」飯田豊・立石祥子編著『現代メディア・イベント論――パブリック・ビューイングからゲーム実況まで』勁草書房

Naveed, K., Watanabe, C., & Neittaanmäki, P., 2017, "Co-evolution between Streaming and Live Music Leads a Way to the Sustainable Growth of Music Industry: Lessons from the US Experiences," *Technology in Society* 50, 1-19.

Nielsen, 2016, Nielsen Music Year-End Report U. S. 2016 (URL=https://www.nielsen.com/wp-content/uploads/sites/3/2019/04/2016-year-end-music-report-us.pdf)

日本レコード協会，2013，『2012 年度音楽メディアユーザー実態調査報告書（公表版)』一般社団法人日本レコード協会

日本レコード協会，2020，『2019 年度音楽メディアユーザー実態調査報告書（公表版)』一般社団法人日本レコード協会

日本レコード協会，2021，『2020 年度音楽メディアユーザー実態調査報告書（公表版)』一般社団法人日本レコード協会

小田原敏，2005，「多メディア時代の広告と音楽」小川博司ほか『メディア時代の広告と音楽——変容する CM と音楽化社会』新曜社

小川博司，2010，「戦後流行歌のオーディエンス」吉見俊哉・土屋礼子編『大衆文化とメディア』ミネルヴァ書房

小川博司ほか，2005，『メディア時代の広告と音楽——変容する CM と音楽化社会』新曜社

大尾侑子，2021，「デジタル・ファンダム研究の射程——非物質的労働と時間感覚にみる『フルタイム・ファンダム』伊藤守編『ポストメディア・セオリーズ——メディア研究の新展開』ミネルヴァ書房

ぴあ総研，2020，「2019 年のライブ・エンタテインメント市場」（URL=https://live-entertainment-whitepaper.jp/pdf/summary2020.pdf）

佐藤良明，2019，『ニッポンのうたはどう変わったか——J-POP 進化論（増補改訂)』平凡社

Scherzinger, Martin, 2019, "Toward a History of Digital Music: New Technologies, Business Practices and Intellectual Property Regimes," Cook, Nicholas, Ingalls, Monique M., & Trippett, David eds., *The Cambridge Companion to Music in Digital Culture*, Cambridge University Press.

柴那典，2014，『初音ミクはなぜ世界を変えたのか？』太田出版

柴那典，2016，『ヒットの崩壊』講談社

総務省，2019，「インターネットの登場・普及とコミュニケーションの変化」『令和元年版情報通信白書』（URL=https://www.soumu.go.jp/johotsusintokei/whitepaper/ja/r01/html/nd111120.html）

ウィット，スティーヴン，2016，関美和訳『誰が音楽をタダにした？——巨大産業をぶっ潰した男たち』早川書房

▷ 第 7 章

フロリダ，リチャード，2008，井口典夫訳『クリエイティブ資本論——新たな経済階級の台頭』ダイヤモンド社

原武史，2020，『「民都」大阪対「帝都」東京——思想としての関西私鉄』講談社

橋元秀一，2015，「統計データからみた『渋谷らしさ』の変質と課題」田原裕子編著『渋谷らしさの構築』雄山閣

橋本寿朗，1991，「流通革新の推進と新規諸事業の展開」由井常彦編『セゾンの歴史

　　──変革のダイナミズム』下巻，リブロポート，339-447.

神野由紀，1994，『趣味の誕生──百貨店がつくったテイスト』勁草書房

北田暁大，2011，『広告都市・東京──その誕生と死（増補版）』筑摩書店

小山周三，1991，「市場の成熟とセゾングループ」由井常彦編『セゾンの歴史──変
　　革のダイナミズム』下巻，リブロポート

増田通二監修・アクロス編集室編著，1984，『パルコの宣伝戦略』PARCO 出版

三田知実，2013，「衣料デザインのグローバルな研究開発拠点としての都市細街路
　　──東京都渋谷区神宮前における住宅街からの変容過程」『日本都市社会学会年
　　報』2013(31)，61-76.

三浦展・藤村龍至・南後由和，2016，『商業空間は何の夢を見たか──1960～2010
　　年代の都市と建築』平凡社

森川嘉一郎，2008，『趣都の誕生──萌える都市アキハバラ（増補版）』幻冬舎

内閣府，2003，『平成 15 年度 年次経済財政報告』

難波功士，2000，『「広告」への社会学』世界思想社

難波功士，2007，『族の系譜学──ユース・サブカルチャーズの戦後史』青弓社

成実弘至，2014，「時代に衣裳をまとわせる──堤清二は日本モードに何をもたらし
　　たのか」『ユリイカ』46(2)，155-60.

小形道正，2016，「ファッション・デザイナーの変容──モードの貫徹と歴史化の行
　　方」『社会学評論』67(1)，56-72.

サッセン，サスキア，2018，伊豫谷登士翁・大井由紀・高橋華生子訳『グローバ
　　ル・シティ──ニューヨーク・ロンドン・東京から世界を読む』筑摩書房

西武百貨店文化教育事業部編，1987，『SEED レボリューション──西武セゾングル
　　ープのファッション潮流への挑戦と実験』ダイヤモンド社

清水嘉弘，1997，『文化を事業する』丸善

高橋源一郎，1986，「"PARCO" は何の記号か」『パルコの広告』パルコ出版局，90.

多木浩二・内田隆三編，1992，『零（ゼロ）の修辞学──歴史の現在』リブロポート

東京国際映画祭組織委員会，1985，『第 1 回東京国際映画祭公式プログラム』東京国
　　際映画祭組織委員会・広報委員会

津金澤聰廣，2018，『宝塚戦略──小林一三の生活文化論』，吉川弘文館

上野千鶴子，1991，「イメージの市場──大衆社会の「神殿」とその危機」セゾング
　　ループ史編纂委員会編『セゾンの発想──マーケットへの訴求』リブロポート，
　　3-136.

上山和雄，2011，「渋谷の魅力，その歴史的成り立ち」上山和雄・國學院大學渋谷学
　　研究会編著『歴史のなかの渋谷──渋谷から江戸・東京へ』雄山閣

若林幹夫，1996，「空間・近代・都市──日本における『近代空間』の誕生」吉見俊
　　哉編『都市の空間 都市の身体』勁草書房

吉見俊哉，1996，「近代空間としての百貨店」吉見俊哉編『都市の空間 都市の身体』
　　勁草書房

吉見俊哉，2009，『ポスト戦後社会』岩波書店

▷ 第 8 章

赤司正記，1980，「QUICK ビデオ情報サービスの概要」『テレビジョン学会誌』34
　　(10)，88-91.

Bunkamura 編，2009，『喝采 SHIBUYA から』文化出版局

カステル，マニュエル，2009，矢澤修次郎・小山花子訳『インターネットの銀河系──ネット時代のビジネスと社会』東信堂

フロリダ，リチャード，2008，井口典夫訳『クリエイティブ資本論──新たな経済階級の台頭』ダイヤモンド社

フロリダ，リチャード，2009，井口典夫訳『クリエイティブ都市論──創造性は居心地のよい場所を求める』ダイヤモンド社

Florida, Richard, 2017, *The New Urban Crisis: How Our Cities Are Increasing Inequality, Deepening Segregation, and Failing the Middle Class-and What We Can Do About It*, Basic Books.

浜野安宏，2000，『建築プロデューサー』鹿島出版会

浜野安宏・増田宗昭，1998，『デジタルシティ──渋谷「QFRONT」プロジェクトへの思索』ダイヤモンド社

長谷川信編著，2013，『通商産業政策史7──機械情報産業政策』経済産業調査会

初沢敏生，1998，「東京ファッションデザイン業の立地特性」『季刊地理学』50(4)，296-310.

平山洋介，2006，『東京の果てに』NTT出版

五十嵐太郎，2001，『終わりの建築／始まりの建築──ポスト・ラディカリズムの建築と言説』INAX出版

伊藤俊治，1993，『トランス・シティ・ファイル』INAX出版

神田利彦，1977，「市況情報センターにおける QUICK システムについて」『情報管理』20(2)，136-42.

絹川真哉・湯川抗，2000，「ネット企業集積の条件──なぜ渋谷～赤坂周辺に集積したのか」富士通総研（FRI）経済研究所『研究レポート』99.

国土交通省，2006，『平成17年度 不動産の証券化実態調査』国土交通省

町村敬志，1994，『「世界都市」東京の構造転換──都市リストラクチュアリングの社会学』東京大学出版会

町村敬志，2017，「誰が東京を奪ったのか？──都市空間変容の半世紀から考える」『日本都市社会学会年報』35，5-22.

町村敬志，2020，『都市に聴け──アーバン・スタディーズから読み解く東京』有斐閣

三田知実，2013，「衣料デザインのグローバルな研究開発拠点としての都市細街路──東京都渋谷区神宮前における住宅街からの変容過程」『日本都市社会学会年報』2013(31)，61-76.

三田知実，2018，「衣料文化生産主導から機関投資家主導の都市細街路成長へ──東京都渋谷区神宮前の文化生産街区における投資に着目した研究」『日本都市社会学会年報』2018(36)，80-98.

中村伊知哉・石戸奈々子，2009，『デジタルサイネージ革命』朝日新聞出版

日本インターネット協会監修，2001，『インターネット白書2001』インプレス

「ニュース建築 QFRONT（キューフロント）──大型画面兼ねるダブルスキン 透明感で「不在建築」を表現」，2000，『日経アーキテクチュア』657，86-91.

サッセン，サスキア，2017，伊藤茂訳『グローバル資本主義と〈放逐〉の論理──不可視化されゆく人々と空間』明石書店

サッセン，サスキア，2018，「日本語版への序文」伊豫谷登士翁・大井由紀・高橋華生子訳『グローバル・シティ──ニューヨーク・ロンドン・東京から世界を読

む』筑摩書房

渋谷区, 2007,「渋谷駅中心地区まちづくりガイドライン 2007」渋谷区都市整備部
　　地域まちづくり課（URL＝https://www.city.shibuya.tokyo.jp/assets/detail/
　　files/kurashi_machi_pdf_guidelines2007.pdf）

杉山知之, 1999,『デジタル・ストリーム――未来のリ・デザイニング』NTT 出版

矢部直人, 2008,「不動産証券投資をめぐるグローバルマネーフローと東京における
　　不動産開発」『経済地理学年報』54(4), 292-309.

矢部直人, 2012,「『裏原宿』におけるアパレル小売店集積の形成とその生産体制の
　　特徴」『地理学評論』85(4), 301-23.

吉見俊哉, 2016,「都市の死 文化の場所」『視覚都市の地政学――まなざしとしての
　　近代』岩波書店

湯川抗, 2001,「東京におけるネット企業の集積――日本版シリコンアレーの発展に
　　向けて」『Economic Review』5(1), 8-33.

湯川抗, 2004,「インターネットバブル崩壊後のネット企業――企業とクラスターの
　　現状に関する分析」富士通総研（FRI）経済研究所『研究レポート』187.

郵政省, 2000,『平成 12 年版 通信白書』郵政省

▷ 第 9 章

粟生田弓・小林杏編著, 2014,『1985／写真がアートになったとき』青弓社

浅田彰, 1987,「TVEV MANIFESTO」浅田彰・武邑光裕責任編集『GS たのしい知
　　識 5：電視進化論』

Borden, N. H., 1964, "The Concept of the Marketing Mix," *Journal of Advertising
　　Research* 4(2), 2-7.

ブランド, スチュアート, 1988, 室謙二・麻生九美訳『メディアラボ――「メディ
　　アの未来」を創造する超・頭脳集団の挑戦』福武書店

クレーリー, ジョナサン, 1987, 浅田彰・市田良彦訳「スペクタクルの触」浅田
　　彰・武邑光裕責任編集『GS たのしい知識 5：電視進化論』

江藤光紀, 2021,「パビリオンを読む――つくば科学博における『環境』」『論叢 現
　　代語・現代文化』22, 1-23.

古田尚輝, 2006,「劇映画 "空白の 6 年"（その 1）」『成城文藝』197, 55-75.

古田尚輝, 2009,『『鉄腕アトム』の時代――映像産業の攻防』世界思想社

ガタリ, フェリックス, 1987, 川竹英克訳「ポスト・メディア」浅田彰・武邑光裕
　　責任編集『GS たのしい知識 5：電視進化論』

後藤和彦, 1984,「情報化社会論の現状と課題」『新聞学評論』33, 2-12.

長谷正人, 2022,「『幼年期』の映画, あるいは記号化する日常と『身体』――極私
　　的大林宣彦論」『ユリイカ』52(10), 93-103.

長谷川信編著, 2013,『通商産業政策史 7――機械情報産業政策』経済産業調査会

平野敦士カール＆ハギウ, アンドレイ, 2010,『プラットフォーム戦略――21 世紀の
　　競争を支配する「場をつくる」技術』東洋経済新報社

情報化未来都市構想検討委員会編, 1987,『情報化未来都市構想――21 世紀への挑
　　戦』ケイブン出版

角川春樹, 2016,『わが闘争』角川春樹事務所

角川春樹・清水節, 2016,『いつかギラギラする日――角川春樹の映画革命』角川春
　　樹事務所

掛尾良夫，2013，『「ぴあ」の時代』小学館

川﨑寧生，2022，『日本の「ゲームセンター」史——娯楽施設としての変遷と社会的位置づけ』福村出版

警察庁，1983，「ゲームセンター等の営業所数の推移（昭和 54～57 年）」『昭和 58 年版 警察白書—— 新しい形態の犯罪との戦い』（URL＝https://www.npa.go.jp/hakusyo/s58/s58s0107.html）

北村公一，1984，「情報メディアの変革と対応」『新聞学評論』33.

北浦寛之，2018，『テレビ成長期の日本映画——メディア間交渉のなかのドラマ』名古屋大学出版会

北浦寛之，2019，「戦後日本映画の記録と記憶——映画『君の名は（1953～1954）の生産／消費のプロセス」坪井秀人編著『戦後日本文化再考』三人社，370-93.

近藤和都，2020，「レンタルビデオ店のアーカイヴ論的分析に向けて——初期店舗の生成過程とその条件」『大東文化大学社会学研究所紀要』1，31-45.

小山友介，2020，『日本デジタルゲーム産業史——ファミコン以前からスマホゲームまで（増補改訂版）』人文書院

町村敬志，2021，『都市に聴け——アーバン・スタディーズから読み解く東京』有斐閣

溝尻真也，2019，「1970 年代のビデオ技術受容とセクシュアリティ」光岡寿郎・大久保遼編『スクリーン・スタディーズ——デジタル時代の映像／メディア経験』東京大学出版会

Montfort, Nick & Bogost, Ian, 2009, *Racing the Beam: The Atari Video Computer System*, MIT Press.

守津早苗ほか，1979，「インベーダーの流行」『現代風俗 79』3.

村川英，1982，「セブンティからエイティへ——『ぴあ』の 10 年に街の歴史を読む」『アドバタイジング』27(10)，4-13.

長門洋平，2016，「セーラー服と機関銃とサウンドトラック盤——初期『角川映画』における薬師丸ひろ子のレコードの役割」谷川建司編『戦後映画の産業空間——資本・娯楽・興行』森話社

中川右介，2016，『角川映画 1976-1986（増補版）』KADOKAWA

中嶋正之・安居院猛，1985，「コンピュータグラフィックス映像」『テレビジョン学会誌』39（7），64-69.

小倉義弘，1985，「映像メディア・コミュニケーション設備」『テレビジョン学会誌』39（7），8-12.

大塚英志，2014，『メディアミックス化する日本』イースト・プレス

ぴあ，1977，「第 1 回ぴあ展 1977」『ぴあ』64（臨時増刊号）

ぴあ，1981，「第 4 回ぴあフィルムフェスティバルパンフレット」ぴあ

サンケイ新聞広告局企画調査課編，1963，『マス・メディア・ミックスと消費者行動』サンケイ新聞広告局企画調査課

佐藤吉之輔，2007，『全てがここから始まる——角川グループは何をめざすか』KADOKAWA GROUP HOLDINGS

島田聰・渡辺祐司，1985，「屋外用大画面ディスプレイ 3-1-1 新発光素子による野外巨大画面装置」『テレビジョン学会誌』39(7)，13-16.

スタインバーグ，マーク，2015，大塚英志監修・中川譲訳『なぜ日本は〈メディアミックスする国〉なのか』KADOKAWA

杉本昌穂・渡辺幸雄，1985，「つくばエキスポセンタ『コズミックホール』」『テレビジョン学会誌』39(7)，41-47.

徳間書店社史編纂委員会編，1984，『徳間書店の 30 年——1954-1983』徳間書店

東京国際映画祭組織委員会，1985，「第 1 回東京国際映画祭公式プログラム」東京国際映画祭組織委員会・広報委員会

上村雅之・細井浩一・中村彰憲，2013，『ファミコンとその時代——テレビゲームの誕生』NTT 出版

渡邉大輔，2021，『明るい映画，暗い映画——21 世紀のスクリーン革命（映画・アニメ批評 2015-2021）』blueprint.

矢田真理，1996，『ゲーム立国の未来像——世界をリードするコンテンツビジネスのすべて』日経 BP

四方田犬彦，2014，『日本映画史 110 年』集英社

吉見俊哉，2008，『都市のドラマトゥルギー——東京・盛り場の社会史』河出書房新社

吉見俊哉，2010，『博覧会の政治学——まなざしの近代』講談社

▷ 第 10 章

ベネディクト，マイケル編，1994，NTT ヒューマンインタフェース研究所・鈴木圭介・山田和子訳『サイバースペース』NTT 出版

Bode, Lisa, 2017, *Making Believe: Screen Performance and Special Effects in Popular Cinema*, Rutgers University Press.

Chateau, Dominique & Moure, José, 2020, *Post-Cinema: Cinema in the Post-Art Era*, Amsterdam University Press.

Cisco, 2019, *Visual Networking Index: Forecast and Trends, 2017-2022*, Cisco.

Denson, Shane & Leyda, Julia eds., 2016, *Post-Cinema: Theorizing 21st-Century Film*, REFRAME Books.

エプスタイン，エドワード・J.，2006，塩谷紘訳『ビッグ・ピクチャー——ハリウッドを動かす金と権力の新論理』早川書房

Fritz, Ben, 2018, *The Big Picture: The Fight for Future of Movies*, Houghton Mifflin Harcourt.

古田尚輝，2009，『「鉄腕アトム」の時代——映像産業の攻防』世界思想社

Gaboury, Jacob, 2021, *Image Objects: An Archaeology of Computer Graphics*, MIT Press.

Gaudreault, André & Marion, Philippe, 2015, Barnard, Timothy trans., *The End of Cinema?: A Medium in Crisis in the Digital Age*, Colombia University Press.

Goldhaber, Michael H., 1997, "The Attention Economy and the Net," *First Monday* 2(4)（URL＝https://doi.org/10.5210/fm.v2i4.519）

González-Chans, Cristina, Membiela-Pollán, Matías & Cuns, Manuel, 2020, "Relationship marketing and brand community: The case of Netflix", *Redmarka Rev Mark Apl*, 24 (2), 251-74.

ガニング，トム，2021，望月由紀訳「ゴラムとゴーレム——特殊効果と人工的身体テクノロジー」長谷正人編訳『映像が動き出すとき——写真・映画・アニメーションのアルケオロジー』みすず書房

池田純一，2012，『デザインするテクノロジー――情報加速社会が挑発する創造性』青土社

ジェンキンズ，ヘンリー，2021，渡部宏樹・北村紗衣・阿部康人訳『コンヴァージェンス・カルチャー――ファンとメディアがつくる参加型文化』晶文社

加藤幹郎，2005，『映画の論理――新しい映画史のために』みすず書房

キーティング，ジーナ，2019，牧野洋訳『NETFLIX コンテンツ帝国の野望――GAFA を超える最強 IT 企業』新潮社

北野圭介，2017，『新版 ハリウッド 100 年史講義――夢の工場から夢の王国へ』平凡社

近藤和都，2021，「プラットフォームと選択――レンタルビデオ店の歴史社会学」伊藤守編『ポストメディア・セオリーズ――メディア研究の新展開』ミネルヴァ書房

クルーガー，M. W., 1991，下野隆生訳『人工現実――インタラクティブ・メディアの展開』トッパン

Lobato, Ramon, 2019, *Netflix Nations: The Geography of Digital Distribution*, NYU Press.

マノヴィッチ，レフ，2013，堀潤之訳『ニューメディアの言語――デジタル時代のアート，デザイン，映画』みすず書房

三井秀樹，1988，『コンピュータ・グラフィックスの世界――映像革命の最前線をさぐる』講談社

ネグロポンテ，ニコラス，1995，福岡洋一訳『ビーイング・デジタル――ビットの時代』アスキー

西田宗千佳，2015，『ネットフリックスの時代――配信とスマホがテレビを変える』講談社

プライス，デイヴィッド，A., 2009，櫻井祐子訳『メイキング・オブ・ピクサー――創造力をつくった人々』早川書房

ラインゴールド，ハワード，1992，沢田博監訳『バーチャル・リアリティ――幻想と現実の境界が消える日』ソフトバンク出版事業部

Scott, Allen, J., 2005, *On Hollywood: The Place, The Industry*, Princeton University Press.

スタインバーグ，マーク，2015，大塚英志監修・中川譲訳『なぜ日本は〈メディアミックスする国〉なのか』KADOKAWA

渡邉大輔，2016，「世界観，オブジェクト，生命化――『スター・ウォーズ／YouTube 以降』の現代ハリウッド」『ユリイカ』48(1)，89-98.

渡邉大輔，2022，『新映画論――ポストシネマ』ゲンロン

吉見俊哉，2022，『空爆論――メディアと戦争』岩波書店

▷ 第 11 章

Apple, 2020,「サプライヤー責任――2020 年進捗報告書」

Apple, 2021,「Apple のサプライチェーンにおける人と環境――2021 年年次進捗報告書」

Cisco, 2019, *Visual Networking Index: Forecast and Trends, 2017-2022*, Cisco.

電波技術審議会編，1984，『電波利用の長期展望――高度情報社会の発展をめざして』電波振興会

エリオット，アンソニー／アーリ，ジョン，2016，遠藤英樹監訳『モバイル・ライブズ――「移動」が社会を変える』ミネルヴァ書房

フータモ，エルキ，2015，太田純貴訳『メディア考古学――過去・現在・未来の対話のために』NTT出版

五十嵐太郎，2001，『終わりの建築／始まりの建築――ポスト・ラディカリズムの建築と言説』INAX出版

泉一雄・関清三，1981，「移動通信技術の現状と今後の動向」『テレビジョン学会誌』35(6)，2-10.

マノヴィッチ，レフ，2013，堀潤之訳『ニューメディアの言語――デジタル時代のアート，デザイン，映画』みすず書房

マーヴィン，キャロリン，2003，吉見俊哉・水越伸・伊藤昌亮訳『古いメディアが新しかった時――19世紀末社会と電気テクノロジー』新曜社

松田美佐，2012，「『ケータイ』の誕生」岡田朋之・松田美佐編『ケータイ社会論』有斐閣

松田美佐・土橋臣吾・辻泉編，2014，『ケータイの2000年代――成熟するモバイル社会』東京大学出版会

松田美佐・岡部大介・伊藤瑞子編，2006，『ケータイのある風景――テクノロジーの日常化を考える』北大路書房

マーチャント，ブライアン，2019，倉田幸信訳『ザ・ワン・デバイス――iPhoneという奇跡の"生態系"はいかに誕生したか』ダイヤモンド社

見田宗介，1996，『現代社会の理論――情報化・消費化社会の現在と未来』岩波書店

内閣府，2016，「第5期科学技術基本計画」（URL＝https://www8.cao.go.jp/cstp/kihonkeikaku/5honbun.pdf）

中嶋信生，1991，「移動体通信」『テレビジョン学会誌』45(12)，50-55.

パリサー，イーライ，2016，井口耕二訳『フィルターバブル――インターネットが隠していること』早川書房

ロビダ，アルベール，2007，朝比奈弘治訳『20世紀』朝日出版社

佐藤健二，1995，『流言蜚語――うわさ話を読みとく作法』有信堂

佐藤俊樹，2010，『社会は情報化の夢を見る――新世紀版 ノイマンの夢・近代の欲望』河出書房新社

スミス，ブラッド＆ブラウン，キャロル・アン，2020，斎藤栄一郎訳『Tools and Weapons――テクノロジーの暴走を止めるのは誰か』プレジデント社

総務省，2014，『平成26年版 情報通信白書』総務省

総務省，2015，『平成27年版 情報通信白書』総務省

総務省，2017，『平成29年版 情報通信白書』総務省

総務省，2020，『令和2年版 情報通信白書』総務省

スタンデージ，トム，2011，服部桂訳『ヴィクトリア朝時代のインターネット』NTT出版

スタインバーグ，マーク，2018，岡本健・松井広志訳「物流するメディア――メディアミックス・ハブとしてのコンビニエンスストア」岡本健・松井広志編『ポスト情報メディア論』ナカニシヤ出版

Steinberg, Mark, 2019, *The Platform Economy: How Japan Transformed the Consumer Internet*, University of Minnesota Press.

サンスティーン，キャス，2018，伊達尚美訳『＃リパブリック――インターネット

は民主主義になにをもたらすのか』勁草書房

武邑光裕, 2018, 『さよなら，インターネット——GDPR はネットとデータをどう変えるのか』ダイヤモンド社

田中浩太郎, 1970, 「日本万国博の電気通信設備について」『電気学会雑誌』90(6), 9-17.

富田英典, 2009, 『インティメイト・ストレンジャー——「匿名性」と「親密性」をめぐる文化社会学的研究』関西大学出版部

富田英典編, 2016, 『ポスト・モバイル社会——セカンドオフラインの時代へ』世界思想社

富田英典・藤本憲一・岡田朋之・松田美佐・高広伯彦, 1997, 『ポケベル・ケータイ主義！』ジャストシステム

土屋大洋, 2015, 『サイバーセキュリティと国際政治』千倉書房

タークル，シェリー, 2018, 渡会圭子訳『つながっているのに孤独——人生を豊かにするはずのインターネットの正体』ダイヤモンド社

吉川憲昭, 1981, 「移動通信」『電気学会雑誌』101(8), 45-48.

吉見俊哉, 2016, 「テレビ・コマーシャルからの証言——アーカイブが開く地平」『視覚都市の地政学——まなざしとしての近代』岩波書店, 275-94.

吉見俊哉・若林幹夫・水越伸, 1992, 『メディアとしての電話』弘文堂

▷ 第 12 章

Barrett, Paul M., 2020, *Who Moderates the Social Media Giants?: A Call to End Outsourcing*, NYU Stern Center for Business and Human Rights.

Berlin, Jonathon, 2020, "Know that Coronavirus Image with Red Spikes? Here's How the Artist at the CDC Created It.," *Chicago Tribune*, Apr. 5, 2020 (URL =https://www.chicagotribune.com /coronavirus/ct-viz-coronavirus-how-it-was-drawn-20200403-ka4 t4zyab5ejpcp5y7ukn2mb4u-story.html)

Bowe, Emily, Simmons, Erin & Mattern, Shannon, 2020, "Learning from Lines: Critical COVID Data Visualizations and the Quarantine Quotidian," *Big Data & Society* 7(2).

Center for Infectious Disease Research and Policy, COVID-19: The CIDRAP Viewpoint, Apr. 30, 2020. (URL=https://www.cidrap.umn.edu/sites/default/files/public/downloads/cidrap-covid19-viewpoint-part1_0.pdf)

Centers for Disease Control and Prevention, Public Health Image Library (PHIL), Covit-19. (URL=https://phil.cdc.gov/Details.aspx?pid=23313)

Commission for Regulation of Utilities, 2021, *Opening Statement for Joint Oireachtas Committee on Climate Action: Energy Security, LNG and Data Centres*, CRU, Oct. 5, 2021.

COVID-19 Dashboard by the Center for Systems Science and Engineering (CSSE) at Johns Hopkins University (URL=https://coronavirus.jhu.edu/map.html)

Davis, Ben, 2020, "Why the Centers for Disease Control's Creepy Illustration of the Coronavirus Is Such an Effective Work of Biomedical Art," *Artnet*, Apr. 1, 2020. (URL=https://news.artnet.com/opinion/cdc-biometical-art-1822296)

DeepMind, 2020, "AlphaFold: A Solution to a 50-year-old Grand Challenge in Biology," DeepMind Blog, Nov. 30, 2020. (URL＝https://www.deepmind.com/blog/alphafold-a-solution-to-a-50-year-old-grand-challenge-in-biology)

Dong, Ensheng, Hongru, Du, & Lauren, Gardner, 2020, "An Interactive Web-based Dashboard to Track COVID-19 in Real Time," *The Lancet Infectious Diseases* 20(5), 533-34.

映画製作者連盟，2021，「2020 年（令和 2 年）全国映画概況」(URL＝http://www.eiren.org/toukei/img/eiren_kosyu/data_2020.pdf)

Ghosh, Bishnupriya, 2020, "Of Liquid Images and Vital Flux," Keidl, Philipp Dominik, Melamed, Laliv, Hediger, Vinzenz, & Somaini, Antonio eds., *Pandemic Media: Preliminary Notes Toward an Inventory*, meson press, 173-82.

Health and Human Services, 2021, *2020: A Retrospective Look at Healthcare Cybersecurity*, HHS Health Sector Cybersecurity Coordination Center.

Hoof, Florian, 2020, "Media of Trust: Visualizing the Pandemic," Keidl, Philipp Dominik, Melamed, Laliv, Hediger, Vinzenz, & Somaini, Antonio eds., *Pandemic Media: Preliminary Notes Toward an Inventory*, meson press, 231-40.

Jones, David S. & Helmreich, Stefan, 2020, The Shape of Epidemics, *Boston Review*, Jun. 26.

KDDI 株式会社・東急株式会社・みずほリサーチ＆テクノロジーズ株式会社・一般社団法人渋谷未来デザイン，2021，「都市連動型メタバースのガイドラインを策定する『バーチャルシティコンソーシアム』発足」『KDDI ニュースリリース』2021 年 11 月 9 日

経済産業省，2020，「新型コロナウィルスの影響を最も受けた『生活娯楽関連サービス』とは」(URL＝https://www.meti.go.jp/statistics/toppage/report/minikaisetsu/hitokoto_kako/20200728hitokoto.html)

「『鬼滅の刃』ヒット桁違い　経済波及効果 2000 億円超　興行収入歴代 1 位へ/カレー売れ行き 57 倍/歯ブラシ 30 倍」『日本経済新聞』2020 年 12 月 19 日（URL＝https://www.nikkei.com/article/DGKKZO67501340Y0A211C2TJ2000/)

岸本千佳司，2017，『台湾半導体企業の競争戦略——戦略の進化と能力構築』日本評論社

Klein, Naomi, 2020, "Screen New Deal: Under Cover of Mass Death, Andrew Cuomo Calls in the Billionaires to Build a High-Tech Dystopia," *The Intercept*, May 9.

国土交通省港湾局，2020，「世界の港湾別コンテナ取扱個数ランキング」(URL＝https://www.mlit.go.jp/common/ 001358398. pdf)

Lyon, David, 2022, *Pandemic Surveillance*, Polity.

松井広志，2021，「失われた日常を求めて——『パンデミック』におけるコミュニケーション指向のビデオゲーム」『マス・コミュニケーション研究』98，19-32.

McQuire, Scott, 2008, *The Media City: Media, Architecture and Urban Space*, SAGE.

内閣府，2021，「第 6 期　科学技術・イノベーション基本計画」(URL＝https://www8.cao.go.jp/cstp/kihonkeikaku/6honbun.pdf)

NATO, 2020, "Statement by the North Atlantic Council Concerning Malicious Cyber Activities," *NATO Press Release*, Jun. 3.

Nerves, Joshua & Steinberg, Marc, 2020, "Pandemic Platforms: How Convenience Shapes the Inequality of Crisis," Keidl, Philipp Dominik, Melamed, Laliv, Hediger, Vinzenz, & Somaini, Antonio eds., *Pandemic Media: Preliminary Notes Toward an Inventory*, meson press, 105-12.

Netflix, 2021, *2020 Annual Report*, Netflix Inc.

Parks, Lisa & Walker, Janet, 2020, "Disaster Media: Bending the Curve of Ecological Disruption and Moving toward Social Justice," *Media+Environment* 2 (1).

ぴあ総研, 2021a, 「2020 年のライブ・エンタテインメント市場（概要版）」ぴあ総研

ぴあ総研, 2021b, 「2020 年の有料型オンラインライブ市場は 448 億円に急成長——ポスト・コロナ時代は, ライブ・エンタテインメントへの参加スタイルも多様化へ／ぴあ総研が調査結果を公表」（URL＝https://corporate.pia.jp/news/detail_live_enta_20210212.html）

Roberts, Sarah T., 2019, *Behind the Screen: Content Modelation in the Shadows of Social Media*, Yale University Press.

Sampson, Tony D. & Parikka, Jussi, 2020, "The Operational Loops of a Pandemic," *Cultural Politics* 17(1), 55-68.

Sanden, Paul, 2019, "Rethinking Liveness in the Digital Age", Cook, Nicholas, Ingalls, Monique M., & Trippett, David eds., *The Cambridge Companion to Music in Digital Culture*, Cambridge University Press, 178-192.

スミス, ブラッド＆ブラウン, キャロル・アン, 2020, 斎藤栄一郎訳『TOOLS and WEAPONS——テクノロジーの暴走を止めるのは誰か』プレジデント社

総務省, 2020, 『令和 2 年版 情報通信白書』総務省

総務省, 2021, 『令和 3 年版 情報通信白書』総務省

「大気環境がロックダウンで改善, 世界の 84%」CNN, Mar. 16, 2021（URL＝https://www.cnn.co.jp/fringe/35167894.html）

「台湾企業に『8 重苦』半導体の世界供給にさらなる不安 水不足, 電力不足, コロナ急増……」『日本経済新聞』2021 年 5 月 25 日（URL＝https://www.nikkei.com/article/DGXZQOGM245390U1A520C2000000/）

Verheul, Jaap, 2020, "Opening the Vault: Streaming the Film Library in the Age of Pandemic Content," Keidl, Philipp Dominik, Melamed, Laliv, Hediger, Vinzenz, & Somaini, Antonio eds., *Pandemic Media: Preliminary Notes Toward an Inventory*, meson press, 51-9.

早稲田大学坪内博士記念演劇博物館監修・後藤隆基編, 2021, 『ロスト・イン・パンデミック——失われた演劇と新たな表現の地平』春陽堂書店

WHO, 1996, *The World Health Report 1996: Fighting Disease, Fostering Development*, World Health Organization.

WHO, 2020, *Novel Coronavirus (2019-nCoV): Situation Report 13*, World Health Organization.

（URL は 2022 年 10 月時点）

索　引

人名索引

著者紹介　　**大久保 遼**（おおくぼ りょう）
　　　　　　明治学院大学社会学部准教授

【y-knot】

これからのメディア論

New Perspectives for Media Studies

2023 年 1 月 20 日 初版第 1 刷発行

著　者　　大久保遼

発行者　　江草貞治

発行所　　株式会社有斐閣

　　　　　〒101-0051 東京都千代田区神田神保町 2-17

　　　　　http://www.yuhikaku.co.jp/

装　丁　　高野美緒子

印　刷　　大日本法令印刷株式会社

製　本　　大口製本印刷株式会社

装丁印刷　株式会社亨有堂印刷所

落丁・乱丁本はお取替えいたします。定価はカバーに表示してあります。
©2023, Ryo Okubo.
Printed in Japan. ISBN 978-4-641-20000-5